财政部规划教材
全国高等院校财经类专业规划教材
南开大学"十四五"规划精品教材

国际金融管理

万志宏　阎大颖　李　治　编著

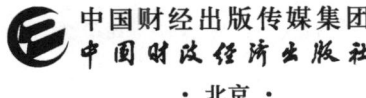

中国财经出版传媒集团
中国财政经济出版社
·北京·

图书在版编目（CIP）数据

国际金融管理 / 万志宏，阎大颖，李治编著.
北京 : 中国财政经济出版社，2025.6. --（财政部规划教材）（全国高等院校财经类专业规划教材）（南开大学"十四五"规划精品教材）. -- ISBN 978-7-5223-3956-6

Ⅰ. F831.2

中国国家版本馆CIP数据核字第20252ZR990号

责任编辑：马　真	责任校对：张　凡
封面设计：兰卡绘世	责任印制：党　辉

国际金融管理

GUOJI JINRONG GUANLI

中国财政经济出版社 出版

URL：http://www.cfeph.cn

E-mail：cfeph@cfeph.cn

（版权所有　翻印必究）

社址：北京市海淀区阜成路甲28号　邮政编码：100142
营销中心电话：010-88191522
天猫网店：中国财政经济出版社旗舰店
网址：https://zgczjjcbs.tmall.com
涿州汇美亿浓印刷有限公司印刷　各地新华书店经销
成品尺寸：185mm×260mm　16开　15.25印张　296 000字
2025年6月第1版　2025年6月河北第1次印刷
定价：68.00元
ISBN 978-7-5223-3956-6
（图书出现印装问题，本社负责调换，电话：010-88190548）
本社质量投诉电话：010-88190744
打击盗版举报热线：010-88191661　QQ：2242791300

序

国际金融管理是经济管理类学科高年级本科的专业课程，也是国际商务专业硕士的必修课。本书旨在帮助读者把握国际金融体系和国际金融市场如外汇、国际资本市场的全景，了解汇率、国际资金流动等关键变量背后的驱动因素及其对公司运营的影响，掌握企业跨国财务经营管理所需的方法和金融工具，进行国际财务决策并管理相应的风险。

本书的编著工作，酝酿良久。编者长期面向南开大学经济学院的本科生和硕士生讲授国际金融理论、国际投资和跨国公司财务管理等课程。尽管课程先后使用了诸多国际金融的国内外经典书目作为教材或参考书，但教学中师生普遍反映需要一本既能准确阐述国际金融管理和运作的基本原理，又能充分反映国际金融市场日新月异变化且更加专注于管理实务实践的通用教材。另外，高等教育领域数字化、信息化工具的普遍使用，既对我们提出了更高的要求，也使我们能够运用更多手段增强书本的时效性和前沿性。

本书内容上聚焦企业在国际金融市场环境下的管理运作实务，包括国际金融环境和企业国际财务管理两大模块共9章，前者涉及国际金融市场与制度环境、外汇及衍生品交易、汇率决定与预测，后者包括企业外汇风险管理、企业资本决策和短期资金管理等。本书的每一章均包括导读、概念图、学习目标、关键术语、延伸阅读、课后习题、配套案例；数字化配套资源包括在线的慕课视频，以及多个讨论案例和在线习题。

在编写的过程中，我们参考了众多国内外经典教材，如陈雨露的《国际金融》、马杜拉的《跨国财务管理》，等等。书中很多素材都在前人研究的基础上进行了概括和改编，同时也引用、借鉴和改编了大量专著、期刊和媒体文章的内容，虽然在正文脚注或阅读文献中给出内容来源，但仍难免有所遗漏，在此一并致谢。

本书编写的具体分工是，万志宏（第一、第二、第三、第五章），李治（第四和第六章），阎大颖（第七、第八、第九章），南开大学2022—2024级国际商务专业硕士学生们为本书提供了很多宝贵素材，最后由万志宏统一编辑、修改、校对。如有错漏，恳请读者不吝赐教。

本书出版，得到南开大学跨国公司研究中心的专项资助，并入选南开大学"十四五"规划精品教材建设行动资助项目。在此，向关心本书出版的各位师生、中国财政经济出版社编辑老师以及本书的读者们表示诚挚谢意。

编者

2025 年 4 月 南开园

前　言

在百年未有之大变局背景下，国际金融领域也正发生着深刻变革。从2008年国际金融危机引发全球经济震荡，到近年来贸易保护主义抬头带来的贸易摩擦以及国际资本流动的变化，不仅深刻影响国际经济金融格局，还给企业带来更多的挑战。在汇率剧烈波动、金融市场和政策不确定性加大的国际环境中，企业需要合理利用国际市场，并管理投融资和运营过程中面临的金融风险，特别是汇率风险。

对于我国企业而言，这一要求尤为迫切。中国已经成为对外直接投资排名世界前三的大国，越来越多的中资企业跻身全球财富500强大型跨国公司之列。近年来，中国企业出海步伐不断加快，无论是投资建厂、兼并收购、还是跨国资金调拨、发行债券或股票融资等，既面临海阔凭鱼跃的自由，又可能面对风浪滔天的困难和考验。加强企业国际金融管理特别是风险管理能力，成为企业国际生存的基础。正因如此，当前或未来期望投身于国际商务领域、金融和企业管理的读者，有必要了解国际金融环境的复杂性，并掌握企业国际金融管理的原则和工具方法。

本书的主题与内容

国际金融管理一词，中文字面上的理解是管理国际金融事项。那么，谁是管理的主体，管理哪些内容？从国内外教学实践来看，存在差异。粗略概括，可分为宏观和微观两大视角，前者多见于经济学、公共管理学科课程和相关教科书，内容更侧重于国家或政府层面管理一国对外金融事务，即"国际金融政策"；后者则多见于商学（管理学），内涵更侧重于"国际企业财务管理"，两者存在研究视角和研究主题的差异，其应用也有所不同。

宏观视角的国际金融管理，从一国或政府视角出发，探讨一国对外的金融管理与政策决策，内容涉及汇率制度选择、资本流动政策、货币和金融监管合作、宏观政策内外均衡选择与搭配等，还包括更广泛意义的国际货币体系构建、国际金融治理、国际债务问题等内容。

微观视角的国际金融管理，又称国际企业财务管理、跨国公司财务管理，聚焦于微观主体（特别是跨国公司）的财务管理运作，是公司金融（公司财务）的分支，重点探讨企业财务决策和安排。

近年来，从国内高校的教学实践来看，"国际金融管理"教学逐步回归微观视角，更多强调企业在国际金融环境背景下的财务管理实践。从现实来看，中国改革开放近半个世纪，逐步融入国际市场，企业国际化进程加快，无论是社会公众还是企业，对国际商务和财务管理的需求都大幅增长。有鉴于此，我们借鉴前人的工作，在本书中安排了国际金融环境和国际财务管理两个模块，重点阐述国际企业的财务管理和运作。

国际金融环境模块共五章，旨在勾勒描绘企业从事国际业务面临的金融环境和背景，介绍国际金融市场整体情况，并且以"汇率"这一跨国公司财务管理关注的重要变量为纽带，从外汇市场的运行、外汇产品入手，分析影响汇率变动的因素。

国际企业财务管理模块共四章，主要包括企业的汇率风险管理、国际投资管理、长期融资管理和短期资产负债管理等方面，重在介绍企业在复杂的环境下实现财务管理目标所进行的决策、运用的工具和方法。

值得指出的是，相比国内外经典教材，本书由于篇幅和侧重点所限，对某些内容涉及较少。例如，为避免与国际商务课程或教材内容重复，对国际企业的组织架构、经营模式、发展战略、生产布局、市场销售等内容没有单独涉及，对一国的法律、税收、宏观政策的影响也没有专门阐述，仅在财务分析中略有提及，等等。我们深知国际金融管理所涉及的领域宽广，我们将通过配套的电子资源不断进行增补，特别是有关国际金融管理的时事新闻、政策变化、案例分析等将进行定期更新，也将根据读者的反馈不断修订我们的内容。

本书的特点

作为经济管理专业本科基础课程和国际商务专业硕士的核心课程教材，本书立足我国国际商务发展现实，以开放经济为背景，阐述国际金融管理的宏观环境和微观方法。

一是立足中国发展道路，体现中国发展特色。弘扬党的二十大关于高水平对外开放的精神，聚焦国际金融领域，从国际收支、汇率制度、国际风险管理等方面引导读者基于国情和时代背景，提升专业素养、培养职业道德和思辨精神。

二是体系完整，重点突出。教材覆盖国际金融最核心的基础理论和知识，并结合世界经济变革、中国改革开放背景和中国企业"走出去"面临的现实问题，激发学生理论联系实际的兴趣，帮助读者掌握国际金融管理的整体范畴、思维方式和分析方法。

三是突出实务性和实践性。本书力图从跨国公司财务管理理念、工具和方法层面，帮助读者实现理论与现实分析与应用的融会贯通，提升专业能力。书中增强了案例分析部分，使用专栏、附录等方式，对当前国际金融领域中的重点问题展开探讨。例如，在汇率风险管理部分，结合中国国家外汇管理局"汇率风险中性"指引，通过案例方式引导学生掌握专业的汇率风险管理工具的实践应用；在探讨大宗商品市场价格波动及其对企业跨国经营的影响时，以"青山镍业"的财务危机为例，警示读者提升金融风险与金融安全意识，树立维护国家经济安全的价值观，等等。借助这些丰富的资料，反映国际金融领域内改革开放的政策和企业实践，引导学生主动思考国际金融领域一般规律和企业从事国际金融管理面临的特殊问题。

四是设计上秉承以学生为中心的理念，以多样形式打造立体化教学资源。教材每章均设导读，阐述学习目标（结果），勾勒单元逻辑关系导图，便于读者了解重点内容和概念；专栏中的时事链接和案例则提供了有关特定问题的前沿发展或政策动向，并提供数字（网络）辅助资源、丰富的网络数据资料来源和媒体报道的链接等学习辅助资料；单元结束后有短小精悍的总结，对该章内容和概念进行回顾；并提供了精选习题供学生自测。与本教材配套的国际金融管理在线课程已获得全国国际商务教学指导委员会的在线课程建设认证，并于2025年上线。

我们希望，本书能够帮助大家勾画出国际金融体系和国际金融市场的全景，了解汇率、国际资金流动等关键变量背后的驱动因素，初步掌握企业跨国财务经营所需的方法和金融工具，更好地从事商务实践。希望通过编者的努力，能启发读者对国际金融理论与现实问题的兴趣，助力读者在国际金融领域内愉快地遨游。

编　者

2025 年 4 月

第一章　国际企业与国际金融管理　（1）

  学习目标　（1）
  本章概览　（1）
  第一节　全球化中的国际企业　（2）
  第二节　国际企业财务管理　（9）
  本章小结　（16）
  关键术语　（17）
  思考与讨论　（17）
  参考阅读　（17）

第二章　国际金融环境　（19）

  学习目标　（19）
  本章概览　（19）
  第一节　国际金融市场环境　（20）
  第二节　国际金融制度环境　（33）
  第三节　各国的汇率制度与外汇管理　（40）
  附录2-1　人民币汇率制度演变　（47）
  本章小结　（50）
  关键术语　（51）
  思考与讨论　（51）
  参考阅读　（52）
  网络资源　（52）

第三章　资本流动与国际收支　(54)

　　学习目标　(54)
　　本章概览　(54)
　　第一节　国际资本流动　(55)
　　第二节　国际收支表和国际投资头寸表　(61)
　　第三节　国际收支失衡的解读　(72)
　　本章小结　(75)
　　关键术语　(76)
　　思考讨论题　(77)
　　参考阅读　(77)
　　网络资源　(78)

第四章　外汇市场与外汇交易　(79)

　　学习目标　(79)
　　本章概览　(79)
　　第一节　外汇市场基础　(80)
　　第二节　外汇衍生品　(89)
　　本章小结　(97)
　　关键术语　(99)
　　思考与讨论　(99)
　　参考阅读　(100)
　　网络资源　(100)

第五章　汇率决定与预测　(102)

　　学习目标　(102)
　　本章概览　(102)
　　第一节　外汇市场供求与汇率　(103)
　　第二节　汇率决定的经典理论　(109)
　　第三节　汇率预测　(116)

附录 5-1　世界各国经济总量排行　(123)
附录 5-2　巨无霸汉堡指数——一价定律成立吗?　(124)
本章小结　(126)
关键术语　(127)
练习题　(127)
思考与讨论　(128)
参考阅读　(128)
网络资源　(129)

第六章　企业汇率风险及其管理　(130)

学习目标　(130)
本章概览　(130)
第一节　汇率风险　(131)
第二节　外汇风险的度量　(136)
第三节　汇率风险管理策略和工具　(144)
附录 6-1　工程机械出口企业外汇风险管理案例　(150)
本章小结　(152)
关键术语　(153)
练习题　(153)
思考与讨论　(154)
参考阅读　(155)

第七章　国际长期融资管理　(156)

学习目标　(156)
本章概览　(156)
第一节　国际融资与资金成本　(157)
第二节　跨国公司的资本结构　(168)
本章小结　(173)
关键术语　(174)
练习题　(174)

思考与讨论 (176)
　　参考阅读 (176)

第八章　国际直接投资管理 (177)

　　学习目标 (177)
　　本章概览 (177)
　　第一节　跨国公司资本预算方法 (178)
　　第二节　国际投资决策中的风险调整 (192)
　　第三节　国际投资风险管理 (198)
　　本章小结 (203)
　　关键术语 (204)
　　练习题 (204)
　　思考与讨论 (205)
　　参考阅读 (205)

第九章　跨国公司的短期资产与负债管理 (207)

　　学习目标 (207)
　　本章概览 (207)
　　第一节　国际贸易融资 (208)
　　第二节　跨国短期融资决策 (214)
　　第三节　跨国短期资金管理 (219)
　　本章小结 (229)
　　关键术语 (230)
　　练习题 (230)
　　思考与讨论 (232)
　　参考阅读和网络资源 (232)

第一章 国际企业与国际金融管理

学习目标

学完本章后，你将能够：
- 阐述国际企业的概念及其分类
- 了解跨国公司在世界经济中的地位和作用
- 了解中国国际企业的发展历程
- 阐述国际企业财务管理的目标和内容
- 阐述国际金融管理的特殊性

本章概览

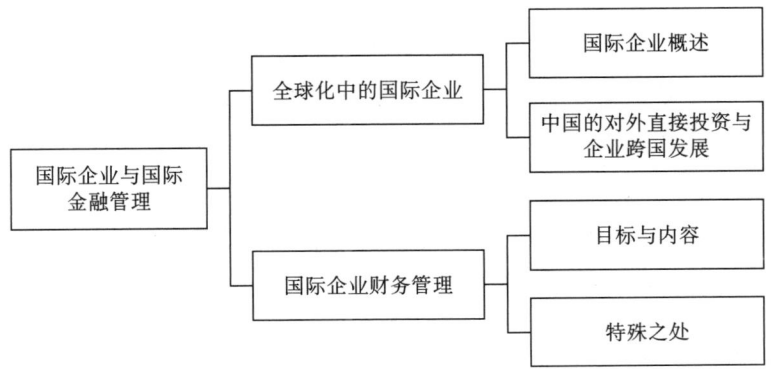

国际企业在全球发挥着举足轻重的影响，大型跨国公司从经济总量上看几乎相当于中等发达经济体。相比单纯的国内企业，国际企业的金融管理决策更加复杂，也更具有挑战。本章将介绍国际企业的发展概况，阐述国际企业财务管理的目标及其复杂性。

第一节　全球化中的国际企业

一、国际企业概述

（一）国际企业的概念和分类

国际企业（International Corporation）从广义上讲是指任何超出本国界限从事商业活动的公司，包括各种类型、各种规模的参与国际商务的企业①。最基础的国际企业运营模式是国内生产，国际销售。无论是小型的借助跨境电商实现出口的家庭生产企业，还是专门从事生产制造、有内销外销渠道的企业，或是从事网络交易的线上平台，还有大家耳熟能详的知名国际企业如中国石油、华为、麦当劳、苹果、亚马逊、西门子等，都可以归入国际企业的范畴。

跨国公司（Multinational Corporation）是国际企业发展的较高阶段，是企业国际化程度较高的组织形式，通常被认为是最具代表性的国际企业。根据 1980 年 5 月联合国跨国公司委员会（1994 年改名为联合国国际投资和跨国公司委员会）对跨国公司概念达成的共识，跨国公司是指一个工商企业在两个或更多的国家经营业务；该企业有一个反映企业全球战略经营政策的中央决策体系；企业内的各个实体分享资源、信息并分担责任。大型跨国公司的研发、生产、制造和销售分散在全球各地，形成了巨大的价值链网络，其一举一动对东道国和母国发挥重要影响。一些超大型跨国公司的营业收入甚至高于中等发达国家，例如，2023 年美国沃尔玛公司营业收入为 6481 亿美元，而同年全球国内生产总值（以下简称 GDP）总量排名第 22 位的阿根廷 GDP 约为 6460 亿美元，沃尔玛营业收入超越了全球 90% 的经济体的 GDP 规模。2024 年，我国有 133 家跨国公司跻身世界 500 强企业榜单，数量略低于美国的 139 家，位于全球第二。

全球公司（Global Corporation）是跨国公司全球化发展的新阶段。全球公司拥有全球战略，建立全球管理架构，承担全球责任。与一般跨国公司相比，全球公司的全球化程度

---

① [美] 约翰·B. 库伦. 多国管理战略要径 [M]. 北京：机械工业出版社，1999.

大大提高，其跨国指数①往往超过50%。以中资企业联想集团为例，公司业务遍及180个市场，2023—2024财年营业收入4074亿元人民币，超过70%的营业收入来自海外，而优秀的中国手机制造商传音控股公司，业务分布于非洲、南亚、东南亚、中东和拉美等70个国家和地区，2023年手机全球出货量约1.94亿部，95%的营业收入来自海外市场。

为简化起见，后文对于从事国际业务的所有企业均称为国际企业；如果强调在多国拥有企业的公司形式，则称其为跨国公司或全球公司。书中的内容，主要涉及国际企业在运营和发展中具有普遍性的财务管理内容和方法，基本适用于普通的国际企业和跨国公司。

（二）跨国公司的力量

当前，跨国公司是促进国际贸易和进行国外直接投资的重要力量。跨国公司国外投资数量逐年增长，国际化经营水平不断提高，投资结构与投资方式不断改变。

跨国公司拥有巨大的经济力量。2024年《财富》世界500强榜单中，上榜企业大多是跨国公司，这些企业的营业收入总和达到38.2万亿美元，利润总和为2.2万亿美元。大型跨国公司在规模和实力上远远超过一些中小经济体（见表1-1）。以2024年营业收入位列全球第一的美国沃尔玛公司为例，该公司业务遍布全球24个国家和地区，拥有超过10500家门店，员工总数约230万人，2023年全年营业收入6481亿美元，相当于阿根廷2023年的GDP，中国企业国家电网集团年营业收入5459亿美元，略低于爱尔兰的GDP，远高于泰国的GDP，科技巨头苹果公司营业收入3833亿美元，高于南非的GDP。

表1-1　　　　　　大型跨国公司营业收入与部分国家GDP对比　　　　　　单位：亿美元

公司	2023年营业收入	所属国家	对比国家	2023年GDP	全球排名
沃尔玛	6481	美国	阿根廷	6460	22
亚马逊	5748	美国	爱尔兰	5514	25
国家电网	5459	中国	泰国	5149	26
中国石油	4830	中国	挪威	4853	31
沙特阿美	4409	沙特阿拉伯	孟加拉	4374	32
苹果公司	3833	美国	南非	3807	40
大众公司	3483	德国	捷克	3432	44
壳牌公司	3232	英国	智利	3355	46
谷歌（Alphabet）	3074	美国	芬兰	2955	47
托克集团	2443	新加坡	希腊	2435	54
道达尔能源	2371	法国	卡塔尔	2130	55
微软公司	2119	美国	匈牙利	2124	56

资料来源：根据世界银行数据和《财富》500强数据整理制作。

---

① 通常用海外资产/总资产、海外销售/总销售或海外雇员/总雇员等指标来度量。

世界500强企业主要集中在美国、中国、日本和欧盟国家中，企业覆盖能源、金融、零售、汽车、制造、科技等，其中，能源、金融行业通常占据排行榜的较高位置。油气巨头沙特阿美、埃克森美孚、道达尔、中石油和中石化等对全球能源市场的价格、供应等方面都具有重要影响，其经营情况也波及相关金融市场，如能源期货市场；而诸多的金融跨国公司如中国工商银行、美国花旗集团、美洲银行等则直接影响全球金融市场的稳定性。以美国花旗银行为例，其业务遍布全球100多个国家，服务客户超过2亿人，每天处理的外汇交易量高达4万亿美元，占全球外汇市场的6%左右，在外汇市场上举足轻重。

近年来，科技巨头对全球产业和投资趋势影响非常明显。以人们耳熟能详的美国新能源汽车制造商特斯拉（Tesla）公司为例，除了美国本土的4个工厂外，特斯拉还在中国上海、德国柏林布局超级工厂，其中，上海超级工厂2023年产量超94万辆，是全球产能最高、效率最高的工厂；特斯拉目前还在修建上海储能超级工厂和墨西哥超级工厂，并将进一步推动自动驾驶、人形机器人研发和使用，引领新能源汽车制造和全球自动驾驶服务潮流。

中国自改革开放以来，也相继涌现出大量实力雄厚的跨国公司，它们不仅在生产、制造、研发等领域走在国际前沿，也带动了相应的产业链和价值链转型升级。在2024年《财富》500强中，我国共133家企业上榜，占26.6%，企业数量居全球第二位，仅次于美国（139家，占比27.8%），远超日本（40家，占比8%）、德国（29家，占比5.8%）和法国（24家，占比4.8%）之和。其中，4家企业位于排名前20，分别是中国国家电网（第3名）、中国石油化工集团（第5名）、中国石油天然气集团（第6名）和中国建筑集团（第14名）；此外，中国在银行业、制造业、商业流通领域也有诸多企业上榜，国内民营企业领头羊京东集团列全球第47位。中国上榜公司既有传统的大型能源、金融、建筑、冶炼企业，还有比亚迪、联想、华为、小米等科技型制造业企业，此外，顺丰、拼多多等零售、服务业等企业也榜上有名。

二、中国的对外直接投资与企业跨国发展[①]

（一）中国的对外直接投资

改革开放以来，我国经济实力日益增长，企业竞争实力不断增强，中国已经逐步成为对外直接投资的大国。根据《2023年度中国对外直接投资统计公报》，截至2023年，中

---

① 本节数据，除非另有说明，全部来自中华人民共和国商务部、国家统计局和国家外汇管理局联合发布的《2023年度中国对外直接投资统计公报》，文中不再标注。

国已连续12年位列全球对外直接投资流量前三，对外投资大国地位日益稳固。2023年对外直接投资流量为1772.9亿美元，是2002年的65.7倍，年均增速达22.1%。党的十八大以来，我国累计对外直接投资达1.68万亿美元，连续8年占全球份额超过一成，在投资所在国家（地区）累计缴纳各种税金5185亿美元，年均解决超过200万个就业岗位，中国投资对世界经济的贡献日益凸显。

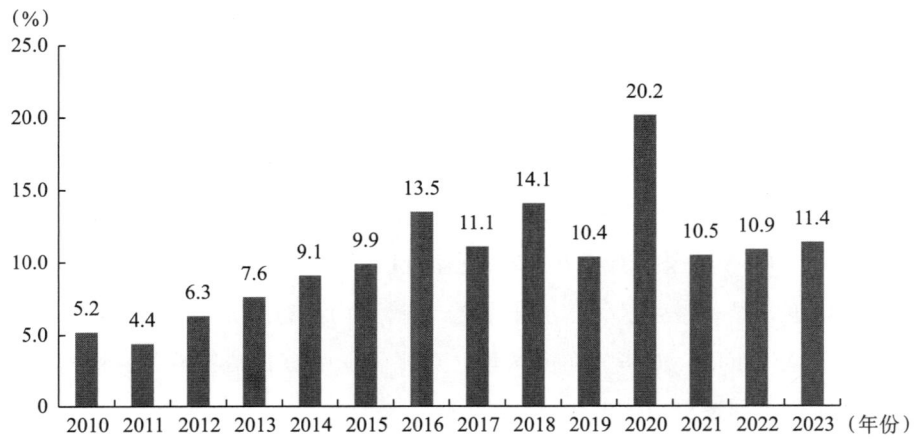

图1-1　2010—2023年中国对外直接投资流量占全球份额情况

资料来源：《2023年度中国对外直接投资统计公报》。

联合国贸发会议（UNCTAD）《2024年世界投资报告》显示，2023年全球对外直接投资流量1.55万亿美元，年末存量44.38万亿美元，2023年中国对外直接投资分别占全球当年直接投资流量、存量的11.4%和6.7%，位列全球国家（地区）排名的第三（见表1-2）。

表1-2　　　　　　　　2023年主要国家（地区）对外直接投资　　　　　　　单位：亿美元

排名	对外直接投资（流量）		对外直接投资（存量）	
	国家（地区）	金额	国家（地区）	金额
1	美国	4043.2	美国	94340
2	日本	1840.2	荷兰	33863
3	中国	1772.9	中国	29554
4	瑞士	1049.5	加拿大	27469
5	中国香港	1042.9	德国	21792
6	德国	1012.5	日本	21326
7	加拿大	895.8	英国	21242
8	法国	723.6	中国香港	20285
9	新加坡	630	新加坡	17923
10	瑞典	475	卢森堡	16971

注：中国数据来自中国商务部，其余数据来自《2024年世界投资报告》。

（二）中国企业的跨国发展

中国对外直接投资不断扩大的背后，是成千上万的中资企业克服困难，努力开拓国际市场的合力。中国企业逐步"走出去"的过程，经历了3个阶段：（1）改革开放初期到20世纪90年代初为起步阶段。中国企业主要通过对外贸易、工程承包和劳务输出等方式开始接触国际市场，逐步积累国际化经验，如一些外贸公司从事简单的进出口业务，少数建筑企业参与海外工程承包项目，跨国公司的数量和规模都相对较小。（2）20世纪90年代初到21世纪初为快速发展阶段。随着改革开放的深入和市场经济体制的建立，中国企业国际化步伐加快。越来越多的企业开始通过海外投资、并购等方式参与国际竞争，如海尔在美国建立工厂等，跨国公司的数量和规模显著提升，逐步形成具有一定国际竞争力的群体。（3）21世纪至今为全面提升国际化进程阶段。中国企业国际化战略更加明确，综合实力和国际竞争力显著增强。许多企业在全球范围内进行资源配置，实现研发、生产、销售等环节的全球化布局，如华为在全球建立众多研发中心和销售网络。同时，政府也加大支持力度，为企业创造更广阔的国际化空间。

截至2023年末，中国3.1万家境内投资者在国（境）外共设立对外直接投资企业4.8万家，分布在全球189个国家（地区），年末境外企业资产总额近9万亿美元。其中，对外直接投资累计净额29554亿美元，其中股权投资16399.7亿美元，占55.5%，收益再投资9612.1亿美元，占32.5%，债务工具投资3542.2亿美元，占12%。

从地理分布看，截至2023年末，中国境外企业集中于亚洲、北美洲和欧洲，合计占比82.4%（见表1-3），从具体的国别（地区）看，数量居于前10位的依次是中国香港、美国、新加坡、英属维京群岛、开曼群岛、越南、德国、日本、俄罗斯、泰国。

表1-3　　　　　　　　2023年末中国境外企业的地理分布

洲别	境外企业数量（家）	比重（%）
亚洲	29396	60.8
北美洲	5713	11.8
欧洲	4736	9.8
拉丁美洲	4087	8.4
非洲	3266	6.8
大洋洲	1167	2.4
总计	48365	100.0

从中国境外企业分布的主要行业情况看，批发和零售业、制造业、租赁和商务服务业是境外企业最为集中的行业，合计数量近2.9万家，占境外企业总数的59.95%，其中，

批发和零售业超 1.3 万家，占中国境外企业总数的 27.6%，制造业 9300 余家，占 19.3%，租赁和商务服务业超过 6200 家，占 12.9%（见表 1-4）。

表 1-4　　　　　　　　2023 年末中国境外企业的行业分布情况

行业	境外企业数量（家）	比重（%）
批发和零售业	13369	27.6
制造业	9346	19.3
租赁和商务服务业	6252	12.9
建筑业	3885	8.0
信息传输、软件和信息技术服务业	3682	7.6
科学研究和技术服务业	2936	6.1
农、林、牧、渔业	1694	3.5
交通运输、仓储和邮政业	1598	3.3
采矿业	1234	2.6
金融业	841	1.7
电力、热力、燃气及水的生产和供应业	814	1.7
居民服务、修理和其他服务业	796	1.7
房地产业	661	1.4
文化、体育和娱乐业	485	1.0
住宿和餐饮业	292	0.6
教育	216	0.5
水利、环境和公共设施管理业	151	0.3
卫生和社会工作	113	0.2
总计	48365	100.0

在这一进程中，中国的跨国公司数量稳步增长，业务范围从最初的简单出口和劳务输出，扩展到研发、制造、销售、服务等各个领域。一些大型跨国企业如华为、阿里巴巴、腾讯等，已在全球建立广泛业务网络，品牌影响力和市场竞争力日益增强，企业通过并购、合资、设立海外研发中心等方式，积极参与国际竞争与合作，不断提升在全球市场的份额和影响力。专栏 1-1 提供了 2024 年中国跨国公司百强企业的简要情况，可以看出我国大型跨国公司的规模不断扩大，国际化水平保持稳定。

同时，中国的国际企业也面临着国际市场竞争加剧、文化、技术融合、贸易保护主义抬头等风险和挑战，利用国际金融市场提升金融实力、通过国际金融工具合理规避或转移风险，成为企业加入国际市场的必修课。

专栏1-1 2024中国跨国公司100大企业及跨国指数

"中国跨国公司100大及跨国指数"是中国企业联合会在中国企业500强、中国制造业企业500强、中国服务业企业500强的基础上,依据企业自愿申报的数据,参照联合国贸易和发展组织的标准产生的。中国跨国公司100大由拥有海外资产、海外营业收入、海外员工的非金融企业,依据企业海外资产总额的多少排序产生;跨国指数则按照(海外营业收入÷营业收入总额+海外资产÷资产总额+海外员工÷员工总数)÷3×100%计算得出。

2024中国跨国公司100大及跨国指数有以下主要特点:

1. 入围门槛继续提升

2024中国跨国公司100大的入围门槛(拥有的海外资产)为198.40亿元,比上年提高19.31亿元,提高了10.78%;海外资产总额为123690亿元、海外员工总数为1273583人,分别比上年增加5.12%、6.90%;海外营业收入为86205亿元,比上年下降5.37%。

2. 企业跨国经营表现相对较好

受到全球经济增长放缓、国际需求不振以及贸易保护等因素的影响,各国企业的跨国经营发展都面临着挑战,企业跨国经营指数出现不同程度下降。2024中国跨国公司100大的平均跨国指数为15.35%,较上年下降了0.55个百分点。同期世界跨国公司100大跨国指数为49.21%,下降2.64个百分点,发展中国家100大跨国指数也下降了3.4个百分点。相比较而言,我国大企业的跨国经营表现相对较好。

3. 发达地区占多数,国有企业占主导地位

从企业总部所在地看,2024中国跨国公司100大覆盖17个省、自治区、直辖市,主要在经济发达地区,其中,北京占34%,广东占13%,山东占10%,浙江占9%,上海占8%,这5个地区共占据了74%。

从企业所有制性质看,2024中国跨国公司100大中,国有及国有控股公司64家,民营公司36家。

从企业所在行业看,2024中国跨国公司100大主要分布为:有色冶炼及制品10家,黑色冶金各7家,土木工程建筑6家,汽车及零配件制造、风能太阳能设备制造、电力生产5家,家用电器制造、多元化投资各4家,半导体集成电路及面板制造、工业和商业机械装备业、互联网服务、通信设备制造、电信服务各3家。

资料来源:"2024中国跨国公司100大发布",新华网,2024-09-12。https://www.news.cn/energy/20240912/a2c155504ce045148790b1f96cda4ceb/c.htm.

第二节 国际企业财务管理

一、国际企业财务管理的目标与内容

（一）国际企业财务管理的目标

人们对于企业的经营目标存在争议，比较有代表性的观点包括"股东价值最大化""企业价值最大化"以及"利益相关者价值最大化"。

1. 股东价值最大化

一些学者认为，从法律角度来看，公司真正的所有者是股东，股东与公司管理者之间是委托—代理关系，公司管理者应该秉承"信义"义务，为股东谋求利益最大化。实践中，人们往往使用股票市值来度量股东价值（股东财富）。

2. 企业价值最大化

企业价值最大化是指企业通过财务上的合理经营，充分考虑资金的时间价值和风险与报酬的关系，在保证企业长期稳定发展的基础上，使企业总价值达到最大。实践中，企业价值用企业当前和未来创造的各期现金流的贴现值加总来度量。企业价值最大化目标不仅考虑了股东的利益，还充分考虑了债权人等其他利害关系人的利益，相比股东价值最大化更能够保证公司长远稳定发展。

3. 利益相关者价值最大化

利益相关者理论认为，企业是一个由利益相关者（Stakeholder）构成的契约共同体，利益相关者包括企业的股东、债权人、雇员、消费者、供应商等交易伙伴，也包括政府部门、本地居民、当地社区、媒体、环境保护主义者等压力集团，甚至还包括自然环境、人类后代、非人类物种等受到企业经营活动直接或间接影响的客体。这些利益相关者或是分担了一定的企业经营风险，或是为企业的经营活动付出了代价，因此企业的经营决策必须要考虑他们的利益，并给予相应的报酬和补偿。企业对利益相关者必须承担包括经济责任、法律责任、道德责任、慈善责任在内的多项社会责任。近年来，有关环境、社会和公司治理（Enviroment, Social and Governance，简称ESG）责任的讨论日益增长，很多企业

将促进可持续发展的考虑纳入公司的经营管理策略中。

实践中,我们倾向于认为国际企业以追求企业价值最大化为财务目标。首先,利益相关者价值最大化很难度量和界定。对于国际企业而言,由于业务覆盖多个国家,涉及诸多法律法规、种族、文化等差异,现实和潜在的利益相关者难以界定,其价值的可度量性较低,作为财务目标不具有可操作性。其次,股东价值最大化和企业价值最大化目标两者比较,前者可能更容易助长短期行为,比如过度举债以损害债权人利益为代价增加股东的利益,而企业价值最大化则以"企业"为主体,聚焦于企业的长期可持续性发展,综合考虑了股权和债权结构、资金成本和投资的可持续性等。鉴于成熟的公司金融理论中对企业价值的分析较为完备,而我们关注的主体是跨国企业本身,因此,我们倾向于将企业(公司)价值最大化作为国际企业追求的财务目标,并以此为基础探讨企业财务管理行为。

当然,国际企业还有很多具体的财务目标,比如优化资金结构、降低资金成本、管理流动性、降低金融风险、保证合规和可持续发展,等等。我们将在随后章节探讨企业在面临国际金融市场环境和国际金融制度环境背景下,如何围绕企业价值最大化目标进行金融管理。

(二) 国际企业的经营与财务

一家典型的跨国公司经营和财务现金流的情况可归为 3 类(见图 1-2)。

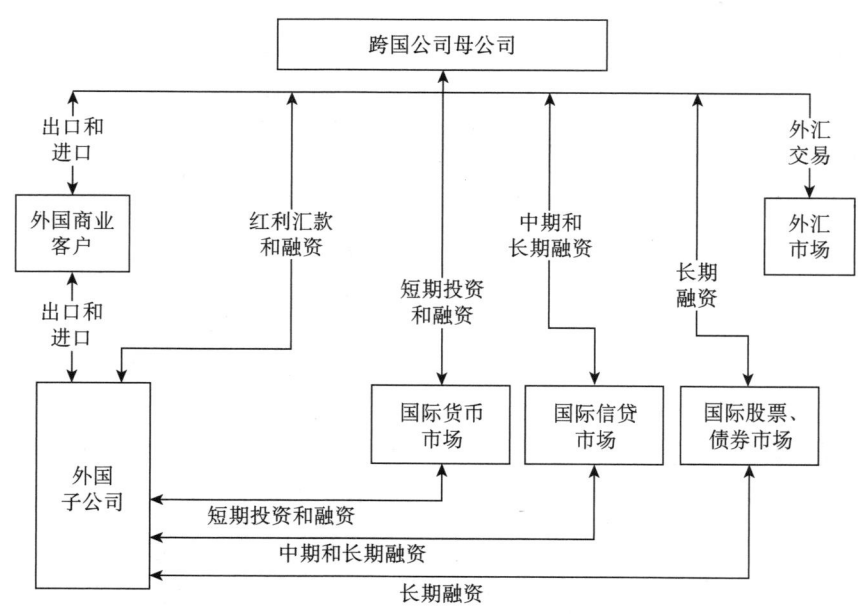

图 1-2 跨国公司业务与现金流

资料来源:杰夫·马杜拉(2020),第 83 页图 3.7。

1. 贸易、生产与经营

作为典型的国际企业，出口产品或服务将产生国外现金流入，进口则意味着相应的现金支付（流出）。对于企业而言，如果交易时没有使用国际货币如美元、欧元，或者支付时外国客户不接受其本币，则必然涉及收支的货币兑换问题。

2. 直接投资和实物资产交易

企业对外直接投资（新建或者并购）或者是收购国外的实物资产（如购买国外的矿产资源）等，会涉及现金流出；而直接投资将来可能会给母公司带来利润或红利流入。相反，出售国外资产或出售子公司的股权等则产生现金流入。

3. 融资和金融投资活动

跨国公司利用国际货币市场如短期票据、短期银行存款和借贷等方式管理运营流动性资金，而国际债券和股票市场则帮助国际企业实现长期的投资和融资。

当上述财务活动涉及不同货币之间的转换时，均需利用外汇市场，包括即期外汇市场、远期外汇市场，货币期货和期权市场等。利用外汇市场进行货币兑换并管理相应的风险，是跨国公司财务管理的重要方面。

（三）国际企业财务管理的内容

企业的财务目标是企业价值最大化，国际企业的价值最大化可以概括为：

$$V = \sum_{t=1}^{n} \left\{ \frac{\sum_{j=1}^{m} [E(CF_{j,t}) \times E(e_{j,t})]}{(1+k)^t} \right\} \tag{1-1}$$

其中，V 代表国际企业（跨国公司）的价值，$E(CF_{j,t})$ 代表跨国公司子公司 j 在 t 时期的预期现金流，$E(e_{j,t})$ 代表 j 公司所在国的预期汇率水平，m 代表跨国公司的国内外分公司数量，k 代表集团的资金成本（投资所要求的必要回报率），t 代表时期。影响国际企业价值的因素包括现金流、汇率和资金成本（必要回报率）。

由此，国际企业财务管理可以概括为以下几个方面。

1. 现金流管理

现金流管理对应着公式（1-1）中的分子项 $E(CF_{j,t})$，涉及生产经营的现金流、筹资活动的现金流和投资活动的现金流管理3个方面。国际企业面临的国内外经济与政治不确定性对现金流的价值产生影响。生产经营的现金流管理主要涉及存货、现金和付款周期管理等内容，更多和子公司的当地经营相关，而跨国公司的筹资和投资活动可以充分利用广阔的国际金融市场，从而优化其资金成本 k，或者通过投资改进子公司和母公司的整体回报率。

2. 资本结构和资金成本管理

资金成本管理对应着公式（1-1）中的分母项 k，也间接影响企业的各期现金流状况 $CF_{j,t}$。国际企业的资金成本管理涉及明确资本结构以及国际融资渠道选择，其目标是保证资金来源可靠、稳定有保证、成本低廉，从而实现资金管理的效率与安全。

国际企业的资金来源包括内部融资和外部融资。内部融资主要包括：母公司向子公司、子公司和子公司之间的融通资金如股权投资、信贷融通，或者通过转移价格机制在内部进行资金转移。外部融资主要来自国际市场融资，包括在东道国或国际市场上发行股票、债券等直接融资；或者通过银行、国际组织等获取贷款。跨国公司在全球化融资过程中，要充分考虑筹资结构和各种融资费用，确定不同种类融资工具如本外币贷款、债券、股票等的比重结构，从而降低融资成本，保持资金来源的稳定性，助力跨国公司特别是全球企业实现技术和产品升级、市场扩张和并购重组等。我们将在第七章至第九章对企业长期投融资决策和短期资金管理展开讨论。

3. 汇率风险管理

汇率风险管理对应着公式（1-1）中的分母项 $E(e_{j,t})$。相比本土经营公司，跨国公司面临复杂的货币兑换问题，由此产生汇率风险，即汇率的不确定性变动给经济主体带来经济损失或收益，具体包括交易风险、折算风险和经济风险等。

交易风险（Transaction Risk）是指企业在运用外币进行计价收付的交易活动中，从合同签订之日到债权债务得到清偿的时间内，经济主体由于汇率变动而蒙受损失的可能性。例如，一家中国企业与欧洲企业签订出口订单，半年后对方支付 3000 万欧元货款，中国企业出口产品的生产成本是 2.3 亿元人民币。合约签订时欧元对人民币汇率为 1∶8，如果半年后欧元贬值到 1∶7.6，则中国企业到手的欧元折算成人民币将缩水 1200 万元人民币，企业该笔业务将从盈利 1000 万元转为亏损 200 万元人民币。交易风险主要产生于企业的日常经营业务，诸如进出口贸易、跨国借贷、外币投资等。

折算风险（Translation Risk），又称会计风险（Accounting Risk），是指跨国企业在会计期末进行财务报表合并过程中，由于形成资产与负债、收入与费用的历史汇率不同于报表合并时所采用的现行汇率（或期末汇率），致使有关会计项目上出现账面损益，给企业的财务报表造成扭曲性影响。例如，某中资跨国企业海外子公司购入一笔价值 2000 万美元的固定资产，当年末美元对人民币汇率为 1∶7，以 1.4 亿元人民币计入合并报表；次年编制合并资产负债表时，美元对人民币汇率为 1∶6.5，此时该笔资产（暂不考虑折旧因素等）的人民币价值为 1.3 亿元人民币，相应的 0.1 亿元人民币的账面损失即为折算损失。

经济风险（Economic Risk），又称经营风险，是指汇率变动（特别是意料之外的变动）通过影响企业的生产经营、投入产出等而使企业在未来一段时间收益和现金流受损的可能。例如，进口国的货币相对欧元贬值，使得企业从欧元区的进口成本上升，企业由此减少了10%的进口量，并增加了从第三国的进口，等等。与前两者直接影响企业财务状况不同，经济风险是一种潜在的汇率风险，企业根据汇率变动情况，可能调整经营和投融资，从而可能遭致损失。

汇率风险贯穿于企业跨国经营的各个环节，从原材料采购、产品销售到海外投资、资金借贷等，均可能受到汇率波动的影响。汇率风险不仅影响企业的短期财务业绩，还可能对企业的长期战略规划和市场竞争力产生深远影响，因此管理汇率风险是国际企业特别是跨国公司金融管理的重中之重。跨国公司汇率风险管理主要包括预测汇率变化、度量风险规模和管理风险3个方面，我们将在第四章至第六章予以讨论。

二、国际金融管理的特殊之处

与纯粹的国内企业相比，国际企业面向的是更为广阔的国际市场，可以在更大的范围内配置资源，其生产、投资与筹资活动不必局限于一国或一地；然而，国际金融环境的复杂性又使得企业面临的风险更复杂多变，特别是因为各国的政治经济制度、政策体系和规则等的差异，使企业在汪洋大海中航行需要时刻警惕各种经济、政治风险，这给企业带来了更多的机遇和挑战。

（一）更广阔的国际金融环境

丰富的国际金融市场交易品种、更为快捷的交易速度极大地拓展了国际企业的发展空间。

从资金运作来讲，国际企业特别是跨国公司可以充分利用全球一体化的国际金融市场，发行债券或股票从全球众多的投资人手中筹措资金。例如，2023年安谋国际科技公司（ARM）在美国完成了首次公开发行，为其持续研发和扩大规模获得了资金支持（见专栏1-2）。2024年11月，阿里巴巴集团发行了25.5亿美元的美元计价优先无担保票据和170亿元人民币的人民币计价优先无担保票据。阿里巴巴公司披露，筹集的资金将主要用于阿里巴巴的一般公司用途，包括但不限于偿还其境外债务和进行股份回购。这一决策不仅有助于优化阿里巴巴的资本结构，还为其未来的发展提供了坚实的财务支持。

国际企业也可以在不同的国家之间进行资金的调配，如利用低廉的资金成本从A国融资或者借款，然后投资于B国，从而使资金运作效率达到最大。例如，海尔集团在全球布局业务时，从资金成本较低的欧洲进行融资，然后将资金投入新兴市场国家，用于建设生产基地、拓展销售网络等，通过这种跨国资金调配的方式，既降低了融资成本，又抓住了新兴市场的发展机遇,提高了资金运作效率。可口可乐公司从日本等低利率国家,通过当地金融机构进行融资,将资金投资于巴西等南美洲国家用于建设新的工厂、扩展销售渠道等。

专栏 1-2

安谋国际科技公司(ARM)2023年在美首次公开发行

2023年9月14日,英国芯片设计公司ARM Holdings Plc(以下简称ARM)以美国存托股票(ADS)方式登陆纳斯达克,股票代码"ARM",每股定价51美元,估值约545亿美元。作为年内全球科技领域最大规模IPO上市交易,此次发行获28家投行参与、超过10倍超额认购,总计发行9550万份ADS,完成筹资额48.7亿美元。上市首日,ARM股价暴涨25%至每股63.59美元,公司市值超过650亿美元(约合人民币超4700亿元)。

ARM公司是软件银行集团旗下的芯片架构设计公司,成立于1990年,总部位于英国剑桥。该公司的ARM架构是世界范围内应用最广的中央处理器(CPU)架构,迄今已应用于2500亿颗芯片,覆盖了全球99%以上的智能手机市场,从最小的传感器到最强大的超级计算机,都有着ARM的身影。

ARM招股书显示,超过260家公司报告称在2023财年已出货基于ARM的芯片,包括全球最大的科技公司(如亚马逊和Alphabet)、主要的芯片供应商(如AMD、英特尔、英伟达、高通和三星)、汽车行业巨头、领先的汽车供应商、物联网创新者等。基于先进的处理器IP技术,通过收取许可费和专利费,这家半导体和软件设计公司一步步成为世界先进计算的基石。

ARM的扩张之路伴随着海外融资,1998年,ARM在伦敦证券交易所和纳斯达克股票市场公开上市;2016年,软银集团以320亿美元收购该公司并私有化;2020年,芯片巨头英伟达公司宣布以总价400亿美元、股票加现金的方式收购ARM,但后来由于高通、英特尔表示反对,行业质疑ARM未来的"公平性",英伟达拟收购该公司遭遇失败。2023年ARM重新回归纳斯达克市场,获得投资者的踊跃认购。

ARM在招股书中阐释了公司的未来增长策略:(1)在长期增长的市场中获得或保持份额;(2)提高每台智能设备中ARM处理器的价值;(3)扩展ARM的系统IP和SoC产品;(4)投资下一代技术,部署基于AI的解决方案;(5)发挥ARM产品的灵活性;(6)通过灵活的业务模式扩大ARM产品的覆盖范围。

（二）更多的国际金融制度规则约束

除市场环境外，各国政府和国际制度规则对国际企业的经营和金融管理起到重要约束。

毋庸置疑，企业应在依法合规的前提下从事经营，其运作受政府规章制度和政策的影响。然而，相比国内企业，国际企业需要遵守多个国家（地区）的法律法规，也面临多个来源的政策冲击和影响，其复杂程度大幅增加。除了宏观经济政策如货币与财政政策外，国际企业尤其需要关注关税、投资、汇率与外汇管制等方面的政策。在汇率与外汇管制方面，一些国家限制资金自由兑换与跨境流动，影响国际企业资金调配；在财政政策方面，政府财政支出、税收或补贴将影响国际企业区位选择，例如，美国2017年税改将企业所得税从35%降至21%，吸引跨国企业利润回流、扩大投资；在投资限制方面，一些国家开立产业投资的负面清单，禁止外国投资或绝对控股；在金融监管方面，监管当局制定法规规范金融机构行为和企业的金融活动，例如，对跨国银行资本充足率、风险管理等施加要求，促使企业加强内部控制与风险管理。

此外，国际间诸如双重税收、反洗钱规定、银行和证券监管规则等，均对企业的金融运作和财务决策产生重要影响，稍有不慎则将遭受巨大损失，甚至身败名裂。例如，2019年，印度执法局（ED）对卫星服务提供商Devas多媒体有限公司及其董事和外国投资者处以1585亿卢比的罚款，原因是其违反了印度1999年《外汇管理法》（FEMA），非法引入外国投资579亿卢比。这一罚款使Devas公司资金严重受损，正常的业务运营和资金周转被迫中断，也影响了后续外资进入印度相关领域的积极性。

（三）更复杂的国际金融风险

更广阔的国际市场、更多的制度约束也带来了更为复杂的风险挑战。与国内市场相比，国际企业面临更复杂的环境。国际企业的原材料供应、生产与销售活动处于不同的市场中，相关地区的利率和价格变动都会影响国际企业的收益与成本；此外，商品、服务、劳动力与资本的跨国流动受各国法律法规、税收、贸易和产业政策、文化等的阻碍，使得国际企业交易成本远高于国内经营。

企业面临的国际金融环境，并非一体化的完美市场，而是受各国法律法规和政策影响而呈现出某种程度的分割，加大了企业的财务风险。例如，一些国家不允许外国投资者持有本国的公司股票或者对外国投资者有各种限制，由此催生了金融创新，即企业发行海外存托凭证（DR）实现上市，但相关流程更为复杂、涉及的机构更多，相应成本和风险也因此而增加；一些国家的法律法规的修正给跨国企业带来法务和合规挑战，如2020年美国通过《外国公司问责法》，扩大了证券交易限制名单，加大对可变利益实体架构企业限制和信息披露要求等，实质上强化了涉及中国概念股的监管政策，我国部分中央国有企业如中国移动、中国石油等多家公司因为不能披露涉及国家敏感行业信息，选择从美国集体退市等。虽然大型跨国公司富可敌国，但在主权国家设定的"游戏规则"面前，国际企业作为微观个体缺少与之对抗的能力，因此经营面临着很大的不稳定性。

值得一提的是，国际企业需高度重视国别和地缘政治风险。稳定的政治环境利于企业长期规划与投资，如新加坡吸引了大量国际企业设立区域总部与开展金融业务；相反，政治动荡增加不确定性，如中东地区政治冲突，使在当地运营的国际企业面临资产安全、业务中断风险，影响资金安全与运营收益。

企业国际经营的外汇风险不可忽视。当前全球主要国际货币如美元、欧元、日元、英镑等都采用浮动汇率制度，双边汇率的波动往往难以预测。对于企业来说，了解什么原因导致汇率波动，未来汇率将如何演变，如何管理外汇风险等，关系到企业生死存亡。相比之下，单纯从事国内经营的企业仅需面对汇率变动对其经营或业务的间接影响（例如，汇率变化影响供给或需求），但却无须面对折算风险和汇兑风险。

总之，跨国公司的国际财务管理面临更大的机遇和挑战。企业需要在熟悉国际金融市场运作的前提下，充分利用国际金融资源、规避风险，实现公司价值的最大化。

本章小结

1. 国际企业从广义上讲是指任何超出本国界限从事商业活动的公司，包括各种类型、各种规模的参与国际商务的企业。

2. 跨国公司是指一个工商企业在两个或更多的国家经营业务；该企业有一个反映企业全球战略经营政策的中央决策体系；企业内的各个实体分享资源、信息并分担责任。

3. 全球公司是跨国公司全球化发展的新阶段，全球公司拥有全球战略，建立全球管理架构，承担全球责任，其全球化程度较高。

4. 典型的跨国公司经营和财务现金流包括三类，即贸易、生产和经营，直接投资和实物资产交易，以及融资和金融投资。

5. 国际企业财务管理目标是企业价值最大化，企业价值可以用公司（包括子公司）未来预期现金流经过汇率调整后的贴现值加总来度量。

6. 国际企业财务管理的内容主要包括现金流管理、汇率风险管理和资金成本管理。

7. 国际企业面临的外汇风险包括交易风险、折算风险和经济风险。

8. 相比国内经营企业，国际企业从事金融管理的特殊之处在于，其面临更为广阔的国际金融市场环境和更为复杂的制度环境，以及由此产生的国际金融风险，从而使其金融管理面临更大机遇和挑战。

关键术语

国际企业　　　跨国公司　　　全球企业　　　企业价值　　　利益相关者
ESG 责任　　　汇率风险　　　折算风险　　　交易风险　　　经济风险

思考与讨论

1. 结合最新数据资料，查看《财富》500 强排行数据，对比中国、美国、日本、德国等国家的大型跨国公司的分布情况，你有哪些发现？

2. 结合联合国贸发会议（UNCTAD）最新发布的《世界直接投资报告》和互联网资料，分析近年来世界直接投资的发展特征和趋势。

3. 结合中国最新的《对外直接投资统计公报》，分析近年来中国对外直接投资整体趋势和情况，说说看我国对外直接投资和外国来华直接投资的结构上有什么差异？

4. 相比国内经营企业，跨国公司的国际金融管理有哪些不同？请结合中国企业的案例，对其国际金融管理的目标、内容等加以说明。

5. 国际企业特别是跨国公司可以充分利用全球一体化的国际金融市场从全球众多的投资人手中筹措资金，请查找相关国内外公司案例加以分析。

6. 国际企业可以在不同的国家之间进行资金的调配，请查找相关国内外公司的案例，加以分析。

7. 2024 年 6 月，中国某知名企业被印度反洗钱执行局指控非法向国外转移资金、涉嫌违反"外汇管理法"，账户上 555.1 亿印度卢比（约合人民币 48.1 亿元）资金被冻结。请查找相关资料，谈谈你是如何理解国际金融管理环境的复杂性的？从该事件中能得到什么启示和教训？

参考阅读

1. Alan C. Shapiro, *Foundations of Multinational Financial Management 9th Edition*[M]. John Wiley & sons, Inc., 2009.

2. [美] 杰夫·马杜拉. 国际财务管理[M]. 北京：北京大学出版社，2020.

3. UNCTAD，2024 World Investment Report［M］. NY：UN Publications，2024.

4. 中华人民共和国商务部，统计司和国家外汇管理局. 2023 年度中国对外直接投资统计公报，2024.

5. 王建英，支晓强，许艳芳，袁淳. 国际财务管理学［M］. 北京：中国人民大学出版社，2019.

6. 王辉耀，苗绿. 大潮澎湃：中国企业"出海"40 年［M］. 北京：中信出版社，2023.

第二章 国际金融环境

学完本章后，你将能够：

➢描绘国际金融市场的全貌

➢区分国际货币市场、资本市场、外汇市场及其特征

➢列举国际金融制度环境包含的内容

➢了解各国汇率制度和外汇管制安排

➢分析政府对企业国际金融管理的影响

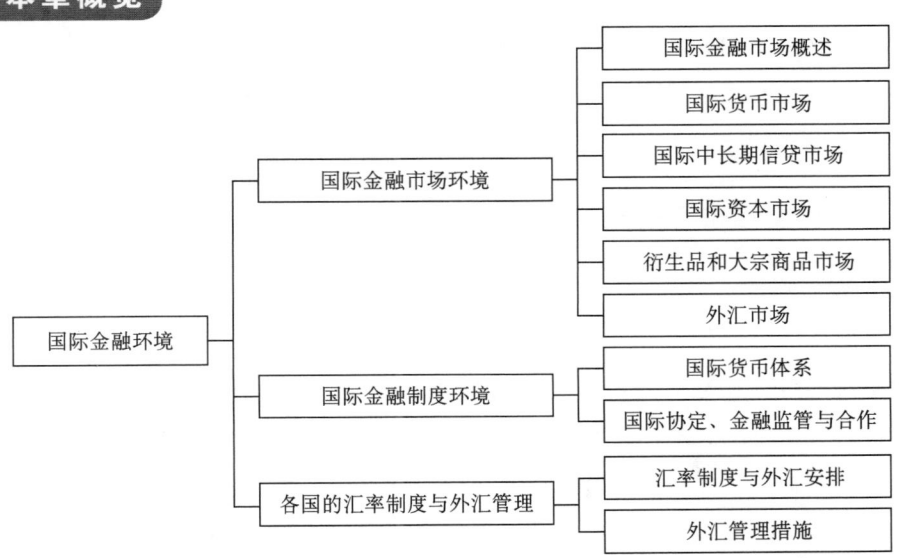

国际企业面对的是更为广阔和复杂多变的国际金融环境,包括巨大的国际金融市场、风云变幻的国际制度环境,给企业带来了更多的机遇和挑战。本章概要介绍企业从事金融管理面对的市场和制度环境,并探讨不同的汇率制度与外汇安排给国际企业带来的影响。

第一节 国际金融市场环境

一、国际金融市场概述

国际金融市场是国际资金融通和转移、分散和管理相关风险的场所。经济主体借助国际货币市场、信贷市场和资本市场进行融资和投资,使用衍生品管理汇率、利率以及其他价格波动产生的风险,而外汇市场成为连接国际商品市场、资源市场和金融市场不可缺少的纽带。

(一)国际金融市场的参与者

国际金融市场的参与者包括各类银行、保险、养老金等机构投资者;非金融企业,比如苹果、特斯拉、华为、比亚迪等生产制造型公司;中国石油、壳牌石油公司等开采企业;中国建筑、中国铁建等跨国建筑类公司,还有亚马逊、阿里巴巴等大型网络贸易销售集团。同时,国际组织、各国央行和政府机构、主权财富基金等也活跃在国际金融市场上。除此之外,还有数以千万计的中小企业和个人投资者,国际金融市场为他们提供了更多更广的财务运作空间。

(二)国际金融市场的分类

1. 有形和无形的市场

国际金融市场可以分为有形市场与无形市场。

有形市场是指国际性金融资产交易的场所,往往是国际性金融机构聚集的地区或城市。这些城市通常是高度现代化的都市,拥有规模较大、交易活跃的交易所,具备发达的通信网络、交通条件、庞大的金融法律会计审计等高端人才市场,拥有较为完善的法律法规。全球著名的国际金融中心包括纽约、伦敦、中国香港、新加坡等城市。近年来,随着中国综合国力的上升,上海、深圳等作为金融中心的影响力也逐步提升,在2024年第36期"全球金融中心指数"排名中,上海、深圳分别位列第8和第9名(见专栏2-1)。

专栏2-1 全球金融中心指数

全球金融中心指数(GFCI)是一项由英国Z/Yen集团(Z/Yen Group)发起的从营商环境、人力资源、基础设施、金融业发展水平和声誉五个方面对全球主要金融中心进行分类、评分和排名的评价体系。首期指数于2007年发布,其后每半年更新一次。自第20期开始,Z/Yen集团和中国(深圳)综合开发研究院共同编制发布。

2024年9月24日,英国智库Z/Yen集团与中国(深圳)综合开发研究院联合发布"第36期全球金融中心指数报告(GFCI 36)",该指数涵盖了121个全球金融中心城市和12个候选金融中心城市,采用了客观的特征指标和主观的问卷调查相结合的方法对全球金融中心进行评价,其中,特征指标包含了143项具体指标,问卷调查共收到6188名受访者的37830份评价。

GFCI 36报告显示(见表2-1):全球前十大金融中心排名依次为:美国纽约、英国伦敦、中国香港、新加坡、美国旧金山、美国芝加哥、美国洛杉矶、中国上海、中国深圳、德国法兰克福。

表2-1 全球十大金融中心

金融中心	GFCI 36 排名	GFCI 36 得分	GFCI 35 排名	GFCI 35 得分	较上期变化 排名	较上期变化 得分
美国纽约	1	763	1	764	0	▼1
英国伦敦	2	750	2	747	0	▲3
中国香港	3	749	4	741	▲1	▲8
新加坡	4	747	3	742	▼1	▲5
美国旧金山	5	742	5	740	0	▲2
美国芝加哥	6	740	9	736	▲3	▲4
美国洛杉矶	7	739	8	737	▲1	▲2
中国上海	8	738	6	739	▼2	▼1
中国深圳	9	732	11	734	▲2	▼2
德国法兰克福	10	730	13	732	▲3	▼2

此次排名中,中国香港在多个金融行业领域的排名显著上升,包括"投资管理""保险业""银行业""专业服务"等,其中在"投资管理"方面的排名跃升为全球第一位。截至2023年底,中国香港管理的资产规模较前一年增长约2%至逾31万亿

港元，净资金流入接近 3900 亿港元，按年增加逾 3.4 倍。

值得一提的是，GFCI 根据金融科技领域表现，对 116 个金融中心的金融科技发展水平进行评估，中美具有较强优势。排名前 20 的金融中心城市中，中美各占 6 席。其中，美国的纽约、旧金山排名全球第一、第四，美国的华盛顿、洛杉矶、芝加哥进入全球金融科技排名前十，中国则有深圳、香港、广州、北京、上海、成都进入金融科技榜单前 20 名。

资料来源：张熹珑. 全球金融中心最新排名出炉，香港反超新加坡重返前三甲［EB/OL］. 界面新闻，2024 – 09 – 26。

除了有固定物理场所的交易所，国际金融市场大部分是无形的。金融机构通过网络、电话、传真等现代化通信设备来完成资金融通、证券买卖等国际金融业务。这类市场又被称为场外市场，外汇市场的绝大部分交易都是场外交易，大型跨国银行、国际公司、投资基金是外汇市场最主要的参与者。

2. 在岸和离岸市场

国际金融市场还可以分为在岸市场和离岸市场。在岸市场通常是在各国国内金融市场的基础上形成和发展起来的，是国内金融市场的对外延伸和扩张。有些在岸市场一开始便是国际化的市场。例如，美国的股票市场在成立之初便面向欧洲大陆和英国等资金开放，是天生国际化的市场。在岸市场一般以所在国雄厚的综合经济实力为后盾，主要以市场所在国（地区）发行的货币为计价和交易货币，依靠国内优良的金融服务和完善的金融制度而不断发展，交易活动一般是在居民和非居民之间进行，受市场所在国（地区）法律和金融条例的管理和约束较多。

离岸金融市场是指在某国（地区）境内但基本与该国（地区）金融制度无甚联系，较少受该国（地区）金融法规管制的资金融通活动的场所。通常，该市场交易和计价品种不是市场所在国（地区）的货币，资金融通业务也较少受货币发行国（地区）的政策法规和税收约束，往往通过税收优惠、便捷的金融基础设施、宽松监管环境吸引非居民企业和个人参与市场交易。例如，伦敦就是欧洲最大的离岸人民币交易中心，各国企业、金融机构在伦敦外汇市场上从事人民币借贷、人民币计价工具的投资和交易。近 20 年，随着中国经济开放度与人民币国际化程度不断提高，人民币在中国境外的流通和使用日益广泛，连续多年保持全球第五大支付货币的地位。除了在中国香港地区广泛流通之外，国际金融中心如英国伦敦、新加坡等也大量开展人民币离岸金融业务。

3. 按交易品种分类

按市场交易的品种来划分，国际金融市场包括国际货币市场、国际中长期信贷和资本市场、外汇市场以及金融衍生工具市场等。其中，一年期以内的资金流动和交易，主要通过国际货币市场进行，中长期的资金主要通过国际信贷市场和资本市场（包括债券、股票和信托基金等）融通，外汇和衍生品市场主要管理相应的汇率、利率和市场风险。

二、国际货币市场

国际货币市场是居民与非居民之间或非居民与非居民之间进行的期限为一年或一年以下的短期资金融通的场所。按照融通方式的不同，国际货币市场又可以分为国际短期信贷市场和国际短期证券市场。

（一）国际短期信贷市场

国际短期信贷市场是国际银行同业间拆借或拆放，以及银行对工商企业提供短期信贷资金的场所，主要目的是解决临时性流动资金的需要。短期信贷市场的期限包括1天、7天、1个月、2个月、3个月、6个月、9个月和12个月。银行对工商企业提供贷款时，关注企业的借款用途和财务状况，并要求按时偿还本金和利息，为了降低违约风险，确保资金安全，大量资金借贷采用国债回购交易或者资产质押等方式。

（二）国际短期证券市场

国际短期证券市场是国际上1年期以内短期证券发行和交易的场所，通常交易的品种包括银行大额可转让定期存单（CD）、商业票据（CPs）、银行承兑汇票等。可转让大额银行定期存单，期限最短为1个月，最长为1年以上。商业票据是信用良好的企业为筹集短期资金而发行的无担保短期票据，期限一般为3—6个月。银行承兑汇票是经过银行承兑过的商业票据。由于银行承兑票据有银行信用，因此易于融资和流通。

此外，还有规模庞大数以万亿美元计的货币市场基金，它们投资于货币市场上的高信用等级工具，具有较强的流动性和安全性，成为大型养老基金、保险公司和投资基金等机构投资者和国际企业管理短期资金的主要工具。

三、国际中长期信贷市场

国际中长期信贷主要由国际银行信贷、政府与国际组织信贷组成，其中又以国际银行贷款为主。

（一）国际商业银行贷款

国际商业银行贷款是指一国借款人向其他国家或地区的银行或国际金融机构借款的行为。在国际银行贷款中，一国的借款人可以是银行、政府机构、公司企业以及国际机构等；贷款人（债权人）则是提供贷款的外国银行或多家银行组成的银团，由银团提供的贷款又称为"辛迪加贷款"。根据国际清算银行的数据，截至2019年底，全球商业银行跨境贷款余额超过30万亿美元，这些商业银行贷款极大地推动了资金的跨国流动，也便利了国与国之间的储蓄—投资转换。鉴于跨境信贷在很大程度上不受货币发行国中央银行的管辖，资金的国际流动加大了各国金融市场的关联，并因此增加了金融市场的脆弱性。

专栏 2-2

中国银行成功为沙特国家电力公司独家牵头筹组 20 亿美元银团贷款

近日，中国银行作为独家全球协调行、初始委任牵头安排簿记行，成功为沙特国家电力公司牵头筹组 20 亿美元银团贷款项目。

沙特国家电力公司是中东北非区域最大的电力供应公司，也是沙特政府控股的头部上市企业。作为核心合作银行，中国银行迪拜分行成功获得独家委任，首次作为银团贷款独家全球协调行、初始委任牵头安排簿记行，负责沙特国家电力公司 5 年期银团贷款的筹组及分销。此笔银团贷款初始发行规模 15 亿美元，由中国银行向中东及亚太区域同业分销，实现超额认购并最终增额至 20 亿美元。

此笔银团贷款的成功筹组是中国银行积极贯彻落实中阿、中海、中沙领导人"三环峰会"精神，持续为构建面向新时代中阿命运共同体贡献金融力量的有力实践，彰显了中国银行在国际银团市场的竞争力和影响力。

作为全球化程度最高的中资银行，中国银行将继续依托遍布全球的服务网络，为国际客户提供更高水准的专业化服务，坚定不移走好中国特色金融发展之路，为推动金融高质量发展持续贡献力量。

资料来源：中国银行官网 https：//www.bankofchina.com。

（二）国际金融组织贷款

国际金融组织贷款是由一些国家的政府共同投资组建并共同管理的国际金融组织机构提供的贷款，旨在帮助成员国开发资源、发展经济和平衡国际收支。贷款往往具有无息或低息、期限长等特点。

国际金融机构可分为全球性和区域性两个层次。全球性的国际金融机构的代表是世界银行集团，包括国际复兴开发银行、国际开发协会和国际金融公司等，宗旨是减贫和促进经济发展，通常通过中长期贷款支持和提供政策建议，帮助会员国家提高劳动生产力，促进发展中国家的经济发展和社会进步，改善和提高社会生产水平。例如，2024年5月，国际复兴开发银行批准了一笔期限30年（含6年宽限期），金额达2.5亿美元的贷款，旨在支持我国湖北宜昌城市交通低碳转型发展。

另一个全球性金融组织是国际货币基金组织（International Monetary Fund，简称IMF），其职责是监察货币汇率和各国贸易情况，提供技术和资金协助，确保全球金融制度运作正常。IMF发放的贷款往往是以维护汇率和金融稳定为目标，贷款期限一般不超过3年，且贷款条件通常较为苛刻。

区域性国际金融机构通常聚焦于区域发展，典型代表如亚洲开发银行、非洲开发银行、泛美开发银行、欧洲投资银行等。2015年12月，首个由中国倡议设立的多边金融机构——亚洲基础设施投资银行（Asian Infrastructure Investment Bank，简称亚投行，AIIB）正式成立，其总部位于北京，法定资本1000亿美元，中国出资50%，是最大的股东。亚投行的宗旨是促进亚洲区域的建设互联互通化和经济一体化的进程，并加强中国及其他亚洲国家和地区的合作，其贷款项目聚焦于支持区域基础设施建设。亚投行的57个创始成员国既包括中国、印度、韩国、新加坡等亚洲国家，也包括英国、德国、加拿大、澳大利亚和南非等其他大洲的国家，既包括发达经济体，也包括欠发达经济体，截至2023年末，亚投行共有109个成员国，至2023年6月，亚投行累计批准227个投资项目，金额约436亿美元。

四、国际资本市场

国际资本市场包括国际债券市场和国际股票市场。在资本自由流动的经济体如欧元区和美国、日本之间，由于大量外国投资者的参与，国内股票、债券市场同国际市场之间已没有明显的界限，而在实施较为严格资本管制的国家如中国，虽然已经逐步向外国投资者开放，但国内资本市场和国际资本市场仍存在分割。以下所指的"国际市场"，强调发行人、投资人或交易场所分属不同经济体的情况。

（一）国际债券市场

国际债券是指一国的筹资者或国际机构为筹措资金而在国外金融市场上发行以某种货币为面值的债务凭证。国际债券的发行和流通跨越了国境，按发行场所来划分，国际债券可以划分为外国债券、欧洲债券和全球债券三个类别。

外国债券（Foreign Bonds）是指A国发行者在B国证券市场上发行的以B国货币计价的债券，发行人和发行市场分别属于两个不同的国家。比较著名的外国债券有外国筹资者在美国发行的美元扬基债券（Yankee Bonds），在日本发行的武士债券（Samurai Bonds），在亚洲（除日本以外）地区发行的"龙债券"（Dragon Bond）等。2005年国际金融公司和亚洲开发银行获准在中国境内发行人民币债券，此类外国发行者在中国发行的以人民币计价的债券被称为"熊猫债券"。外国债券通常使用单一货币计价，其发行者既要受本国外汇管理法规的约束，又要获得发行市场所在国的批准，通常委托市场所在国的投资银行代理发行，因而手续比较复杂，但发行国当地的投资者不需承担外汇风险。

欧洲债券（Euro Bonds）是A国发行者在A国以外的资本市场（即B地资本市场）上发行的，以第三国（C）货币计价的国际债券，债券的发行者、债券发行市场和债券计价货币分别属于不同的国家。欧洲债券产生于20世纪60年代，目前以欧洲美元债券比重最大。欧洲债券的发行者大多为国际企业、国际金融机构和某些国家的政府。欧洲债券的发行者一般资信都很高，拖欠违约的可能性很小，因此债券的信用风险很小，并且具有税收优惠和避税功能，其交易市场非常活跃，流动性也比较高。

全球债券（Global Bonds）是在世界各地的金融中心同步发行流通的债券，其计价货币为国际硬通货币，如美元、日元、瑞士法郎等。世界银行在1989年首次发行了这种债券并且一直在该领域内占据主导地位。虽然全球债券的发行往往要经由所在国进行清算和登记，但由于各清算系统间的联系相当便捷迅速，因而能够保证流动性。

总体来说，国际债券具有筹集资金方便、成本低、来源广、选择性强、流通性高、期限长等特点，因此发展迅猛。经济合作与发展组织（OECD）发布的《2024年全球债务报告》[①]显示，截至2023年末，全球主权债务和公司债券总额约100万亿美元，预计2024年全球总发债规模达15.8万亿美元。

专栏2-3

新开发银行成功发行85亿元人民币熊猫债券

5月29日，新开发银行（NDB）在中国银行间债券市场成功发行85亿元人民币熊猫债。此次发行体现了新开发银行多元化参与资本市场、动员资源支持可持续发展项目融资的战略，发行规模超过了新开发银行此前70亿元人民币的单笔最大的熊猫

---

① OECD（2024），Global Debt Report 2024：Bond Markets in a High - Debt Environment, OECD Publishing, Paris, https：//doi. org/10. 1787/91844ea2 - en.

债发行规模。通过此次交易，新开发银行在中国银行间债券市场建立了新的熊猫债债券基准。该笔交易吸引了境内和境外投资者的关注和参与，最终以负溢价为债券成功定价。本期债券的募集资金将为新开发银行支持的基础设施和可持续发展项目提供融资，支持成员国发展和促进实现可持续发展目标。募集资金可以人民币和/或兑换成其他货币汇出投资于境外。本次债券的发行得到了投资者的广泛关注和踊跃认购，反映了投资者对新开发银行的信心以及银行在市场上的良好声誉。

中国银行担任此次发行的主承销商。中国工商银行、中国农业银行、中国建设银行、平安银行、宁波银行、中信证券、国泰君安证券担任此次发行的联席承销商。

新开发银行由巴西、俄罗斯、印度、中国和南非于2015年共同成立，旨在支持金砖国家及其他新兴经济体和发展中国家的基础设施和可持续发展项目，作为现有多边和区域金融机构的补充，促进全球增长和发展。2021年，新开发银行接纳孟加拉国、埃及、阿联酋和乌拉圭为新成员国。

（总台记者　白廷俊　罗安敏）

资料来源：中央广播电视总台央视新闻｜2023年05月30日，https：//news.cctv.com/。

（二）国际股票市场

股票是直接融资的主要方式，2010年，全球股票市值为55万亿美元，2023年为109万亿美元，其中，美国股票市场市值46.2万亿美元，占42.5%，中国大陆及香港地区合计市值15.8万亿美元，占14.6%，欧盟和日本的市值和所占份额分别是12.1万亿美元（11.1%）和5.8万亿美元（5.4%）。对于国际企业而言，在规则许可条件下，可以选择当地上市、直接到海外上市或发行股票存托凭证实现间接上市，也可以通过发行欧洲股权（Euro Equities），在面值货币所属国以外的国家或者全球金融市场上发行并流通。

1. 直接上市

海外直接上市即一国的公司直接以自身名义到海外或离岸证券市场发行股票并申请挂牌交易上市。许多跨国企业在成熟的海外证券市场上均采取海外直接上市的方式进行融资，其中在香港上市的称为H股，在新加坡上市的称为S股，在美国纽约上市的称为N股等。各国直接上市的标准不同，通常门槛较高。例如，美国证券法律规定在其股票市场上市的公司注册地应该在美国，很多公司无法满足这一门槛，因而转向发行存托凭证等方式间接上市。

2. 存托凭证

存托凭证（Depositary Receipts）是一国银行或证券（信托）公司开列的外国有价证券（通常是股票）的保管凭证。在美国发行和销售的存托凭证称为美国存托凭证（American Depositary Receipts，简称 ADRs），在中国市场发行和销售的存托凭证被称为中国存托凭证（Chinese Depositary Receipts，简称 CDRs），在全球发行销售的存托凭证称为全球存托凭证（Global Depositary Receipts，简称 GDRs）。

存托凭证本质上是标的股票的替代物，便利了国际投资者投资特定的外国股票，同时能够较为有效地规避直接上市的监管措施和限制。中国互联网行业的知名公司如阿里、京东、百度、网易等均采用发行 ADR 方式间接实现在美国的上市融资。

典型的存托凭证业务涉及发行人、存券机构、托管机构和投资人等至少四个关键主体。以 ADRs 交易为例（见图 2-1），在美国境内的投资银行作为存托机构，同境外的发行人签订存托协议，后者确认特定数量的股票交由指定的托管机构进行托管；托管机构同美国境内的存托机构签订托管协议，后者据此发行相应的存托股份，确定每一个单位存托股份同标的股票之间的兑换关系，投资者在美国市场购买、交易相应的存托凭证，并按照比例享受标的股票的各项权益。例如，中国联通在纽交所上市的存托凭证与其标的股份（中国联通港股）的对应关系是 1 个存托凭证对应于 10 股港股普通股，因此当中国联通港股每一股发放 0.3 港元红利时，ADRs 的持有者每单位 ADRs 可以获得价值 3 港元的红利。

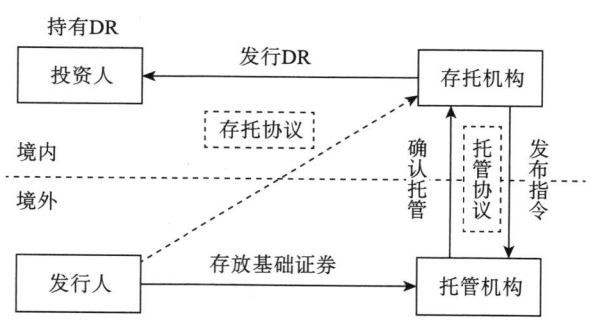

图 2-1 存托凭证发行示意图

对发行者（筹资者）而言，存托凭证扩展了其股票的发行和流通的范围，为企业提供了一种新的筹集资金或进行收购的机制，同时回避了在外国证券市场直接上市的一些限制和管制。对投资者而言，存托凭证与它所代表的基础股票具有同样的特性，投资者能减少或消除诸如交割延误、高额交易成本以及其他与跨国交易有关的不便之处，降低成本；共同基金、退休基金和其他机构投资者可以回避一些证券交易的法规限制，克服在购买和持有非本国证券时的障碍。

> 专栏 2-4
>
> **中国太平洋保险集团在伦敦发行 18 亿美元 GDR**
>
> 2020 年 6 月，中国太平洋保险集团有限公司（以下简称"中国太保公司"）在伦敦证券交易所发行总值 18 亿美元的全球存托凭证，规模创下中国公司在欧洲股票融资交易之最。
>
> 中国太保公司 GDR 发行价格确定为每份 17.6 美元，发行的 GDR 数量为 102873300 份，代表基础证券中国太保 A 股股票 514366500 股，即 1 份 GDR 代表 5 股 A 股普通股，募集资金为 18.106 亿美元。中国太保本次发行 GDR 对应的新增基础证券 A 股股票于 6 月 22 日在上海证券交易所上市，新增 A 股上市后太保总股本变更为约 95.76 亿股。
>
> 参与本次发行的投资者中 80% 来自境外，长线、基石投资者占比超过 85%，包括多家知名主权基金、私募基金等。基石投资者瑞士再保险集团 Swiss Re 以最终价格认购 28883409 份 GDR，占本次发行 GDR 总数（超额配售权行使前）的 28.08%。
>
> 中国太保成为国内首家发行 GDR 的保险公司、首家 A+H+G 上市的保险公司，该项发行是中国保险业对外开放的重要里程碑，创下沪伦通机制下多项第一，如第一次使用中国会计准则的 GDR，第一次采用基石投资者机制的 GDR，第一次非欧洲企业得到大众持股比例豁免的 GDR，第一次在沪伦两地之间实施"云上市"的 GDR 等。此次融资，将有助于中国太保进一步丰富股东构成，完善公司治理机制，推进国际化布局，提升在全球资本市场的影响力。
>
> 资料来源：邓雄鹰. 第二单沪伦通落定，中国太保 GDR 正式登陆伦交所，拿下多个第一次 [EB/OL]. https://m.thepaper.cn/baijiahao_7961050。

五、衍生品和大宗商品市场

（一）衍生品市场

金融衍生品（Derivative）作为一种双边合约，其价值取决于合约所涉及的某种"基础性标的资产"（Underlying Assets）的价格及其变化。同股票、债券等基础金融工具不同，衍生品的主要功能不是为了调剂资金余缺或者直接促进储蓄投资的转化，而更多的是为了管理与基础证券和基础资产相关的风险。例如，国债期货就是以特定的国债为基础交易资产，买卖双方约定时间，按照约定价格和数量单位进行交易，股指期货是以股票价格指数点位为参照物，根据指数涨跌在买卖双方之间进行结算。衍生品主要包括期权、远期和期货类以及互换类产品。我们将在第四章专门介绍外汇衍生品市场及其工具。

由于设计复杂，衍生品的价格受基础资产价格变动的影响很大；其交易过程往往采用保证金制度，因而其杠杆效应也十分明显，这在提高投资者资金利用率的同时，也使投资风险倍增。近年来一些大型跨国金融机构就因为在衍生品的直接或间接交易中的失误导致破产或被收购，如2008年法国兴业银行衍生品交易亏损49亿欧元，2023年瑞士信贷银行因客户的衍生品交易投资遭受巨额损失被收购（详见专栏2-5）。

总体来说，全球金融衍生品的发展速度非常迅猛。一方面衍生品交易大大便利了风险的转移和专业化分担，强化了金融市场一体化；另一方面也加大了金融市场基础证券价格的波动性，并扩大了国际金融风险在国际间的传导。

专栏2-5　被衍生品交易拖垮的瑞士信贷银行

2023年，拥有167年历史，位居全球30家系统重要性银行之列的瑞士信贷银行（Credit Suisse，以下简称"瑞信"）陷入困境并最终被瑞银集团（UBS）收购。瑞信在衍生品领域有着广泛的业务布局，截至2022年末，其衍生品合约的名义金额高达16.1万亿美元。从投资类别来看，超过80%是利率衍生品，这种类型的衍生品在市场中较为常见，用于利率风险管理和投机交易。但当市场环境发生不利变化时，这些利率衍生品会带来巨大风险。

真正引发瑞信危机的，是其与衍生品相关的信贷和投资业务的巨额亏损。2021年，对冲基金Archegos通过向包括瑞信在内的多家银行大量借款，并以总收益互换等衍生品杠杆交易机制投资股市，然而由于股票价格暴跌，投资组合市值急剧下滑，导致Archegos基金被强制平仓，无法偿还贷款，瑞信在2021年第四季度净亏损达到13.9亿瑞士法郎，约合15.4亿美元。与此同时，瑞信基金购买了供应链金融公司Greensill Capital的贷款证券化基金产品，而后者的破产导致瑞士信贷4只相关基金蒙受约30亿美元的损失。

2022年5月以后，各大国际信评机构下调瑞信的信用评级。惠誉将瑞信评级从A-降至BBB+，标普将瑞信评级从BBB+降至BBB，2023年3月，在瑞士中央银行的斡旋下，瑞士银行以30亿瑞士法郎的价格收购了瑞士信贷银行，投资者持有的170亿美元债券被清零。

（二）大宗商品市场

大宗商品（Commodities）是指具有商品属性、用于工农业生产与消费使用的大批量买卖的物质商品。为规避或对冲现货市场的风险，人们通常利用远期、期货或者期权产品来管理由于大宗商品价格波动带来的风险，因此大宗商品市场具有很强的金融属性。这里活跃着大量从事农产品制造和加工、矿产资源开采和贸易的大型国际企业，以及形形色色的金融机构，引人注目的大宗商品市场包括黄金、石油、铁矿石、农产品等。

全球大宗商品期货供求关系和价格走势，很大程度上左右了全球主要原材料和基础产品价格，影响全球贸易投资和消费生产。以黄金期货交易为例，黄金既是重要的工业基础原材料，也是各国居民追捧的高级消费品和投资品，同时还具有价值储藏功能，也是重要的避险资产和国际储备品种。因此，每当出现政治军事动荡比如俄乌冲突时，黄金期货的交易量和价格都大幅上升，而在面临通货膨胀压力时，很多投资者也倾向于购买黄金。除了黄金之外，跨国公司的财务经理对石油、煤炭、铁矿石等工业原材料，对自己所处领域的特定的大宗商品（比如镍、铂金等）也需高度关注，以规避价格波动的风险。

专栏 2-6　青山控股遭遇伦敦"妖镍"

青山控股集团作为中国最早的民营不锈钢生产企业之一，是全球最大的不锈钢和镍铁生产商，被誉为"世界镍王"。2021 年，青山集团生产不锈钢 1237 万吨、生产的镍铁折合镍金属 60 万吨，均居世界第一。2022 年，青山集团在伦敦金属交易所（LME）的大宗期货交易遭受了巨额损失。

伴随着新能源汽车行业的快速发展，全球对三元锂电池的关键材料——镍的需求大增，金属镍供不应求。青山集团基于自身在印度尼西亚拥有大量镍矿资源，且判断 2022 年旗下大量高冰镍和镍铁产能的投产将对市场价格产生冲击，为对冲价格波动风险，在伦敦金属交易所（LME）市场持有 20 万吨期货空仓（即卖出相应的期货合约）。

2022 年 3 月 7—8 日，受俄乌冲突引发的国际镍供应短缺的影响，伦敦金属交易所的镍期货价格连续两天暴涨。在过去十年大部分时间里，交易价格稳定在 1 万—2 万美元/吨的镍期货，在 3 月 7 日最高涨至 50300 美元/吨，3 月 8 日最高涨幅超过 100%，至 101365 美元每吨，青山集团的 20 万吨镍空单面临在交割日无法交出现货的困境，浮亏一度高达 120 亿美元。

3 月 8 日晚间，伦敦金属交易所紧急修改规则，取消当天凌晨 0 点后的交易，并且把原定于次日的现货镍合约都推迟了交割；3月9日晚，青山控股宣布，用旗下高冰镍置换国内金属镍板，已通过多种渠道调配到充足现货进行交割。3月15日，青山集团与由期货银行债权人组成的银团达成一项静默协议，危机宣告解除。伦敦金属交易所此后连续发布系列公告调整部分交易规则，如可在适当条件下延期交割、恢复交易后设置10%涨跌幅限制等。

从这一事件中，企业可以吸取诸多经验教训。首先，在进行期货套期保值等金融操作时，要充分考虑产品与交割品种的适配性，青山集团的产品主要为高冰镍，与伦敦金属交易所镍交仓品种存在错配，为交易对手方"逼仓"埋下隐患。其次，对市场风险的预估不能仅仅基于常规情况，国际形势等突发因素会极大影响市场，俄乌冲突这一突发事件改变了镍市场的供需格局和价格走势。最后，企业在期货市场操作中，风险控制至关重要，尤其需要熟悉所在交易场所交易规则，不能盲目加码，要对实际风险有充分的认识和估计。

六、外汇市场

无论是贸易往来还是国际借贷和资本流动，当涉及货币兑换时均需要借助外汇市场，外汇市场成为联通商品、服务、资金的纽带。汇率也因此成为国际金融管理的重要变量。

外汇（Foreign Exchange）是指以外币表示的，可用于进行国际结算的支付手段，包括以外币表示的银行汇票、支票、银行存款等[①]。外汇市场（Foreign Exchange Market）是进行外汇买卖的交易场所或网络，是由外汇供给者、需求者以及买卖外汇的中介机构构成的交易系统。大部分的外汇交易是场外交易，没有具体的交易场所，没有统一的交易时间，买卖双方主要通过电话、电报、电传及其他通信工具进行交易，庞大的信息网络将全球各主要外汇交易中心连接在一起，形成了一个全天候24小时不间断交易的体系。

与那些在一国银行与居民范围内进行交易的"国内外汇市场"[②] 不同，国际外汇市场是开放的交易网络体系。世界上有30多个主要的外汇市场，根据传统的地域划分，可分

---

① 广义的外汇概念，是指一切用外币表示的金融资产，本书采用狭义外汇概念，强调该资产可用于进行支付清偿，或可兑换为外币。

② 例如，中国的银行间外汇市场主要面向中国居民（金融机构、企业等）进行交易，尽管也有外资金融机构或企业进行交易，但由于没有实现人民币在资本账户的完全自由兑换，这些交易的金额、交易用途本身受到限制，还未能同国际外汇市场形成无缝连接。

为亚太地区、欧洲、北美洲三大区域,著名的外汇交易中心包括欧洲的伦敦、法兰克福、苏黎世和巴黎,北美洲的纽约和洛杉矶,亚太地区的悉尼、东京、新加坡和香港等,其中伦敦、纽约和东京外汇市场集中了全球大部分外汇交易。各外汇交易中心通过先进的通信设备和计算机网络连成一体,市场的参与者可以在世界各地进行交易,外汇资金流动顺畅,形成了全球一体化运作、全天候运行的统一的国际外汇市场(见表2-2)。

表 2-2　　　　　　　　　　全球主要外汇市场

地区	城市	开市时间(格林威治时间)	收市时间(格林威治时间)	备注
亚太地区	悉尼	23时	7时	
	东京	0时	8时	远东地区最大外汇市场
	香港	1时	9时	
欧洲	法兰克福	8时	4时	
	巴黎	8时	4时	
	伦敦	9时	5时	全球最早、最大的外汇市场
北美洲	纽约	13时	21时	最大的美元外汇交易市场

伦敦外汇市场是历史最为悠久也是目前最大的外汇市场;纽约外汇市场是美元清算和划拨的主要场所,美国等国家干预外汇市场时也多在纽约市场上进行;东京外汇市场主导日元交易,香港的外汇市场则是人民币离岸外汇交易的主要场所。近年来中国的银行间外汇市场交易规模日益增长,上海已成为全球最大的人民币外汇交易中心,但由于中国资本账户下的外汇兑换还未完全开放,距离成为"国际"外汇中心还任重道远。

值得指出的是,外汇交易包括即期交易、远期和期货交易,以及包含外币的互换交易等,大量外汇交易属于衍生品交易,我们将在第四章详细介绍外汇市场交易和相关交易品种。

第二节　国际金融制度环境

国际企业进行金融管理面临的金融制度环境和背景,包括国际货币体系、各类国际金融协定和金融监管规则,以及各国的金融制度特别是汇率与外汇安排等,这些因素深刻地影响着企业的国际金融管理。

一、国际货币体系

(一) 国际货币体系及其构成

国际货币体系是有关国际支付、调节资金流动和确定各种货币间汇率的系统性框架,是由相关条约、法规、体制、机构和政策等构成的复杂的统一体。

国际货币体系有三个方面的基本内容:(1)汇率制度,即货币当局对一国货币汇率变动的基本方式所作的基本安排和规定,处理的是国与国之间的货币比价关系,大致可以分为固定汇率、浮动汇率和中间汇率制度等;(2)储备制度,指国际储备资产的构成、规模、流通限制等;(3)资本流动与国际收支调节机制。

(二) 国际货币体系的演进

国际货币体系的历史演变可以简单归纳为金银并行时期、古典金本位、金汇兑本位、布雷顿森林体系和牙买加体系几个阶段①,其中黄金长期占据了国际储备货币的主导地位,直至1973年牙买加会议确定黄金非货币化,主要发达国家汇率实现自由浮动,全球进入无体系的体系时代(见图2-2)。

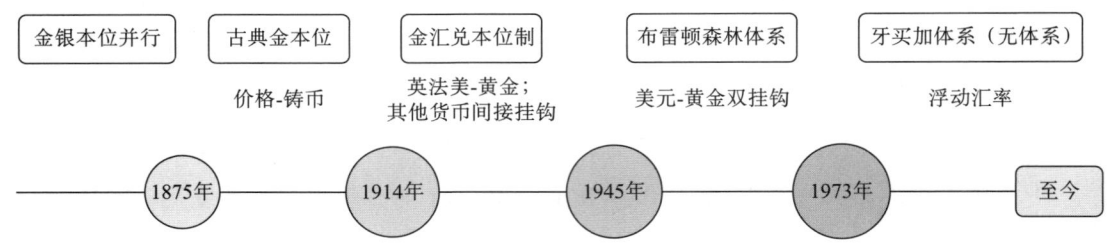

图2-2 国际货币体系演变

1. 古典金本位

古典金本位时期,黄金是公认的储备货币,各国货币均以黄金铸成,金铸币有一定重量和成色,有法定含金量;金币可以自由流通、自由铸造、自由输出入;一国的金币与另一国的金币或代表金币流通的其他金属(如银)币或银行券可以自由兑换。

金本位制度有两个重要的市场调节机制。一是汇率是由两种货币之间含金量之比,即铸币平价决定的。二是黄金自由铸造、自由输出入、自由兑换货币。两大机制确保了各国

---

① 对国际货币体系史感兴趣的读者请参看:巴里·埃森格林. 资本全球化:一部国际货币体系史[M]. 北京:机械工业出版社,2020.

之间的汇率围绕金平价上下波动，对国际贸易和资本流动的发展以及各国经济的发展起到了积极的作用，该阶段也被视为国际货币体系的"黄金年代"。

专栏 2-7　古典金本位制度下的市场调节机制

金本位制度下，两国货币汇率由金平价决定（见图 2-3（a）），并根据市场供求围绕金平价上下波动（见图 2-3（b））。

英镑与美元的铸币平价=113/23.22=4.8665

	重量	成色	含金量
1英镑	123.27447格令	22/24	113.00格令
1美元	25.8格令	90/100	23.22格令

(a) 金平价的确定

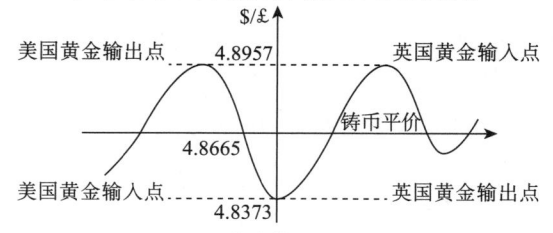

(b) 黄金输出入点

图 2-3　金本位制度的市场调节机制

图 2-3（a）中，标注了英镑和美元铸币各自含金量，其中格令为重量单位，成色是指金的纯度，根据两者的含金量之比可以得出英镑和美元的金铸币平价为 1 英镑 = 4.8665 美元。

图 2-3（b）中，显示英镑与美元的市场汇率围绕铸币平价，在黄金输出入点之间上下波动。由于黄金和外汇均是国际支付手段，且可自由兑换，如果市场汇率偏离平价的幅度足够补偿黄金加工和运输成本，人们就会通过运输黄金进行支付清偿。假定英美之间黄金的运输保险费及加工制作等成本约为黄金价值的 0.6%，假设美国增加进口英国产品，则对英镑的新增需求将导致英镑升值，一旦汇率超过 4.8665×(1+0.6%)，也就是 4.8957 美元时，美国进口商会直接向英国输出黄金而不是买入英镑支付，于是对英镑的需求将不再增加，此时英镑汇率到达上限 4.8957，该汇率就是美国的黄金输出点（英国的黄金输入点）。反之，当英镑市场汇率下跌到 4.8373，即 4.8665×(1-0.6%)时，人们不会再选择兑换美元而是会将英镑兑成黄金运出英国，于是英镑对美元汇率下限为 4.8373，这一汇率即为美国的黄金输入点（英国的黄金输出点）。

当然，汇率维持稳定的前提是存在贸易逆差的国家有足够多的黄金可供支付，且黄金自由输出入通过影响价格自动平衡国际收支。英国经济学家大卫休谟阐述了"价格—铸币—流动性"的市场自动稳定机制。例如，当英国对美国出现持续贸易顺差时，黄金将从美国流入英国，导致英国的物价上升而美国物价下跌，两国之间的贸易品比价相应作出调整，最终英国的净出口下降而美国净出口增加，贸易达到均衡，黄金输出入也将停止。

然而金本位制存在内在的缺陷：首先，世界黄金产量的增长远远不能满足世界经济交往的需要，缺少足够的国际储备货币。其次，为了提供更多的国际清偿力，储备货币国家（如英国）大量发行银行券和铸币，超过其持有的黄金数量，难以保证足额兑付黄金。当国际经济和政治动荡时，各国纷纷终止银行券与黄金的兑换，限制黄金的自由输出入，古典金本位制崩溃了。

2. 金汇兑本位

在第一次世界大战结束后，世界进入金汇兑本位制时期。黄金仍是国际货币体系的基础，各国纸币规定了含金量，日常代替黄金执行流通清算和支付手段的职能；黄金只在政府间进行支付；英国、法国和美国等国实行与黄金直接挂钩的货币制度，其他国家的货币与英镑、法郎等挂钩，并需要在挂钩货币的国家存入一定的黄金来保证维持汇率稳定。

然而，各国信用货币的发行大幅增长，主要国家的币值稳定及能否保证对黄金的兑换问题再度出现，1929 年爆发的资本主义危机使各国自顾不暇，各国纷纷限制黄金输出，加强外汇管制，英国、美国和法国相继中止了黄金兑换，放弃了金汇兑本位制。

3. 布雷顿森林体系

第二次世界大战接近尾声时，1944 年在布雷顿森林举行了联合国货币金融会议，签署了《布雷顿森林协定》，形成了黄金—美元双挂钩体系。在该体系中，黄金和美元均是国际储备货币，美元按 35 美元 1 盎司黄金的价格同黄金保持固定比价；各国货币与美元保持可调整的固定比价，对美元的波动幅度为上下 1%。一国只有在发生"根本性的国际收支不平衡"时，在 IMF 认可下，才允许进行平价的调整。双挂钩织就了一张相对稳定的平价网，而美国对各国政府按固定价格自由兑换黄金的承诺则成为该体系正常运转的制度保证，正式确立了美元的国际货币主导地位。国际协调确保了体系的稳定运转，为战后 20 多年国际贸易和投资的发展提供了稳定的金融环境。

然而，布雷顿森林体系仍没有逃开金本位制的固定缺陷。经济学家特里芬指出，金汇兑本位制中存在储备货币流动性与信心的"特里芬两难"。一方面，由于黄金增长速度远远赶不上国际清偿的需求，各国普遍需要大量储备货币，则储备货币发行国必然存在大量逆差；另一方面，如果储备货币（美元）发行的速度超过官方持有的黄金存量的增长速度，或发行国逆差过大，会降低人们对于储备货币的信心，引发对黄金的挤兑，最终导致制度崩溃。

特里芬的预言终成现实。由于美国持续的贸易逆差，外汇市场自 20 世纪 60 年代末开始持续出现抢购黄金、抛售美元的狂潮，1971 年 8 月，美国尼克松政府宣布暂停同外国央行之间的黄金兑换，对美元与黄金保持固定价格的官方承诺终止，至 1973 年，英镑、美元等主要货币均实现自由浮动或者管理浮动，布雷顿森林体系事实上宣告瓦解。

4. 无体系的时代

布雷顿森林体系崩溃不久,IMF 成员于 1976 年 1 月达成了"牙买加协定",确立了以下事项:一是浮动汇率制合法化。IMF 成员国可自行选择汇率制度,允许各成员干预外汇市场。二是"黄金非货币化",取消了黄金作为国际储备资产的地位,同时加强"特别提款权"的作用,规定其可作为主要储备资产。三是增大了对发展中国家的资金融通。牙买加协议并未确定国际本位货币及其约束原则,也没有建立起一个有效的国际收支协调机制,因此被称为"无体系的体系"。

在这个体系下,全球汇率制度呈现多元化状态。汇率的大幅波动和超调成为常态,美元虽然仍是最重要的国际货币,但币值经历了多次大规模起落。欧洲一些国家为了稳定区域贸易和经济,通过国际协调和合作,组建了欧元区,由此形成美元、英镑、欧元、日元等国际货币多元化时代。由于缺乏制度性的协调,国际收支全球失衡情况日益严重,货币与金融危机频繁爆发,比较典型的是 20 世纪 80 年代拉美国家的债务危机、1994—1995 年墨西哥的汇率危机、1997 年亚洲金融危机以及 2008 年的全球金融危机、2012 年的欧洲主权债务危机等,全球货币金融体系进入一个高度不确定的年代。

专栏 2-8 欧元区的货币安排

作为一个整体,欧元区内成员取消了本币而采用一种共同货币欧元,对其他货币实行自由浮动。自 1999 年 1 月 1 日起,在实行欧元的欧洲联盟国家中实行统一货币政策,2002 年 7 月欧元成为欧元区的合法货币,欧元由欧洲中央银行(European Central Bank,ECB)和各欧元区国家的中央银行组成的欧洲中央银行系统(European System of Central Banks,ESCB)负责管理。

截至 2024 年,欧元区有 20 个成员国,其中创始成员国为 11 国,包括德国、法国、意大利、荷兰、比利时、卢森堡、爱尔兰、西班牙、葡萄牙、奥地利和芬兰,随后逐步扩容,克罗地亚于 2023 年加入。

要加入欧元区,欧盟成员国必须达到几个标准:第一,每一个成员国年度政府财政赤字控制在国内生产总值的 3% 以下;第二,国债必须保持在国内生产总值的 60% 以下或正在快速接近这一水平;第三,在价格稳定方面,成员国通货膨胀率≤3 个最佳成员国上年的通货膨胀率 +1.5%;第四,长期名义年利率(以长期政府债券利率衡量)不超过上述通胀表现最好的 3 个国家平均长期利率 2 个百分点;第五,该国货币至少在两年内必须维持在欧洲货币体系的正常波动幅度以内。欧盟对成员国加入欧元区的时间并没有固定的要求,每一个成员国将根据自己国家的情况,按照自己的时间表加入。

从实际运行来看，单一的货币政策、统一市场、资本自由流动使得各国之间的产品价格更具可比性，欧元区内部企业汇率变动消失，但是对于本国的竞争力较弱或者人工成本较高的一些国家而言，单一的汇率、无独立的货币政策以及较严格的财政纪律约束，使其丧失了调节经济的政策工具。由于欧元区内部成员经济发展条件差异较大，统一的货币政策难以应对内部不均衡问题。例如，欧洲央行一贯实施较为强硬的反通胀政策，但对于经济衰退或需求疲软的国家而言，反通胀带来的高利率将使得其经济雪上加霜，这也是2010年希腊欧洲发生主权债务危机的原因之一。

二、国际协定、金融监管与合作

（一）国际协定

1. 双边和多边区域贸易和投资协议

双边和多边（区域或全球）贸易投资协定中很多条款对企业财务运作产生较大影响。比如《全面与进步跨太平洋伙伴关系协定》（CPTPP）中包含了有关金融服务的相关条款，协议签署方的金融市场开放程度增加，协议签署方以此为依据，可以进入签约方市场开展业务。在风险管理方面，企业需要遵循协定中的财务、税收和金融监管要求，加强合规管理，防范因金融监管差异带来的风险。我国目前正在积极推动加入CPTPP，促进亚太地区贸易投资自由化。

2. 国家间的税收协议

国家间往往签订双边或多边税收协定，协助进行税收征管，避免对同一纳税人的同一笔所得在两个国家同时征税。其中《多边税收征管互助公约》已有140多个国家和地区加入，为成员提供了税收情报交换、税款追缴和文书送达等方面的合作机制，各国税务机关能够更有效地获取跨国企业的涉税信息，防止企业通过转移定价、避税港等手段逃避纳税义务，并减少双重征税。此外，还有双边或区域双边税收协议。截至2024年9月20日，中国已进一步扩大税收协定网络至114个国家和地区[①]，其中大部分是双边税收征管协定。例如，中美双边税收协定，对各类所得的征税权进行了明确划分。对于跨国企业的营业利润，只有在企业通过常设机构在另一国进行营业活动时，另一国才有权征税；对于股息、

---

① 国家税务总局. 国新办举行"推动高质量发展"系列主题新闻发布会 [EB/OL]. 2024-09-20. https：//www.chinatax.gov.cn/chinatax/n810219/n810724/c5234643/content.html.

利息、特许权使用费等所得,均规定了限制税率,以降低双重征税的可能性。跨国企业在中美两国开展业务时,需要清晰了解税收规则,合理安排税务筹划,降低税务成本。

(二) 国际银行监管与合作

全球范围内,比较重要的国际金融监管规则当属国际银行业统一监管协议,即由巴塞尔委员会制定的《巴塞尔协议》,旨在统一国际银行业的资本充足率标准,加强对银行风险的监管。其中,《巴塞尔协议Ⅲ》在2008年全球金融危机后出台,进一步提高了对银行核心资本充足率的要求,规定银行的一级资本充足率下限由原来的2%提高到4.5%,同时增加了资本留存缓冲和逆周期资本缓冲等要求,使全球范围内的银行在经营过程中更加注重资本质量和风险管理。国际企业在与银行开展业务时,也受到这些新监管标准的间接影响,如融资难度和成本可能发生变化。例如,某大型制造业企业计划通过国际银行贷款进行海外扩张,但由于银行受巴塞尔协议约束,对企业的信用评估更为严格,要求企业提供更详尽的财务报告和风险评估资料,该企业融资审批周期延长,融资成本增加,原本计划的投资项目进度延迟。更为严格的金融监管和放贷要求,将使企业在资金管理上预留更多资金应对可能的融资延迟,并重新规划还款计划,调整债务结构。

(三) 国际证券监管与合作

国际证监会组织(IOSCO)在证券市场监管合作方面发挥着关键作用。它制定了一系列证券监管的国际标准和准则,促进各国证券监管机构之间的信息共享与协作。例如,在企业跨境上市过程中,IOSCO的相关准则促使各国证券监管机构在信息披露、公司治理等方面达成一定共识,使国际企业能够更清晰地了解不同市场的上市规则和持续监管要求,降低上市成本和合规风险,减少国际企业在海外资本市场融资的障碍。

(四) 反洗钱监管

在国际金融监管合作中,反洗钱是重要内容之一。例如,《联合国反腐败公约》《联合国禁止非法贩运麻醉药品和精神药物公约》均明确列出了相关的反洗钱条款,要求缔约国建立反洗钱机制,包括金融机构客户身份识别、记录保存等要求;《联合国打击跨国有组织犯罪公约》将洗钱犯罪列为打击对象,要求各缔约国采取措施预防和打击洗钱行为,加强国际合作,包括引渡、司法协助等。对于国际企业而言,开展国际业务需要格外警惕资金来源的合法性,以免因疏忽而违反反洗钱规定。

我国还加入了金融行动特别工作组(FATF),后者推出的国际反洗钱40项建议和反恐融资9条特别建议涵盖了反洗钱和反恐怖主义融资的各个方面,包括客户尽职调查、可疑交易报告、金融机构内部控制等，此外还出台了《国家洗钱风险评估指引》《网络游戏和赌博平台洗钱、恐怖融资和扩散融资风险报告》等。全球共 200 多个国家和司法管辖区承诺实施 FATF 的标准。国际企业在全球开展业务时，无论所在国家是否直接采用该建议，都可能受到遵循这些建议的金融机构的审查，需确保自身业务符合相关要求。

第三节　各国的汇率制度与外汇管理

一、汇率制度与外汇安排

（一）汇率制度概述

汇率制度（Exchange Rate Regime），又称汇率安排（Exchange Rate Arrangement），是指一国货币当局对本国汇率变动的基本方式所作的一系列安排或规定，它表明各国货币比价确定的原则和方式，包括货币比价变动的界限、调整手段以及维持货币比价所采取的措施等。广义的汇率制度还包括相关的外汇管理措施，比如支付协定、资本和经常项目下能否自由兑换、金融机构和交易的汇兑限制等。

汇率制度可以划分为固定汇率制度、浮动汇率制度和中间汇率制度。

固定汇率制度是将本币同另一种货币的比价关系确定下来，限制汇率围绕中心平价的波动幅度，并通过立法或制度维持该平价的一种汇率制度，在极端情况下，一国或地区可能放弃使用本币，而直接使用外币替代本币流通。

浮动汇率是政府不对汇率水平作出承诺或制度性安排，由市场决定汇率水平的一种制度。理想状态下，政府完全不干预汇率，被称为自由浮动或清洁浮动，当然，政府可能会偶尔对外汇市场进行干预，特别是当汇率的波动超出政府允许的范围时，此时即为管理浮动或者肮脏浮动。

介于浮动汇率与严格固定汇率（被称为硬钉住）这两极之间，还有各类管理程度不同的汇率制度安排，比如可能会参照某个指标定期调整汇率平价和波动浮动的爬行钉住汇率制度等，称为中间汇率制度安排。

(二) 固定汇率与浮动汇率制度的对比

不同类别汇率制度的最核心差异,可以概括为:浮动汇率制度允许汇率保持灵活性,固定汇率制度则保证了汇率的稳定性,介于中间的汇率制度安排一方面保留了汇率调整的灵活性,与此同时兼顾了固定汇率的稳定性,避免了汇率剧烈动荡给经济带来的严重影响。固定汇率与浮动汇率制度的优缺点如表2-3所示。

表2-3　　　　　　　　　　　　固定汇率与浮动汇率制度的优缺点

	固定汇率制度	浮动汇率制度
优点	1. 汇率稳定,促进贸易和投资发展 2. 利于抑制国内通货膨胀 3. 提供纪律约束,避免过度发行货币	1. 货币政策具有独立性 2. 汇率自动调节国际收支平衡 3. 无须大量外汇储备来维持汇率稳定
缺点	1. 汇率不能及时反映市场供求关系,影响资源有效配置 2. 丧失国内货币政策独立性,无法根据国内经济情况灵活调整 3. 需要持有大量外汇储备以维持固定汇率,机会成本较高	1. 汇率经常波动,增加贸易和投资的不确定性 2. 容易引发投机活动,对经济造成冲击

1. 固定汇率制度的优点

第一,固定汇率有利于促进贸易和投资。因为汇率维持固定不变,减少了汇率波动的相关风险,便于经济主体进行决策。第二次世界大战后布雷顿森林体系的前20年,固定汇率制度确实对促进国际贸易和投资作出了很大的贡献,从具体案例来看,日本战后经济快速复苏,固定汇率制度和较低的日元汇率水平功不可没;中国香港地区在1983年实施联系汇率制度后也实现了贸易和金融的繁荣和稳定。

第二,固定汇率制为一国宏观经济政策提供自律。政策当局为了维持固定汇率,将不得不遵守财政纪律,减少任意的货币扩张,当然,是否能够取得自律效果取决于政府有多大意愿维持固定汇率。

第三,固定汇率制避免了汇率波动的预期,可以减少投机行为。浮动汇率制下,市场针对汇率波动的投机活动可能给经济和金融带来不稳定冲击。

第四,实施固定汇率制度有助于防止以邻为壑、任意贬值的不正当竞争,有助于促进国际经济合作。

这些优点都可以归结为一个关键词"稳定",稳定贸易、金融投资预期和政策,而这些是浮动汇率所不具备的。

2. 浮动汇率制度的优点

浮动汇率制度允许汇率作为货币的价格,反映市场真实情况,使市场供求出清。

第一,汇率的灵活波动,能隔离外来经济冲击特别是价格冲击的影响,避免通货膨胀跨国传播。

第二,浮动汇率制度保留了汇率作为内外均衡调节的一种工具手段,从而增加了政府的宏观经济政策独立性,各国无须看别国眼色特别是锚定货币的国家眼色行事,因此也有助于促进经济稳定。这些优点可以归纳为汇率为一国经济提供了应对冲击的灵活性,而这些恰是固定汇率的缺点。

(三) 各国现实的汇率制度安排

长期以来,关于固定汇率制和浮动汇率制孰优孰劣的争论没有结果。不同国家的经济结构特征各不相同,现实中的汇率制度本身并不存在绝对的优劣,只有"适合"与"不适合"的区别。

国际货币基金组织(IMF)根据各国汇率的实际表现和政府报告的制度、干预行为等,综合设定了汇率制度的事实(De facto)分类,共四大类 10 种汇率制度,其主要成员 2022 年的具体分类如表 2-4 所示。

表 2-4　　　　　　　　　IMF 成员 2022 年事实汇率制度分类

大类	汇率制度	成员数量	典型经济体
硬钉住	无独立法定货币的汇率安排	14	巴拿马、厄瓜多尔、萨尔瓦多、马绍尔群岛、瑙鲁等
	货币局	12	中国香港、中国澳门、保加利亚、多米尼加等
软钉住	传统钉住汇率	40	钉美元:巴哈马、伊拉克、卡塔尔、阿联酋 钉欧元:丹麦、西非经济货币联盟 8 国、中非经济与货币共同体 6 国
	稳定安排	23	伊朗、新加坡、尼日利亚、埃及、苏丹
	爬行钉住	3	洪都拉斯、尼加拉瓜、博斯瓦尼亚
	类爬行钉住	24	中国、越南、罗马尼亚、斯里兰卡、阿根廷
	水平带爬行钉住	1	摩洛哥
其他项	其他有管理的安排	11	科威特、南苏丹、缅甸
浮动	管理浮动	35	也门、巴西、哥伦比亚、印度、韩国、冰岛、菲律宾、南非、泰国、马来西亚
	自由浮动	31	日本、加拿大、美国、英国、墨西哥、EMU19 国

资料来源:IMF Annual Report on Exchange Arrangement and Exchange Restrictions,2022。

1. 事实分类与名义分类

名义汇率制度是货币当局宣告实施的汇率制度,而事实汇率制度则更关注汇率表现。

各经济体的汇率制度可能存在名实不符的现象。例如，有的国家名义上是浮动汇率制度，但对汇率存在诸多限制；有些国家虽然汇率制度名义上没有发生变化，但相关的外汇管理和限制措施、宏观政策可能变动较大，从而使汇率实际表现出现较大波动。因此，IMF根据各国汇率的实际表现（例如，一定时期内的波动幅度大小等）和政府报告的制度、干预行为等，综合设定了汇率的事实分类。以我国为例，2005年人民币汇率制度改革后，我国名义上都是实行有管理的浮动汇率制，但从2008年金融危机到2012年期间对美元的波动很小，从而被归入事实钉住美元的汇率制度；而近年人民币汇率小幅调整，市场化程度提升，则被归入类爬行钉住汇率。读者可以查阅IMF的汇率制度与汇兑限制年度报告，以了解汇率事实制度的最新分类情况。

2. 事实汇率制度

表2-4显示，截至2022年，全球有66个经济体采用浮动汇率制度，发达经济体如日本、加拿大、美国、英国还有欧元区19国都属于自由浮动汇率制度，政府对汇率水平不予固定，也不规定上下波动的界限，听任外汇市场根据外汇供求情况自由确定本国货币对外国货币的汇率，当然也不排除极端情况下为制止市场动荡或危机而干预汇率。例如，2008—2009年金融危机期间，美联储与英国央行、欧洲央行、日本央行和瑞士央行签署货币互换协议，以稳定金融市场和汇率；2024年日本货币当局对疲软的日元汇率进行了干预等。一些新兴经济体，比如东亚的韩国、菲律宾、泰国、马来西亚以及巴西、印度、南非等国，则属于管理浮动汇率制度，特点是政府对外汇市场进行或明或暗的干预，以使市场汇率朝有利于自己的方向浮动，管理浮动又称"肮脏浮动"。

在另一端是硬钉住汇率制度。其中包括巴拿马、厄瓜多尔、马绍尔群岛、瑙鲁等14个经济体均采用美元作为本国唯一的法定流通货币，该种制度安排完全放弃了对货币的独立控制。另外有12个经济体，包括中国香港地区、中国澳门地区和保加利亚等采用货币局制度，实施这种制度的经济体明确承诺将自身的货币与某特定的外币的比价固定下来，每发行一单位本币必须有同等名义价值的外币（或外国资产）作为储备，中国香港地区的联系汇率制度便属于货币局制度（参见专栏2-9）。1991—2002年，阿根廷也曾采用过货币局制度，但在债务危机和资金外逃下放弃了该制度。这两类硬钉住制度加起来一共是26个经济体。

除此之外，91个经济体采用了某种中间汇率制度（"软钉住"）。它们中大部分都是发展中国家或欠发达国家，学术界将该现象称为"浮动恐惧症"，普遍的解释是这些经济体的经济基础条件、宏观经济政策调控手段等还不能使其应对汇率的浮动。

传统钉住汇率制度是指本币与另一货币或一篮子货币按照固定汇率挂钩，该经济体并没有无条件维持该平价的承诺，但会通过对外汇市场实施直接或间接的干预来确保本币与锚货币之间的汇率在至少半年内围绕中心平价上下1%左右波动。全球有40个经济体采用该制度，如伊拉克、阿联酋、卡塔尔等钉住美元，中非经济与货币共同体、西非经济货币联盟的成员国则钉住欧元，还有少量经济体钉住一篮子货币。中国在2005年7月进行汇率制度改革前也被归入该类别。

水平带爬行钉住汇率制度，是指政府确定一个中心汇率，干预汇率保证现实汇率在围绕着该中心平价的一定幅度内波动。"水平"意指对中心平价不做或很少进行调整。2022年仅1个经济体（摩洛哥）属于该汇率制度。

爬行钉住汇率，是指政府定期对本国货币汇率平价进行较小幅度的调整，经济学家形象地称之为"小步快跑"的调整。2022年，洪都拉斯、尼加拉瓜和博斯瓦尼亚3个成员属于这种汇率安排。

类爬行钉住汇率，规定了对本国汇率平价的定期调整，与此同时允许汇率在一定幅度内进行波动。2022年，包括中国、越南、阿根廷等共24个经济体采用这种汇率安排。我们将在附录2-1详细介绍中国的人民币汇率制度演变。

专栏2-9　中国香港特别行政区的联系汇率制度

1983年10月15日，中国香港实行了联系汇率制，其主要内容包括：港元对美元的官方汇率锁定为1美元=7.8港元；2005年后改为在7.75—7.85港元区间波动，港币完全自由兑换。港元货币基础发行必须有100%的美元储备作保证，港币现钞由汇丰、渣打、中银三家商业银行发行，发行时需按1美元=7.8的官方汇率，将等额美元存入香港金融管理局（以下简称"香港金管局"）的外汇基金，取得负债证明书，未来可凭负债证明书换回美元。

由于没有独立发行货币的权力，香港金管局区别于通常意义上的中央银行，对港元的发行量、名义汇率、名义利率都没有决定权，发行量只能与美元储备量和法定官方汇率挂钩。香港地区实施资本自由流动政策，因此每当美联储加息或降息时，港币利率也相应升降，以维持汇率的稳定。

图2-4显示了联系汇率机制如何实现港元兑美元汇率的稳定。2005年香港金管局为了应对港币对美元汇率变动的市场压力，推出7.85的弱方兑换保证和7.75的强方兑换保证，承诺在港币汇率升值到7.75港元兑1美元时，按银行要求卖出港元；在港币贬值到7.85港元兑1美元的弱方兑换保证水平，按银行要求买入港元，这样便形成了以7.8为中心平价，7.75—7.85为上下限的汇率制度。

具体来讲，香港金管局通过在上下限进行干预来实现汇率在区间内波动，当资金流入香港时，港元供不应求，市场人士买入港元，港元兑美元转强接近7.75时，香港金管局将以7.75港元兑1美元出售港元，使得港元的货币基础扩张，整体利率下降，实现港元的汇率稳定。相反，在资金流出香港的情况下，若港元供过于求，令市场汇率转弱至7.85港元兑1美元时，香港金管局随时准备向银行买入港元，使货币基础减少并因此推高港元利率，港元汇率随之回复至区间范围内。香港地区官方外汇储备数量庞大，截至2023年12月底，香港地区官方外汇储备资产为4255亿美元，相当于港元流通数量的5倍多，因此具有足够的底气支撑港元对美元的平价。

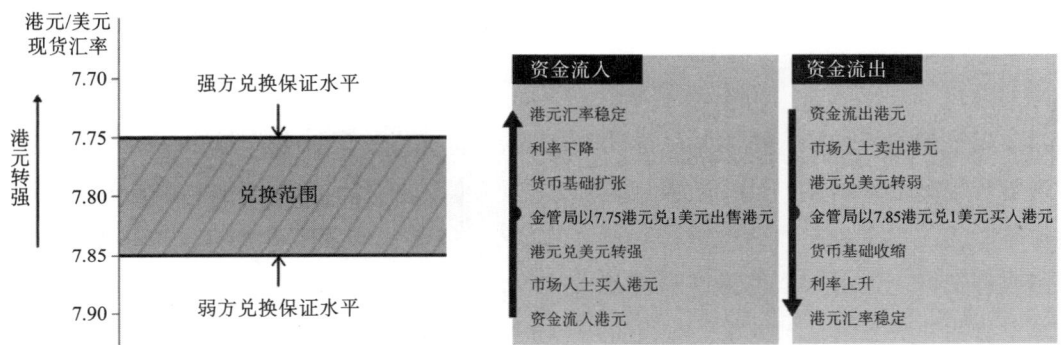

图2-4 中国香港地区的联系汇率制度

资料来源：香港金融管理局官方网站 http://www.info.gov.hk/hkma。

联系汇率制的最大优点是有利于香港地区金融的稳定，而市场汇率围绕联系汇率窄幅波动也有助于巩固和加强香港的国际金融中心、国际贸易中心和国际航运中心地位，增强市场信心。但是，这一汇率制度也存在一些缺点，在联系汇率制度下，维持汇率稳定成为香港货币政策的首要目标。它使香港的经济行为和利率、货币供应量指标过分依赖和受制于美国，从而严重削弱了运用利率和货币供应量杠杆调节本地区经济的能力；它使汇率调节国际收支的功能无从发挥，目前对于联系汇率制度是否保留，是一个颇有争议且又十分敏感的问题。

有关香港联系汇率制度的详细说明，可参见香港金融管理局官方网站 www.info.gov.hk/hkma。

二、外汇管理措施

广义的汇率制度还包括外汇管理措施，这也是各国汇率管理政策中非常重要的内容。政府的外汇管理措施主要包括支付协定、对本外币自由兑换的限制以及对金融机构的管理限制等。当企业出海经营或者从事国际贸易时,需要了解相关经济体的外汇管制措施和汇率制度安排,以便更好地开展业务。

(一) 支付协定

支付协定是国与国之间关于贸易和其他方面债权、债务结算办法的书面协议,依据参与方的数量分为双边支付协定和多边支付协定。签署国之间可在不使用外汇的情况下,通过记账和互相抵冲的方式来清偿贸易和非贸易债务。支付协定是主动安排国家间有计划的结算和实现支付规范化的一种方式,有助于推动协议各方的国际贸易和投融资活动。

(二) 兑换限制

全球大部分国家对跨境支出方向的服务贸易和经常转移支付以及跨境收入方向的货物和服务贸易出口收入实行外汇管理,管理方式各有侧重。服务贸易和经常转移支付主要包括伴随商品、资本和人员的国际流动而发生的各种支付,涉及贸易、投资、旅行、个人、外国雇员工资、信用卡跨境支付和其他支付等,管理方式主要为真实性审核和指导性额度。对货物和服务贸易出口收入实行的外汇管理主要体现为外汇收入集中管理,比如强制汇回和强制结汇。

资本项下的跨境交易类目繁多,IMF 统计了成员国资本项下的监管框架共 11 种,分别涉及资本市场交易、货币市场交易、基金业务、衍生品市场及其工具、商业信贷、金融信贷、跨境担保、直接投资、直接投资清算、房地产投资、个人外汇业务。资本项下采取的限制措施主要包括:禁止交易,需要事先批准、授权和通知,实施双(多)重汇率安排,施加歧视性税收,当局对交易或资金转移规定准备金要求或实行惩罚性利率,限制非居民在国内持有资产或居民在国外持有资产。

全球范围看,大多数国家对跨境直接投资、房地产投资以及资本市场的跨境证券交易施加管制;此外,货币市场交易、基金业务、衍生品工具交易的管制也较为普遍,相对而言,跨境信贷业务的管制较少。

(三) 金融机构管理

外汇管理政策中,涉及金融机构管理的主要有两大类:一是针对商业银行及其他信贷机构的规定,二是针对非银行其他机构投资者的规定。对商业银行及其他信贷机构的管理,主要涉及外汇敞口、境外借款、向非居民放贷、差别存款准备金率、投资规定等方面。对非银行其他机构投资者(保险公司、养老基金、证券经纪公司以及集体投资基金等)的管理,主要涉及外币资产和负债的构成限制、居民和非居民的差别待遇、投资币种等方面。我国于 2024 年 1 月 1 日颁布的《银行外汇展业管理办法（试行）》便是相关的金融机构管理措施的体现。

表 2-5 显示，主要经济体均针对资本项目的交易进行管制，其中英国、美国、法国、德国等发达国家相对中国、印度等国家的资本管制总体相对较为宽松，日本和新加坡的外汇管制项目较少，但新加坡为避免房地产投资泡沫，对房地产的投资仍有限制，对金融机构也有较严格监管。读者可参考 IMF 最新的年度汇率安排和外汇管理措施报告，以了解各经济体的最新情况。

表 2-5　　　　　　　　　　IMF 2022 年各经济体外汇管制措施

	成员数	中国	美国	日本	德国	法国	英国	新加坡	印度
经常账户自由兑换	174	√	√	√	√	√	√	√	√
无形交易和经常账户的控制	94	√		√		√			√
资本账户管制		√							√
资本市场证券	156	√	√	√	√	√	√		√
货币市场工具	127	√			√	√	√		√
基金业务	131	√			√	√	√		√
衍生市场与其他工具	103	√			√				√
商业信贷	87	√							√
金融信贷	113	√			√			√	√
跨境担保与金融支持便利政策	75	√							√
直接投资的控制	154	√	√	√	√	√	√		√
直接投资清算控制	34								√
房地产交易控制	150	√	√		√		√		√
个人资本账户交易	96	√							√
特别规定									
商业银行和其他信用机构	174	√			√	√	√	√	√
机构投资者	156	√							√

注："√"表示符合描述。

资料来源：IMF，2022 年汇率制度与外汇管制措施（AEEAR）报告节选。

国际企业在复杂多变的国际金融环境中运营，必须深入了解国际制度环境与各国的金融制度，才能在全球金融市场中把握机遇，有效应对风险，实现可持续发展。未来，随着金融创新和全球化的不断推进，国际企业需要始终密切关注并灵活调整战略以适应新的环境变化。

附录 2-1　人民币汇率制度演变

我国现行的人民币汇率制度是以市场供求为基础，参考一篮子货币进行调节、有管理的浮动汇率制度。

改革开放以来，人民币汇率制度主要经历了 1994 年汇改、2005 年"7·21 汇改"和 2015 年"8·11 汇改"三次重要的改革，人民币汇率市场化程度逐步增强，人民币汇率的走势如图 2-5 所示。以这三次重要的汇率制度改革为时间节点，可以将改革开放至今的汇率制度演变分为四个阶段。

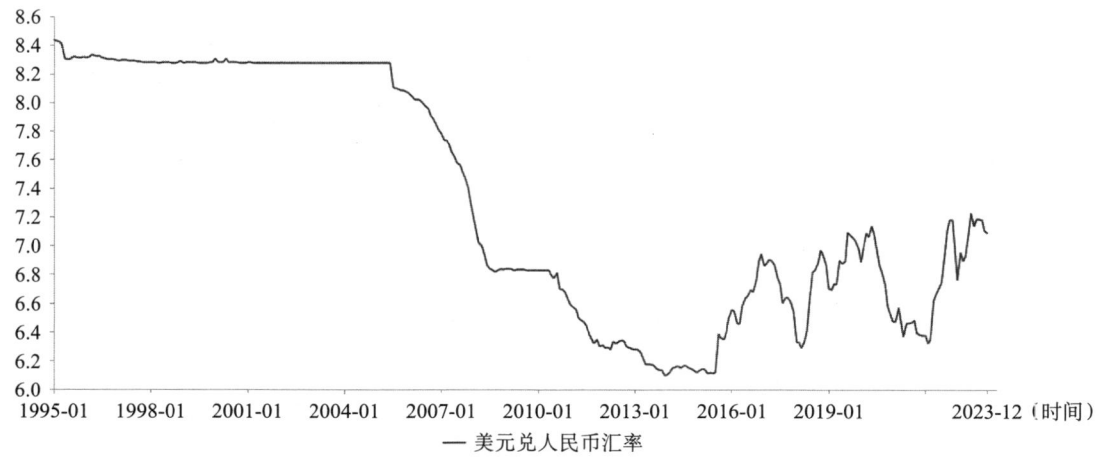

图 2-5 人民币汇率走势

资料来源：Choice 数据。

一、改革开放至 1993 年底，双重汇率制度

改革开放后，为了鼓励外贸企业出口创汇、支持经济发展，我国于 1981 年开始实行双重汇率制度，即官方汇率与贸易体系内部结算价并存的双重汇率模式，前者适用于非贸易部门，对应人民币兑美元汇率维持在按一篮子货币计算的 1.5 左右，而后者用于贸易部门结算，汇率根据市场实情调整至 2.8 左右。1985 年，我国取消了贸易体系内部结算价的设置，同时实施外汇留成制度，为企业出口提供便利。此外，1988 年 3 月，国家还建立了外汇调剂市场，企业或个人可以在该市场上将自己留成的外汇进行交易，价格由交易双方商定，由此便形成了一种新的"官方汇率 + 调剂市场汇率"两轨并行的双重汇率制度。

二、1994 年汇改开启人民币汇率市场化改革

1993 年 11 月，中共中央十四届三中全会在《关于建立社会主义市场经济体制若干问题的决定》中提出"建立以市场为基础的有管理的浮动汇率制度"的改革方向。1994 年 1 月 1 日，人民币汇率市场化改革迈出里程碑式的一步，开始实行以市场供求为基础的、单

一的、有管理的浮动汇率制度。1994年汇改的主要内容包括：一是官方汇率与外汇调剂市场汇率并轨（并轨前官方汇率为5.8，外汇调剂价格为8.7），实行以市场供求为基础的、单一的、有管理的浮动汇率制；二是取消外汇留成和上缴，实行银行结售汇制度（强制结售汇制度）；三是建立银行间外汇交易市场；四是探索实现经常项目下人民币可兑换。1994年4月1日，"中国外汇交易中心"在上海成立，由此形成了全国统一的、规范的外汇市场。1997年直面亚洲金融危机，美元兑人民币在1997年11月至2005年7月间稳定在8.28附近，同时政府通过上调出口退税率、提高外贸企业补贴以及增加外贸贷款等措施缓解外贸企业压力。

三、2005年"7·21汇改"，向真正的浮动汇率制度迈进

随着1998年亚洲金融危机影响逐步减弱以及中国经济金融体制改革不断深化，2005年7月21日，中国再次完善人民币汇率形成机制，人民币对美元一次性升值2%，实行以市场供求为基础、参考一篮子货币进行调节、有管理的浮动汇率制度。人民币汇率中间价的形成参考上一交易日的收盘价，并维持汇率0.3%的日浮动区间不变。此后，我国不断深化外汇体制改革，2006年1月人民币外汇市场引入做市商制度和询价交易机制；2007年8月强制结售汇退出历史舞台；2007年5月、2012年4月、2014年3月美元兑人民币日内波幅被先后扩大至0.5%、1%、2%。2008—2010年金融危机期间，人民币汇率采取了类似1997年"钉住美元"的操作。市场决定汇率形成的技术平台基本形成，人民币汇率弹性不断增加。

四、2015年"8·11汇改"后，人民币汇率逐步实现双向浮动

为增强人民币兑美元汇率中间价的市场化程度和基准性，中国人民银行决定完善人民币兑美元汇率中间价报价。自2015年8月11日起，做市商在每日银行间外汇市场开盘前，参考上日银行间外汇市场收盘汇率，综合考虑外汇供求情况以及国际主要货币汇率变化向中国外汇交易中心提供中间价报价。

"8·11汇改"后，市场剧烈波动，央行在此后及时调整汇率中间价形成机制以稳定市场。央行于2016年2月正式发布新的人民币汇率中间价的定价公式，即"中间价＝上一交易日收盘价＋一篮子货币汇率变化"，要求做市商在对中间价报价时，适度调整人民币兑美元汇率，以维持人民币对一篮子货币汇率的基本稳定。2016年下半年开始，人民币面临的贬值压力再度抬升，2017年5月26日，央行宣布在人民币汇率中间价定价机制中引入"逆周期因子"，逆周期因子由反映市场供需情况的汇率变动经过逆周期系数调整后得到，至此形成了现行的"上一交易日收盘价＋一篮子货币汇率变化＋逆周期因子"三因

素共同决定的汇率中间价形成机制。此后人民币对美元汇率双边波动弹性逐步增加。

回顾人民币汇率的改革历程，我国始终坚持汇率制度市场化的改革方向，人民币汇率制度从固定汇率逐步演进至现行的以市场供求为基础、参考一篮子货币进行调节、有管理的浮动汇率制度；汇率在逐步拓宽的波动区间内实现双向浮动。未来，我国还将进一步深化汇率制度的市场化改革。

本章小结

1. 国际企业从事金融管理面临更为广阔的国际金融市场环境和更为复杂的制度环境。

2. 国际金融市场可分为在岸市场和离岸市场。

3. 国际金融市场包括国际货币市场、国际信贷与资本市场、外汇市场和衍生品市场等。

4. 国际货币市场是居民与非居民之间、非居民与非居民之间的期限为一年或一年以下的短期资金融通的场所，具体可分为短期信贷市场和短期证券市场。

5. 国际中长期信贷主要由国际银行信贷、政府与国际组织信贷组成，其中又以国际银行贷款为主。

6. 国际资本市场主要包括国际债券市场和国际股票市场。

7. 外国债券是指A国发行者在B国证券市场上发行的以B国货币计价的债券。

8. 欧洲债券是A国发行者在A国以外的资本市场（即B地资本市场）上发行的，以第三国（C）货币计价的国际债券。

9. 全球债券是在世界各地的金融中心同步发行流通的债券，其计价货币为国际硬通货币，如美元、日元、瑞士法郎等。

10. 国际企业可以选择直接上市或发行股票存托凭证间接上市，也可以通过发行欧洲股权，在面值货币所属国以外的国家或者全球金融市场上发行并流通。

11. 存托凭证是一国银行或证券（信托）公司开列的外国有价证券（通常是股票）的保管凭证，常见的有美国存托凭证、中国存托凭证、全球存托凭证等。

12. 金融衍生品作为一种双边合约，其价值取决于合约所涉及的某种"基础性标的资产"的价格及其变化。

13. 大宗商品是指具有商品属性、用于工农业生产与消费使用的大批量买卖的物质商品，全球大宗商品期货供求关系和价格走势，很大程度上左右了全球主要原材料和基础产品价格，影响全球贸易投资和消费生产。

14. 外汇市场是进行外汇买卖的交易场所或网络，是外汇供给者、需求者以及买卖外汇的中介机构构成的交易系统。

15. 国际货币体系包括汇率制度、储备制度和国际收支的调节机制，此外还涉及对资本自由流动的限制。

16. 现行的牙买加体系并未确定国际本位货币及其增长约束，也没有建立起一个有效的国际收支协调机制，被称为"无体系的体系"。主要国际货币间自由浮动，国际储备货币多元化。

17. 中国目前实行的是以市场供求为基础的，参考一篮子货币进行调节的，有管理的浮动汇率制度，人民币汇率形成机制逐步市场化。

关键术语

在岸市场	离岸市场	国际货币市场	国际信贷市场	国际银团贷款
外国债券	欧洲债券	全球债券	武士债券	龙债券
熊猫债券	点心债券	海外直接上市	美国存托凭证	中国存托凭证
欧洲存托凭证	大宗商品	国际外汇市场	国际货币体系	金铸币平价
黄金输出入点	美元—黄金双挂钩	特里芬难题	汇率制度	固定汇率制度
浮动汇率制度	货币局制度	清洁浮动	爬行钉住汇率	外汇管制

思考与讨论

1. 查找报告和数据资料，了解全球金融市场的发展现状和近年来的趋势，分析说明这将给企业国际金融管理带来哪些挑战？

2. 什么是国际债券？近年来中国企业发行国际债券主要有哪些类型？请查阅相关资料，分析我国企业进入国际债券市场融资的特征和趋势。

3. 什么是存托凭证？查看国际企业发行中国存托凭证的相关信息数据，谈谈 CDR 的发展具有哪些特点？

4. 简要评述固定汇率制度和浮动汇率制度的优缺点。

5. 结合本章附录关于人民币汇率制度改革的内容，分析人民币汇率制度日趋市场化有哪些表现？查找国家外汇管理局官网，谈谈当前我国的外汇管制主要有哪些措施？当前的汇率与外汇管理安排将对企业的财务管理带来哪些挑战？

6. 结合最新的 IMF《汇率制度与外汇管制年度报告》（Annual Report on Exchange Arrangements Restriction，简称 AREAR 报告）和互联网资料，了解全球重要的经济体如中国、美国、日本、欧盟、英国、加拿大等国的汇率制度安排是怎样的,分析近年来各国汇率制度的发展特征和趋势,中国的事实汇率制度发生了什么变化?

7. 假设你是一家中资新能源汽车企业的财务主管,公司考虑在美国、日本和欧洲投资兴建制造工厂,请结合本章内容,对上述三地的汇率制度和外汇管制措施、产业限制政策、贸易和关税等相关政策进行简要梳理和对比。

参考阅读

1. [美] 巴里·埃森格林. 资本全球化:一部国际货币体系史 [M]. 北京:机械工业出版社,2020.

2. [美] 保罗·R. 克鲁格曼,[美] 茅瑞斯·奥伯斯法尔德,[美] 马克·J. 梅里兹. 国际金融(第十一版)[M]. 北京:中国人民大学出版社,2021.

3. 陈雨露. 国际金融(第七版)[M]. 北京:人民大学出版社,2023.

4. 张明. 穿越周期:人民币汇率改革与人民币国际化 [M]. 北京:东方出版社,2020.

网络资源

读者可参考国际组织报告或者相关网络信息来源,了解国际金融市场的总体发展趋势和具体信息。

1. 国际清算银行(BIS) https://www.bis.org/

发布季度评论(Quarterly Review)和年报(Annual Report),提供全球金融市场的详细数据与分析,包括市场规模、结构及变化趋势。

每3年发布中央银行外汇与场外交易衍生品市场调查报告(Triennial Central Bank Survey of foreign exchange and OTC derivatives markets),提供关于银行间外汇和场外外汇衍生品发展的详细分析。

2. 世界银行集团(WB) https://www.worldbank.org/

定期发布全球经济展望(Global Economic Prospects)、国际债务报告(International Debt Report)和地区国别经济展望,从宏观经济视角出发,分析全球金融发展及其与宏观经济环境关系。

3. 国际货币基金组织(IMF) https://www.imf.org/

发布全球金融稳定报告(Global Financial Stability Report),评估全球金融体系稳定性,分析金融市场和银行信贷潜在的风险和脆弱性。

发布汇率制度与外汇管制措施年度报告（Annual Report on Exchange Arrangements and Exchange Restrictions，AREAER）。

发布世界经济展望（World Economic Outlook），包含金融市场、直接和间接资本流动等内容。

4. 世界证券交易所联合会（WFE） https：//www.world-exchanges.org/

提供世界主要证券交易所汇总的市场发行和交易数据，包括股票、债券、衍生工具等。

5. 中国外汇交易中心（全国银行间同业拆借中心）www.chinamoney.com.cn

中国货币网，提供有关本外币交易、利率和汇率等信息数据。

第三章 资本流动与国际收支

学完本章后，你将能够：
➢ 掌握国际资本流动的类型及其影响
➢ 解释国际收支平衡表的主要项目和差额
➢ 理解国际收支、国际投资头寸的关系
➢ 分析影响国际收支失衡的原因

本章概览

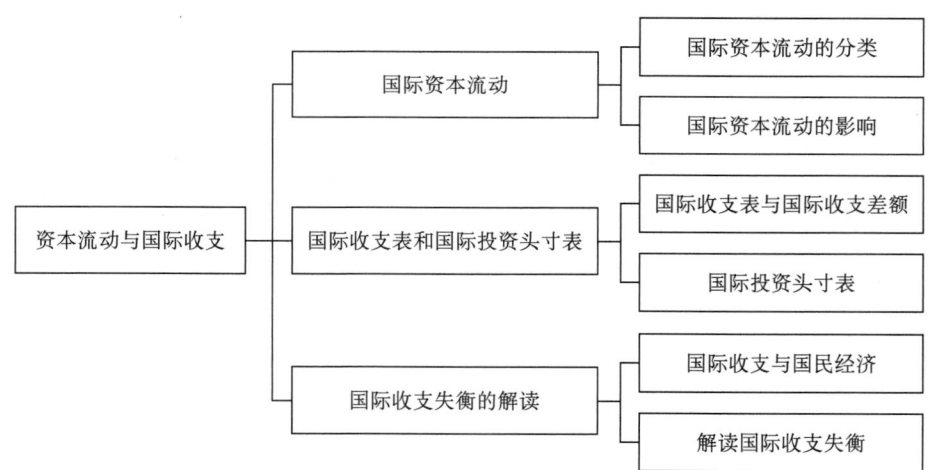

近几十年来，世界经济领域最显著的结构性变化莫过于国际资本在全球范围内大幅流动，对各国宏观经济产生了重要影响。经济主体从事国际业务，如进出口、直接投资或者

买卖证券、借贷资金等活动,均会引起资金从一国到另一国的流动。把握国际资本流动的基本特征,对企业从事国际运作,规避风险至关重要。本章我们介绍国际资本流动的现状,并结合国际收支表和国际投资头寸表,为读者分析一国宏观经济形势的"体检报告",解释有关国际收支失衡的含义及其背后的原因。

第一节 国际资本流动

一、国际资本流动的分类

国际资本流动是指资本从一个或数个国家或地区转移到另一个或数个国家或地区。国际资本流动的过程中若伴随相应的商品、服务的流动,通常可称为实际资本流动(Real Capital Flow),如果只对应金融工具的流动,则属于金融资本流动(Financial Capital Flow)。

国际资本流动可以分为对外直接投资、国际证券投资、国际信贷等;也可以根据资本流动涉及的时间长短划分,1年以上的国际资本流动称为长期资本流动,主要包括直接投资、中长期国际信贷以及中长期国际证券投资,而1年以内的资本流动称为短期资本流动,主要包括短期国际信贷、短期证券投资、贸易清算与贴现等;按照资本的所有者属性,还可以分为官方资本流动和私人资本流动。

(一)国际直接投资

国际直接投资(Foreign Direct Investment,简称FDI)是指一国投资者在他国对厂房、设备、土地等实质性生产要素的投资,投资者拥有对这些实质性资产的所有权,投资者通过控制股权而对外国企业进行控制。当然,除了资本以外,直接投资还包括设备、半成品等有形资产以及专利、技术和管理等无形资产的转移,其核心在于投资者直接参与国外企业的经营以实现公司利润化。

当前,国际企业已经成为国际直接投资的主要载体,无论是新建还是并购方式的直接投资均有助于全球资源的共享和全球生产的重新布局。联合国贸易和发展会议(UNCTAD)每年公布《世界投资报告》,感兴趣的读者可从该报告中了解有关全球直接投资的特征和变化情况。

整体上，FDI 和全球生产、贸易和产业布局之间存在密切的关联。当全球经济迅速繁荣、贸易往来密切时，全球 FDI 流入也高涨。例如，20 世纪 90 年代跨国直接投资进入"黄金发展期"，2000 年全球跨国直接投资达 1.4 万亿美元。此后，全球的直接投资经历了 2008 年全球金融危机、2012 年欧洲主权债务危机等，FDI 出现反复，但总体仍维持增长，2015 年全球 FDI 达到 1.73 万亿美元的峰值，随后连续下降，2019 年降至 1.5 万亿美元。FDI 也受各种非经济因素影响而呈现出剧烈波动，最突出的是 2020—2022 年的新冠疫情冲击，2020 年 FDI 大幅降至 1 万亿美元，而 2021 年则强劲增长 77%，达 1.65 万亿美元，已超过疫情前水平，2022 年受俄乌冲突、疫情反复等因素影响，全球 FDI 又回落至 1.29 万亿美元水平，2023 年全球外国直接投资流入有所恢复，达 1.33 万亿美元。当前，全球直接投资的热门领域主要集中于可持续发展目标（Sustainable Development Goals，简称 SDGs）项目，如可再生能源、储能项目等，此外半导体和数字经济等领域的相关投资也方兴未艾。

我国已经成为 FDI 流入和对外 FDI 的大国，近年来双向 FDI 均位居国际前三。根据联合国贸易和发展会议（UNCTAD）数据，截至 2023 年末，全球吸引外国直接投资的存量为 49.1 万亿美元，其中前三名为美国（12.82 万亿美元）、中国大陆（3.66 万亿美元）、英国（3.05 万亿美元）；从对外 FDI 存量看，截至 2023 年末，全球对外直接投资存量为 44.38 万亿美元，前三名依次是美国（9.43 万亿美元）、荷兰（3.39 万亿美元）、中国大陆（2.94 万亿美元）。

（二）国际间接投资

国际间接投资（Foreign Indirect Investment）是指一国的企业、个人或政府通过购买国外的股票、债券或向国外发放贷款等方式将资本投向海外，以获取更高的股息、利息等收益的行为。

国际间接投资一般不涉及对企业的经营管理权和控制权，其主要方式包括国际信贷和证券投资。国际信贷主要由国际银行信贷、政府与国际组织信贷组成，其中又以国际银行贷款为主，银行等机构组织充当了投资者和融资者之间的媒介。国际证券投资是投资者从国际金融市场购买外国的证券，如债券和股票以及其他衍生工具等，并以此获取投资收益的投资方式，其投资收益包括利息、股息和资本利得。世界范围内的金融创新和交易技术的电子化、数字化，加上投资基金的迅速发展，使国际证券投资规模日益增长。

（三）短期资本流动

人们把投资期限在一年或一年以内的跨国资本流动称为短期资本流动。根据投资的目的不同,可分为贸易资金流动、银行资金流动和投机性资本流动等。除便利贸易结算的贸易资本流动相对比较稳定外,其他各种资金流动均具有较大的波动性。银行由于经营业务、满足流动性、谋取利润和规避风险等需要经常不断地进行资金调拨,从事套汇、套利和掉期交易;投机者利用国际金融市场利率、汇率等价格的涨跌差异进行投机活动;此外,国际上还存在大量寻求资金"安全性"的资金,如处于政局动荡、经济形势恶化的国家的资金持有者往往通过各种渠道将资金转移到安全的投资场所,这类避险资金也是短期资本的主要来源。

短期资本的投资对象包括货币、股票、债券、大宗商品和衍生品等,流动具有更大的波动性、投机性和逐利性,监管起来难度更大。由于短期流动资本的驱利性和高度流动性,人们形象地将其成为"热钱"(Hot Money)。目前以银行短期存款或其他短期存款形式存在全球货币市场间流动的短期资本数以万亿计,大量游资在全球外汇市场寻找机会,也带来了全球金融市场的动荡(见专栏3-1)。

专栏3-1 东南亚金融危机中的"香港金融保卫战"

20世纪80年代后期到90年代,东南亚地区经济发展迅猛,诞生了"亚洲四小龙"和"亚洲四小虎"。然而,繁荣背后隐患重重,许多国家长期依赖中短期外资贷款维持国际收支平衡,汇率偏高且多维持固定汇率制,给国际投机商以可乘之机。1997年,以索罗斯为首的国际投机资本率先在泰国发起攻击,迫使泰国放弃固定汇率制,泰铢大幅贬值,引发了席卷东南亚的金融危机。菲律宾比索、印度尼西亚盾、马来西亚林吉特等纷纷成为被攻击目标,整个东南亚金融市场陷入混乱。

彼时的中国香港,作为全球第四大金融中心、第六大外汇交易市场和亚洲第二大股票交易市场,看似坚不可摧。1997年7月1日香港回归后,拥有820亿美元外汇储备,再加上中央政府1280亿美元的强大后盾,外汇储备总量居世界首位。股市方面,恒生指数一路高歌猛进,1997年8月14日冲高到16497点。但香港经济也存在脆弱之处,楼市泡沫巨大、家庭负债(主要是按揭贷款)偏高、企业尤其是地产发展商过度借贷,且贸易赤字达到GDP的3%,经济过热,港元相对美元竞争力下降,为后来的金融风暴埋下伏笔。

1997年10月下旬,国际投机资本将矛头对准香港联系汇率制,港元保卫战正式打响。10月21日、22日,境外多只基金在伦敦外汇市场抛售价值60亿美元的港元,港元汇率被压到7.75的警戒线之下,恒生指数连续两日大幅下挫9%,累计跌幅近1200点。23日,恒生指数报收于10426.3点,跌幅超10%。香港金融管理当局最初采取收缩银根、阻绝拆借的办法，香港银行同业拆息一度飙升到300%，但这一举措未能有效抵挡炒家攻势，11月后恒生指数一路狂泄。这是第一回合较量，国际投机资本通过卖空股指在证券市场获利数十亿港元。

1998年1月，香港著名上市公司"百富勤投资"因大量投资东南亚债券市场而破产，香港恒生指数一度跌破8000点大关。5月开始，国际投机资金再次冲击香港汇市、股市、期市。尽管香港凭借充裕外汇储备保住联系汇率，但高利率使经济付出惨痛代价，股市、楼市大幅下跌，1998年首季香港经济负增长2.8%。面对困境，特区政府采取一系列干预政策，财政司司长曾荫权等官员纷纷发声鼓舞士气，中资及本地资金积极入市，暂时稳定了市场。

1998年6月起，周边国家经济恶化，日元持续贬值，给港元和人民币造成极大压力。印度尼西亚危机不断、俄罗斯金融动荡，香港失业率和上市公司中期业绩令人失望，西方投资银行对中国经济增长信心不足，人民币贬值传言甚嚣尘上，上海外汇黑市人民币兑美元汇率一度大幅下跌，这些不利因素加剧了香港市场的恐慌情绪。

1998年8月，国际短期资本再度冲击香港市场。8月3日，日元兑美元汇率突破145关口，人民币黑市汇率下跌，刺激了香港股市和汇市。8月5日起，数家欧美投资银行和对冲基金同时在香港汇市、股市和恒指期货市场疯狂抛售港元和恒指期货。香港金融管理局运用外汇基金入市干预，将汇市稳定在1美元兑换7.75港元的水平，银行同业市场拆借利息仅略有上升。8月7日，因部分蓝筹股业绩不佳，国际投机资本再度冲击，股市大幅下跌，恒生指数全日下跌212点，跌幅3%。此后几个交易日，香港地区政府继续吸纳港元稳定市场，但恒生指数仍跌至6600点附近低位。8月13日，恒指被打压到6660点后，港府组织港资、内地资金入市，与国际资本展开针对8月股指期货合约的激烈争夺战。

1998年8月14日，香港特别行政区政府正式全面参与股市和期市交易，携巨额外汇基金进入市场。特区政府向多家证券行发出指令，不惜成本吸纳恒生指数蓝筹股，当天恒生指数反弹564点；直至8月28日，香港股市8月恒生期货指数结算日，多空双方在股市、期市和汇市展开激烈争夺，最终，在中央政府支持下，香港特区政府成功守住了阵地，恒生指数收报7829点，成交金额高达790亿港元，远高于平时水平。香港特区政府成功捍卫了港币联系汇率制和香港金融市场的稳定。

港元保卫战的胜利，不仅彰显了香港特区政府捍卫金融稳定的决心和能力，也警醒着金融管理者在金融全球化进程中，必须高度警惕国际短期资本流动带来的风险，积极采取有效措施，维护金融市场稳定，保障经济健康发展。

二、国际资本流动的影响

国际资本流动有助于在全球范围内配置资源,提高资金利用的效率,但同时也会给资本流入和流出国甚至全球经济带来风险。

(一) 中长期资本流动的经济效应

1. 提高资本的全球配置效率,推动经济发展

对经济处于发展初期的国家而言,贫穷和资金瓶颈是发展的主要障碍,收入水平低,购买力低下,容易出现投资信心不足;收入低使得储蓄稀缺,同时容易导致资本缺乏,陷入收入低下—投资不足—生产率低下的恶性循环,形成自我压抑的怪圈。对于资金富裕的发达国家而言,由于市场成熟度高,利润平均化趋势明显,投资的收益相对就比较低。国际资本流动通过促使资金从充裕地区向稀缺地区的流动,提高了资金的价值,既满足了资本追逐利润的天性,也符合资本输入国的利益。外部资本的注入能有效促进资本稀缺国的资本形成,不仅可以补充资本供给,为其发展本国经济、增加出口和提高国民收入创造有利条件,而且通过引进外资可以带动本国各种资源的应用,提高资源利用效率。当然,外国投资的目标并不一定符合本国经济发展的目标,因此各国需要对外国投资加以引导和有效利用。从资本输出国的角度而言,通过输出资本,可以带动本国的出口增长和产业转移,实现促进经济增长的目的。总体而言,这种国际资本流动将实现双赢的局面。

2. 有助于平抑输入国的经济周期波动

资本的国际配置使一国居民的选择余地增加,从而有效补充了一国的消费和生产之间的缺口,能够平滑居民的生产消费行为。当东道国经济衰退时,该国居民可以依靠外部资本输入维持投资和消费活动,而在经济增长时对外清偿,这就大大放松了一国对本国储蓄—投资的依赖,因此能一定程度平抑经济周期波动,为东道国提供更大的稳定性。

3. 过度利用外资可能增大东道国对外的依赖性和经济脆弱性

如果一国长期依赖国外的资本而压抑了本国资本自我形成和自我融资的机制,将导致对国外的依赖性增强,在经济上容易受到外部冲击,在政治上可能会损害其主权利益,即过度利用外资可能危害东道国的经济安全。

过度利用外资将一国经济暴露于国际资本市场的波动上,影响一国经济金融稳定和政策的自主性。外汇风险和利率风险是资本流入国面临的主要市场风险,如果宏观政策不慎,监管不当,这些风险将很容易影响资本流入国的银行体系,增加银行体系的脆弱性。此外,外国资本流入可能会影响本国国内经济政策的效力,在本国经济出现泡沫时,紧缩

的国内政策可能吸引外国资金流入使政策难以达到预期效果；或者政府当局可能陷入如果紧缩则会影响银行体系的两难选择中。

总体来说，人们对中长期资本流动普遍抱有友好谨慎的态度，各国政府在基本肯定其正面效应的同时，也密切关注着其带来的风险和挑战。

（二）短期资本流动的经济效应

短期资本流动具有规模大、周期短、流动速度快等特点，其中投机资本更是令国际社会头疼不已的"坏孩子"，它们出于资本追逐利润的本性，对政治、军事、经济社会等各因素变化极为敏感，同时往往混迹于其他正常的贸易结算和银行资金往来等途径中，具有很强的隐蔽性。国际投机资本在各国金融市场之间频繁快速转移，不仅加大了国际金融市场的波动性，而且冲击了各国金融体系和汇率制度，往往成为各国爆发金融货币危机的导火线。

国际短期资本流动具有一些正面效应：（1）有助于促进国际贸易和投资。短期资本流动中的贸易融资、信用证业务、清算资金和同业拆借流动等便利了进出口商的正常资金运转和支付清算，推动了国际贸易的发展；而短期资金流动也为国际企业实现短期资产负债管理和补充流动性等创造了条件，有助于提高国际投资的效率。（2）一定程度上促进了国际金融市场的发展。短期套利资金的流动使国际交易中的汇率差异和利率差异明显缩小，促进了价格的趋同；庞大的短期资金增加了国际金融市场的流动性，其灵活运作部分承担并分散了国际金融市场风险，为寻求避险者提供了流动性和交易工具。（3）一定程度上缓解国际收支不平衡问题。当一国出现暂时性的国际收支不平衡时，借助短期资本的流入可以暂时缓解国际收支不平衡的现状，为解决国际收支不平衡争取了时间，也因此维持了一国正常的经济活动。

当然，短期资本流动毕竟是以逐利为目的的，它的负面影响非常突出：（1）加大市场波动和脆弱性。短期资本流动加大了国际金融市场的波动性，在承担和分散风险的同时，短期资本流动利用种种金融衍生品交易也可能进一步创造了风险，甚至使风险更集中于某一个金融市场，从而加大了某一个金融市场的脆弱性。（2）对各国经济政策等造成冲击，威胁经济安全。短期资本频繁流动引起国内货币需求水平的不稳定，从而影响一国的货币政策实施效果；短期资本流动还可能放大一国的经济脆弱性，当一国经济出现不利前景，资金流入国的收益减少或出现资金风险，有时即使只是谣言或者是毫无根据的预言，也可能使巨额资本加速外逃，破坏金融稳定，加速经济危机的爆发。1997—1998年爆发的东南亚金融危机在很大程度上便是国际短期资本投机冲击的结果。因此，各国普遍对短期资本流动抱有谨慎态度，对短期资本流动的监管也成为国际金融监管协调的一个重要方面。

第二节 国际收支表和国际投资头寸表

国际收支表和国际投资头寸表是公众和政策当局了解一国对外经济表现的重要途径，前者揭示了一国（地区）对外经济交往和资金流动的流量状况，而后者则反映了一国（地区）的资产和负债存量。

一、国际收支表与国际收支差额

国际收支（Balance of Payments）是一定时期内（通常为一年）一国或地区的居民与世界其他国家或地区的居民（简称非居民）之间的经济交易。

国际收支表（Balance of Payments Account）是以复式记账法系统记录一国居民在一定时期（通常为一年）内与非居民从事的全部国际经济交易的统计表。国际货币基金组织（IMF）2009 年出版的《国际收支和国际投资头寸手册》（Balance of Payments and International Investment Position Manual，第六版）规定了国际收支表的项目、构成与记账原理。

（一）国际收支的记账原理

国际收支使用 T 型账户，其记录遵循复式记账原则，即：（1）会计科目划分为借方和贷方，借方科目为资金占用类科目，反映对国外进行支付的交易，借记用"－"号表示；贷方科目为资金来源类科目，反映从国外获得收入（接受付款）的情况，贷记用"＋"号表示。换言之，贷方项目涉及外币供给，而借方项目引起对外币的需求，因而国际收支状况与外汇市场上的供求直接相关。（2）任何一笔交易均需同时留下借记和贷记两个记录，且两者金额相同，符号相反。（3）就涉及金融资产负债的交易来说，对外金融资产的增加记入借方，用负值表示，减少用正值列示；对外负债的净增记入贷方，用正值列示，净减少记入借方，用负值列示。

国际收支平衡表中记入贷方的项目主要包括：货物和服务出口、接受货物和资金的无偿转移，此外从外国借款、外国对本国进行直接投资等，均带来外币的收入，也记入贷方，用正号表示；记入借方的项目主要包括：货物和服务进口、对外提供货物和资金的无偿援助等，而对外投资、放贷等因为涉及对外支付，因而其增加也记入借方（负号）。

概括起来，如果一笔交易涉及从外国获得收入，不管是卖出商品服务等"挣"来的，还是从国外"借"来的，都用"＋"号表示；如果一笔交易涉及对外国进行支付，不管是进口商品服务等"花"出去的，还是对外国"投"出去的，都用"－"号表示。

国际收支的记账较为复杂，读者可以参考企业会计原理，将其简单地理解为，"按收入支出来看，收入增加记入贷方，支出增加记入借方；按资产负债来看，对外净资产增加（负债减少）记入借方，对外净负债增加（资产减少）记入贷方"，具体项目如表3－1所示。

表3－1　　　　　　　　　　国际收支表记账原理

	借方（－）		贷方（＋）	
对外支付	进口货物和服务	从国外获得收入	出口货物和服务	
	非居民从本国取得收入		居民从国外取得收入	
	对非居民提供单方面转移		非居民对居民提供单方面转移	
对外资产增加（负债减少）	居民获得外国资产	对外负债增加（资产减少）	非居民获得本国资产	
	居民偿还非居民的债务		非居民偿还居民的债务	
	官方储备资产增加		官方储备资产减少	

我们用几个例子加以说明。

【例3－1】 中国企业A从美国企业B进口了价值100万美元的商品，约定未来支付美元。

这一笔交易涉及进口100万美元的商品（支出项），以及企业A的对外负债增加100万美元。该业务记入"经常账户——货物与服务，－100万美元"，符号为负；而欠款则记入"资本与金融账户——金融账户——其他，＋100万美元"，涉及两个科目，金额相等且符号相反。如表3－2所示。

表3－2　　　　　　　　　企业进口商品的国际收支记录

	借方	贷方	备注
经常账户（货物进口）	－100万美元		进口涉及对外支付
金融账户（其他）		＋100万美元	美元负债增加

【例3－2】 中国企业A在欧洲发行了价值100亿美元的海外债券，融资金额全部存入海外的银行账户。

这一笔交易涉及负债增加100亿美元（贷方科目）和对外金融资产增加100亿美元（借方科目）。该业务记入"资本与金融账户——金融账户——债券，100亿美元"，符号为正；而海外的存款则记入"资本与金融账户——金融账户——其他，－100亿美元"，符号为负。如表3-3所示。

表3-3　　　　　　　　　　　企业发行债券的国际收支记录

	借方	贷方	备注
金融账户（债券）		+100亿美元	负债增加记 +
金融账户（其他——存款）	-100亿美元		存款（资产）增加记 -

原则上，如果每一笔对外交易均准确、及时地记录在国际收支平衡表上，那么复式记账原则意味着最终汇总的贷方与借方总额是一致的。但是，对于具体的子类目（比如贸易账户、金融账户等）而言，可能存在借贷双方金额的不等，如果贷方金额大于借方金额称为顺差，反之称为逆差。

值得提醒的是，国际收支平衡表的记录遵循权责发生制原则，此外由于各项交易采用的计价货币往往不同，还需要换算成统一的货币单位，国际上最常用美元计价。

（二）国际收支平衡表的项目与构成

IMF根据交易类别，将国际收支分为三个大项，即经常账户（Current Account）、资本和金融账户（Capital & Finance Account）、错误与遗漏净额，如图3-1所示。

经常账户记录商品、服务、收入和经常转移等交易，而资本和金融账户中则记录了资本转移、非生产性非金融资产（如专利和商标）以及金融资产与负债的增减，剩余的误差遗漏账户则是统计平衡调整的需要，是经常账户余额和资本与金融账户余额的差（可正可负），在图中用虚线表示。

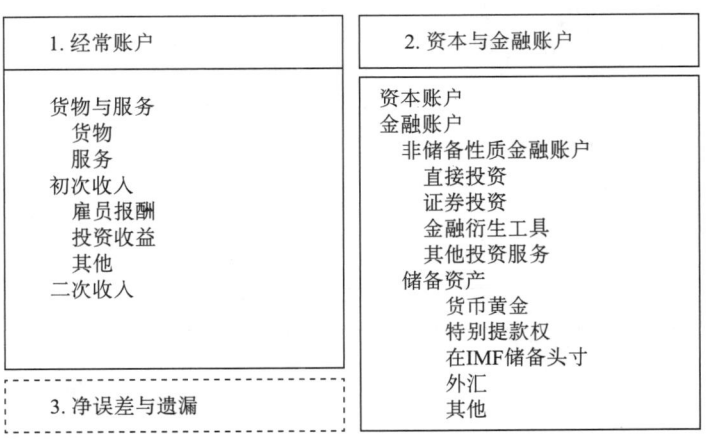

图3-1　国际收支平衡表的构成

1. 经常账户（Current Account）

经常账户是国际收支平衡表中最基本的项目，主要包括货物和服务、收益和经常转移三个子项目，它反映了产品、服务和资源的国际流动。

货物项记录有形产品的进出口贸易，服务项目则包含运输、旅游、通信、保险金融、咨询和文化娱乐服务等十多个具体项目。货物和服务账户下的进出口差额，被称为贸易差额（Trade Balance）。该指标是外汇市场参与者高度关注的一个指标，某种程度上，它反映了一国相对外国在产品和服务市场的竞争力情况，也反映了一国储蓄—投资失衡的情况。

初次收入是指由于提供劳务、金融资产和出租自然资源而获得的回报，主要包括雇员报酬和投资收益等。例如，中国公司对美国子公司员工支付的雇员报酬、奖金等，记入美国国际收支的初次收入贷方，记入中国初次收入的借方。投资收益项则度量了居民持有非居民金融资产获得的回报。例如，一国居民持有外国债券获得的利息收入、投资外国股票或持有外国股权获得的股息收入，记入本国的收益项贷方，而对外支付的股利、股息和债务利息等记入本国收益项的借方。20多年来，中国的投资收益项差额基本为负，即获取的投资回报低于对外支付的回报。

二次收入是指居民与非居民间的经常性转移，即发生在居民与非居民间无等值交换物的实际资源或金融项目所有权的变更，如政府对外的经济援助、居民对外的捐赠、赠与等。

2. 资本和金融账户（Capital and Financial Account）

资本和金融账户由两大组成部分：资本账户和金融账户，记录资产所有权在国际的交易行为。由于涉及本国持有的外国资产以及外国持有的本国资产（对外负债），因此记录的基本原则是，当本国持有的外国资产数量增加或对外负债减少时，记入本国资本金融账户借方；而本国持有的外国资产数量减少或对外负债增加时，则记入本国的资本金融账户贷方。如果资本与金融账户出现贷方余额（顺差），意味着外国资本流入，而借方余额（逆差）则意味着本国资本流出。

资本账户（Capital Account）主要包括资本转移和非生产、非金融资产的获取或处置两个组成部分。例如，当中国企业将固定资产或专利权出售给一家泰国企业时，记入我国的资本转移账户的贷方。此处，专利、商标等各种无形资产便属于非生产性、非金融资产。资本账户的交易规模通常远远小于金融账户的规模。

金融账户（Financial Account）分为非储备性质金融账户和储备性质金融账户，前者记录的是该国非官方经济主体对外的金融交易往来，包括直接投资、证券投资、其他投资，而后者涉及官方部门的国际交易活动。

直接投资（Direct Investment）是反映直接投资者对直接投资企业的永久权益。例如，中国企业到海外新建工厂或者收购外国公司的股权，属于对外直接投资，记入金融账户的借方（意味着对外国持有的资产增加）；相反，外国来华直接投资则记入中国金融账户的贷方。总体来看，来华直接投资的规模更大，因而我国的直接投资项目是顺差。

证券投资（Portfolio Investment）记录不涉及控制权转移的长期金融资产的投资，包括股票和债务凭证的交易，后者又可分为债券和票据、货币市场工具和金融衍生品（如期权）交易。当中国居民通过许可的机构投资者（QDII）渠道间接购买美国的股票或债券资产时，是购买美国的金融资产，然而中国企业如果通过收购某美国公司股权的方式达到控股的目的，则该行为便属于直接投资了。

其他投资（Other Investment）包括短期和长期贸易信用、贷款、货币和存款及其他应收应付款项。前面讲的国际信贷资本流动和短期资本流动主要在这一账户中体现。

储备资产（Reserve Assets）是一国货币当局可用于平衡国际收支或其他用途的资产，包括货币黄金、特别提款权（Special Drawing Rights，简称SDRs）、在国际货币基金组织（International Monetary Fund，简称IMF）中的头寸、外汇资产（现金、存款和证券）及其他债权。储备资产账户出现借方净差额，意味着对外储备资产增加[①]。

3. 净误差和遗漏

按照复式记账原则，国际收支平衡表的借贷双方的净差额应该等于零，但在实际中并非如此。造成借贷双方金额不平衡的原因有很多，包括：在统计交易数据时发生遗漏和错误；存在走私商品、民间货币收付以及携带现钞出入境等官方监控以外的国际交易，资料来源和口径不同造成的误差等。

以商品进口为例，在延期付款或预付货款的商品贸易中，支付数据来自银行记录，记入金融账户，而进口数据来自海关记录，记入经常账户，两者在时间上可能不匹配。例如，货款预付后，本国当期国际收支贷方数额增加，而海关可能需要等到商品入关时才会将它记录下来，可能记入下一年度的国际收支借方。

为解决这一问题，统计部门人为地设立了一个平衡账户——净误差与遗漏（Net Errors and Omissions）。当经常账户、资本和金融账户总计贷方数额大于借方数额时，则计算其差额记入"净误差与遗漏"的借方项目，符号为"-"；反之则反是。因此，净误差与遗漏的金额和资本与金融账户的金额加总，数值上等于经常账户金额。

一些经济学家认为，出现持续性的净误差与遗漏，可能意味着未被监控或记录的短期资本流动，因此该指标常被用来初略估算"热钱"的规模和流动方向。

（三）国际收支差额

人们使用差额来分析国际收支的结构性特征，国际收支差额对应着外汇供给和需求的

[①] 同交易无关的储备资产变化不包括在国际收支平衡表中，例如，持有的欧元债券因为欧元对美元汇率变动而导致其账面价值变化，因为不涉及交易，不记入国际收支平衡表中。

数量，可能影响贸易政策、汇率走势等，被公众广为关注。表 3－4 显示了中国 2023 年的国际收支平衡表的简要汇总①，用各账户差额表示。

表 3－4　　　　　　　　2023 年中国国际收支平衡表（摘要）　　　　　　单位：亿美元

项目	贷方	借方	差额
1. 经常账户	37887	－35357	2530
1. A 货物和服务	35112	－31252	3861
1. A. a 货物	31792	－25853	5939
1. A. b 服务	3321	－5399	－2078
1. B 初次收入	2400	－3882	－1482
1. B. 1 雇员报酬	226	－154	72
1. B. 2 投资收益	2128	－3718	－1590
1. B. 3 其他初次收入	45	－10	35
1. C 二次收入	375	－223	152
2. 资本和金融账户			－2151
2.1 资本账户	2	－5	－3
	负债	资产	
2.2 金融账户	134	－2282	－2148
2.2.1 非储备性质的金融账户	－2234	134	－2099
2.2.1.1 直接投资	－1853	427	－1426
2.2.1.2 证券投资	141	－773	－632
2.2.1.3 金融衍生工具	－27	－49	－75
2.2.1.4 其他投资	－407	441	34
2.2.2 储备资产		－48	－48
3. 净误差与遗漏			－379

资料来源：国家外汇管理局。

1. 货物贸易差额（Merchandise Trade Balance）

货物贸易差额 = 货物出口额 － 货物进口额

货物贸易差额是一定时期内一国货物出口总额与进口总额之差，商品进出口数据海关可以迅速收集汇总上报，因此人们往往能够很快从新闻报道中获取最近的货物贸易差额数据。表 3－4 中显示，2023 年我国的货物贸易出口 31792 亿美元，进口 25853 亿美元，货物贸易顺差 5939 亿美元。

---

① 从 2013 年开始，国家外汇管理局公布美元和人民币两种货币单位的国际收支平衡表，为便于后文的比较说明，本书的国际收支表统一使用美元单位。

2. 贸易差额（Trade Balance）

贸易差额 = 货物贸易差额 + 服务贸易差额

随着经济发展，服务在一国国民经济中所占地位越来越重要，因此，很多国家除了关注商品贸易差额外，也非常关注包括商品和服务贸易在内的总体贸易差额。我国近年来一直呈现出服务贸易逆差的态势，2023 年服务贸易逆差达 2078 亿美元。包含货物和服务的贸易总出口额 35112 亿美元，进口 31252 亿美元，贸易顺差 3861 亿美元。

3. 经常账户差额（Current Account Balance）

经常账户差额 = 货物贸易差额 + 服务差额 + 初次收入差额 + 二次收入差额

经常账户差额是国际收支平衡表中最重要的收支差额，如果出现经常账户顺差，该国的国外财产净额也将增加，即经常账户顺差往往带来该国对外投资头寸净额的累计增长。2023 年，我国的初次收入项有 1482 亿美元的净对外支付，远大于二次收入 152 亿美元的净收入，因而经常账户的差额小于贸易差额，为 2530 亿美元。

4. 资本与金融账户差额（Financial Account Balance）

资本和金融账户差额 = 资本账户差额 + 金融账户差额

资本与金融账户差额反映一国在一定时期内，资本的净流入流出状况，如果出现顺差，则表明一国出现资本净流入（对外负债增加）；反之则反是。从各国实际情况看，这一账户主要由金融账户主导。2023 年我国金融账户逆差为 2148 亿美元，而资本账户逆差仅 3 亿美元。

金融账户差额中，储备资产的变动也同样引人注意。2023 年我国有 379 亿美元储备资产的增加。

5. 误差与遗漏

误差与遗漏的数值 = 经常账户差额 - 资本与金融账户差额，2023 年我国经常账户顺差 2530 亿美元，资本与金融账户逆差 2151 亿美元，两者之差为 379 亿美元，计入净误差与遗漏项目，为平衡账目需要，符号为负。

二、国际投资头寸表

（一）国际投资头寸表概览

国际投资头寸表（International Investment Position，简称为 IIP），反映了一国在既定时点上持有的国外资产、负债的累计规模以及两者之间的差额（国际投资净头寸）。如果一国持有的对外资产超过对外负债，则该国是一个净债权国（Net Creditor），反之则是一个净债务国（Net Debtor）。

国际投资头寸表从构成看，与企业的资产负债表很像，分为资产和负债两大类，除储备资产项目仅记资产方外，其他四项包括直接投资、证券投资、金融衍生工具、其他投资均统计资产和负债的情况，最后加总的总资产减去总负债的差额，即为国际投资净头寸。我国近年来的国际投资头寸情况如表3-5所示。

我国自从2015年开始公布国际投资头寸表。21世纪以来，中国对外投资头寸逐年快速增长，截至2023年，我国对外金融资产9.58万亿美元，对外负债6.67万亿美元，对外净资产达2.91万亿美元，是全球第三大债权国。

表3-5　　　　　　　　　　　　中国国际投资头寸表（摘要）　　　　　　　　　　单位：亿美元

项目	2010年末	2015年末	2020年末	2021年末	2022年末	2023年末
净头寸	14841	16989	22868	21861	24216	29082
资产	41424	62232	88791	95216	92155	95817
1 直接投资	3393	11560	25807	27852	27548	29391
1.1 股权	2343	9725	22638	24896	24472	25580
1.2 关联企业债务	1050	1836	3169	2955	3076	3811
2 证券投资	2586	2685	9030	9791	10282	10984
2.1 股权	645	1692	6048	6477	5831	6226
2.2 债券	1941	993	2982	3314	4451	4758
3 金融衍生工具	0	36	206	165	162	190
4 其他投资	6304	13889	20184	23139	21098	20755
4.1 其他股权	0	1	89	95	97	99
4.2 货币和存款	2051	3598	4839	5428	5223	5015
4.3 贷款	1174	4569	8432	9887	8498	8068
4.4 保险和养老金	0	172	167	216	261	287
4.5 贸易信贷	2060	5137	5972	6323	6176	6440
4.6 其他	1018	412	685	1191	844	847
5 储备资产	29142	34061	33565	34269	33065	34497
5.1 货币黄金	481	602	1182	1131	1172	1482
5.2 特别提款权	123	103	115	531	512	536
5.3 IMF的储备头寸	64	45	108	107	108	97
5.4 外汇储备	28473	33304	32165	32502	31277	32380
5.5 其他储备资产	0	7	-5	-1	-4	1
负债	26583	45243	65923	73356	67939	66735
1 直接投资	15696	26963	32312	36035	35766	35531
1.1 股权	14711	24962	29410	32857	32593	32437

续表

项目	2010年末	2015年末	2020年末	2021年末	2022年末	2023年末
1.2 关联企业债务	985	2002	2903	3177	3174	3094
2 证券投资	4514	8583	19558	21477	17999	17016
2.1 股权	4336	6384	12607	13386	11340	10211
2.2 债券	178	2200	6951	8091	6659	6805
3 金融衍生工具	0	53	129	104	182	194
4 其他投资	6373	9643	13923	15740	13992	13993
4.1 其他股权	0	0	0	0	0	0
4.2 货币和存款	1650	3267	5259	5970	5226	4943
4.3 贷款	2389	3293	4414	4495	3832	3660
4.4 保险和养老金	0	93	168	235	268	269
4.5 贸易信贷	2112	2721	3719	4228	3826	3911
4.6 其他	222	172	263	305	358	724
4.7 特别提款权	0	97	101	507	482	486

资料来源：国家外汇管理局《国际投资头寸表》。

表3-6显示了世界主要国家对外资产负债情况。截至2023年末，日本的海外资产总额约10.49万亿美元，负债7.17万亿美元，净资产3.32万亿美元，是当今世界最大债权国。德国的海外资产总额为13.80万亿美元，负债10.60万亿美元，净资产接近3.20万亿美元，是全球第二大债权国；加拿大净资产约1.27万亿美元，是全球第四大债权国。新加坡、韩国、荷兰、意大利也是净债权国。

表3-6 　　　　　　2023年主要国家的对外资产负债情况　　　　　　单位：亿美元

国别	净资产	资产	负债
日本	33215	104882	71667
德国	31968	138013	106045
中国	29082	95817	66735
加拿大	12678	68602	55924
新加坡	8596	56275	47679
韩国	8103	23317	15214
荷兰	6241	108275	102034
意大利	1809	38981	37172
印度	-3703	9883	13586
澳大利亚	-5705	26649	32354
爱尔兰	-5926	89140	95066
西班牙	-8533	31541	40074

续表

国别	净资产	资产	负债
法国	−8765	110960	119725
巴西	−9753	10114	19867
英国	−10505	172308	182813
美国	−198532	343996	542528

资料来源：IMF。

美国的对外资产、对外负债和对外净负债规模均位于全球第一。20 世纪 80 年代初，美国还是一个净债权国，然而随着其贸易逆差不断扩大，美国对外支付越来越依靠资本账户融资，美国对外债务也不断攀升，演变成了世界上最大的债务国，并引发了世界范围内对美国金融地位以及美元价值的担心。截至 2023 年末，美国对外金融总资产 34.40 万亿美元，总负债 54.25 万亿美元，净负债约 19.85 万亿美元，这一规模远远超过全球其他经济体。英国、巴西的净负债规模也在 1 万亿美元左右，法国、西班牙、爱尔兰、澳大利亚等发达国家和印度也为净债务国。

（二）国际收支与国际投资头寸的关系

国际投资头寸表反映了一国在特定时期的金融交易、资产负债评估价值的变动以及影响一国整体对外资产负债的其他调整事项，是存量统计表，而国际收支表则反映了一国特定时期内的对外交易情况，是流量统计表。两张表在计价、记账单位和折算等核算原则上一致，从构成项目看，国际收支表（BOP）的金融账户与国际投资头寸表（IIP）的构成完全一致。

1. 金融账户与国际投资头寸表

国际收支表中的金融账户的流量变化，与国际投资头寸表中对应账户（如直接投资、证券投资、官方储备资产等项目）的存量变化（即本期减去上期）大体保持一致。两者之间的差异，除统计误差之外，主要来自交易货币与记账货币之间的汇率变动。

根据 IMF《国际收支和国际投资头寸手册》，两者的关联是：

期初对外净债权 + 期间净债权交易（本期 BOP 金融账户差额）+ 期间对外净债权的非交易变动 = 期末对外净债权。

例如，某国 t−1 年 IIP 表中直接投资（净负债额）为 500 亿美元，其中 100 亿美元负债用欧元计价，欧元对美元汇率为 1∶1。在 t 年末，该国 BOP 表记录 FDI 净流入 100 亿美元，欧元对美元较上年升值 1%，则该国 t 年末的 IIP 表中，直接投资的对外负债总量（用美元计价）为 601 亿美元，增加了 101 亿美元，其中 100 亿美元是新增 FDI 流入，而 1 亿美元源于 100 亿欧元存量负债的估值增加（即非交易变动）。

我国 2022 年净投资头寸为 24216 亿美元，2023 年期末净投资头寸为 29082 亿美元，增加了约 4866 亿美元，其中，2023 年我国 BOP 表显示金融账户交易的净额为 -2148 亿美元（资金流出，资产增加），其余的差额主要归因于官方持有外汇和黄金等对美元汇率变动产生的账面价值调整。

2. 国际投资头寸与初次收益

经常账户中初次收益与国际投资头寸密切相关。其中，收入项目来自国际投资资产的收益，而支出项目则与负债项目相关。当一国的净资产头寸持续积累时，很可能会带来初次收入的不断增长。

根据 BOP 和 IIP 的数据，人们可以粗略估计一国对外资产的平均收益和负债的平均成本（见表 3-7），即：

$$投资收益率 = \frac{当年投资收益(收入)}{(当期对外资产存量+上期对外资产存量)/2}$$

$$负债成本率 = \frac{当年投资收益(支出)}{(当期对外负债存量+上期对外负债存量)/2}$$

表 3-7　　　　　　　　　我国的投资头寸与收益（成本）估算

年份	BOP（投资收益）		IIP（资产负债）		投资收益率（%）	负债成本率（%）	差额（%）
	贷方（亿美元）	借方（亿美元）	资产（亿美元）	负债（亿美元）			
2005	359	-536	12315	8744	3.32	6.83	-3.51
2010	1288	-1669	41424	26583	3.39	6.94	-3.55
2015	1899	-2701	62232	45243	2.99	5.75	-2.76
2020	2279	-3483	88791	65923	2.73	5.74	-3.01
2021	3068	-4326	95216	73356	3.33	6.21	-2.88
2022	1658	-3689	92580	67267	1.77	5.25	-3.48
2023	2128	-3718	95817	66735	2.26	5.55	-3.29

例如，我国 2023 年 BOP 表中显示对外投资收益收入项 2128 亿美元，除以 2022—2023 年平均资产存量，可得投资收益率为 2.26%；根据对外投资收益支出 3718 亿美元，除以 2022—2023 年平均负债存量，得到负债成本率为 5.55%，两者存在 3.29% 的差距。作为资金双向流动的大国，我国一边对流入的外资支付较高的利息、股息，而对外投资获取的债权、股权等整体回报率不高，投资效率还有待提升，从投资大国向投资强国的转变任重道远。

3. 经常账户持续不平衡与国际投资头寸变化

经常账户的顺差或者逆差需要通过资本流动来平衡，对一国的国际投资头寸间接产生影响。经常账户长期顺差意味着该国通过提供资源和产品获得的收入长期大于支出，将持续积累对外资产。换言之，长期顺差国给逆差国提供融资渠道，使后者得以借钱购买本国的服务和产品、支付要素报酬等。例如，我国自1994年以来持续贸易顺差，收入增长逐步累积，2008年前后完成了从债务国到债权国的转变，并发展成为全球第三大债权国。这点与企业或家庭通过出售产品或服务挣钱积累资产是一致的。

相反，一国如果长期出现大规模的经常账户逆差，该国对外负债将不断累积，当净债务/GDP超过一定比例时，可能引发外国对该国偿债务能力的担忧；一旦外国资本停止为该国融资（即停止流入），则该国依赖外部融资购买外国提供商品服务的经济模式将难以维持，从而出现汇率贬值或债务违约危机，20世纪80年代的拉美债务危机、1997年东南亚金融危机均与持续贸易逆差和依赖外国资本流入有关。20世纪80年代以来，美国逐步从全球最大的债权国转变为全球最大的债务国，引发世界范围内对美国金融中心地位以及美元价值稳定性的担心。

第三节　国际收支失衡的解读

人们为什么关心一国的国际收支账户？基本原因在于一国的国际收支账户同一国的产出市场和货币金融市场密切关联，就像一张体检表，能揭示出一国宏观经济状况，从而对外汇市场产生重要影响。

一、国际收支与国民经济

（一）贸易差额与国民收入账户

回忆一下宏观经济学的知识，一个国家一定时期所生产出来的全部商品和服务的总需求（AD）由本国私人部门的需求（消费C和投资I）、政府部门的需求（政府购买G）和外国部门的需求（本国出口X）构成，即：

$$AD = C + I + G + X \tag{3-1}$$

另外，一国的国民收入（NI）从分配的角度，可分解为私人部门消费和储蓄（S）、政府部门的税收（T）以及本国支付给外国人的部分（进口M），即：

$$NI = C + S + T + M \tag{3-2}$$

平衡状态下，一国的总需求等于总收入，公式（3-1）=公式（3-2），我们可以得到：

$$(S - I) + (T - G) = X - M = NX \tag{3-3}$$

公式（3-3）表明，从实体经济角度看，一国的贸易差额（净出口）NX等于该国的国民净储蓄，即私人部门净储蓄（S-I）与政府部门净储蓄（T-G）之和。

因此，关于国际收支与宏观经济关系的第一个结论是：从实体经济角度，贸易差额反映了一国的国民储蓄状况，顺差表明一国在该时期存在净国民储蓄，而贸易逆差则表明该国的国民储蓄相对不足。

（二）贸易与财政双赤字

美国著名经济学家伯格斯坦在20世纪80年代提出了有名的"双赤字"观点，即政府的财政赤字与贸易赤字是孪生的，政府放松财政纪律（财政逆差）会引致贸易逆差。此后，从政策层面上人们开始关注政府财政纪律与贸易差额之间的关系。

对公式（3-3）两边求差分，可得

$$\Delta NX = \Delta(S - I) + \Delta(T - G) \tag{3-4}$$

公式（3-4）意味着，在国内私人部门净储蓄一定的条件下，政府财政赤字增长将伴随着贸易逆差恶化。其含义在于，政府过度支出（财政赤字）增加了对外国产品的购买，从而导致或加大了贸易逆差。一些针对贸易赤字国家进行的研究表明，政府财政纪律松懈是造成一国贸易赤字的主要原因之一，因此经济学家通常对赤字国家提出的政策药方是政府降低支出增加净储蓄，以减少该国对外国商品的总需求。

当然，如果国内私人净储蓄为负值并且很低，那么即使政府财政实现平衡甚至盈余，也依然会存在贸易赤字。

二、解读国际收支失衡

（一）国际收支失衡的含义

由于采用复式记账原则，国际收支平衡表上借贷双方总额是相等的，何来失衡一说？经济学家所谓的国际收支失衡，是指国际收支一些重要的子账户差额或综合差额的失衡。在国际金融的理论研究中，经常账户和资本账户的交易被视为"自发交易"（Autonomous Transaction），是企业或个人出于经济利益或其他动机进行的国际贸易和投资。与之相对是"补偿/调整交易"（Compensative/Adjustment Transaction），包括资本与金融账户中的"官方储备资产"和"错误与遗漏"账户,前者记录了一国货币当局为平衡外汇市场供求、弥补自主性交易差额而进行的交易,而"错误与遗漏"属于会计调整项目,可以使国际收支平衡表最终在账面上达到平衡。

因此,通常意义上讲的国际收支平衡或失衡是针对自发账户收支的平衡或失衡,当该差额为零时,我们称之为国际收支平衡,反之,无论是出现顺差还是逆差,我们均称之为国际收支不平衡。当然,在实践中,一国不可能保证综合账户差额绝对为零,只要在本国经济许可的范围内的适当逆差或顺差,均可视为国际收支基本平衡。

(二) 解读经常账户失衡

为什么某些国家的经常账户(主要是贸易账户)会出现较长期的顺差或者逆差?根据国际收支与宏观经济的关系,我们可以从三个不同层面加以说明。

第一,从微观和中观(即产业)视角看,贸易失衡往往与商品结构和贸易竞争力相关。

经常账户失衡(下文以逆差为例)主要表现为贸易账户失衡,可能反映如下问题:(1)该国产品价格竞争力不足。如果一国的实际汇率(EP^*/p)较低,如通货膨胀较高、汇率高估等,均可能因产品价格竞争力普遍较低而形成持续性逆差。(2)贸易和产业结构性不合理。例如,大多数发展中国家出口以初级产品为主,进口以制成品为主,一旦国际市场上制成品价格大幅度上扬,而初级产品价格增长缓慢,则会导致这些国家的贸易条件趋于恶化,从而导致国际收支上的困难。(3)技术落后或高成本,降低了本国商品的吸引力。因此,从贸易层面出发,调整本国经常账户失衡的对策是提高本国商品的相对竞争力,可能需要调整汇率水平,改变贸易政策、提高产品质量等,而更进一步,还应该考虑到本国和外国的产业结构调整问题等。

第二,从宏观层面看,经常账户逆差反映了本国储蓄投资的根本性失调,即国内净储蓄不足以弥补投资而致。如果根源主要是国内私人净储蓄缺口较大,通常的办法是通过税收和货币政策,吸引私人部门降低消费和投资并增加储蓄。然而这个办法值得讨论,因为投资本身是经济长期增长的来源,而消费则不仅与私人经济预期相关,还和人口年龄结构、消费偏好和倾向、金融财富的增长有关,具有一定的惯性,不能在短期内扭转,如果国内实施紧缩政策,可能带来经济的衰退,是否值得为外部平衡的目标丧失内部增长是决策性问题。如果赤字主要源于政府的过度开支,那么政府财政纪律或许将有助于扭转赤字问题。

第三,从货币金融视角分析,经常账户失衡必然对应着金融与资本账户失衡,因此调节金融市场也能达到影响经常账户调整的目的。

$$CA + KA = 0 \tag{3-5}$$

根据国际收支平衡表记账原理，经常账户同资本与金融账户两者互为镜像。传统理论在解读经常账户问题时，认为资本流动被动弥补经常账户赤字，然而在金融全球化的今天，金融资本的流动规模早已远超贸易规模，对国际收支呈现出主导作用。我们可以换一个视角解读贸易常账户失衡问题，即由于资本流入对输入国经济产生影响，即影响消费、投资，进而对贸易账户产生影响。

例如，2006 年针对美国经常账户巨额逆差的问题，时任美联储主席伯南克提出"全球过剩储蓄论"，认为造成美国国际贸易逆差不断攀升的一个重要原因在于全球化条件下的国际资本市场流动，出于投资组合安全性和多样化的需要，私人投资者的大量资金涌入美国资本市场，引致美国国内资产价格上扬，由此引发的财富效应带来消费和投资增长，从而扩张了总需求。另外，亚洲新兴市场国家和日本为了顺利推行出口导向战略，需要稳定对美元的币值从而积累了大量的外汇储备，形成了官方资本的流入，提高了美国长期国债价格，也就阻碍了美国金融体系通过提高利率的方式降低消费、投资，进行逆差自我纠正的机制，也使美国的经常账户逆差不断持续。

除了上述分析层次外，分析贸易失衡问题越来越多地使用全球视角，因为在全球经济相互依赖的背景下，一国的失衡对应着其他国家的失衡，没有国家能独善其身。

本章小结

1. 国际直接投资是指一国投资者在他国对厂房、设备、土地等实质性生产要素的投资，投资者拥有对这些实质性资产的所有权，投资者通过控制股权而对外国企业进行控制。

2. 国际间接投资是指一国的企业、个人或政府通过购买国外的股票、债券或向国外发放贷款等方式进行的投资，一般不涉及企业经营管理权和控制权，可分为国际信贷和证券投资。

3. 国际证券投资是投资者从国际金融市场购买外国的证券，如债券和股票以及其他衍生工具等，并以此获取投资收益的投资方式，其投资收益包括利息、股息和资本利得。

4. 中长期国际资本流动有助于提高资本配置效率，平抑输入国经济周期波动，但过度依赖外资可能导致本国经济脆弱性。

5. 短期资本流动的投资期限小于或等于一年，具有规模大、周期短、流动速度快等特点，人们需要警惕"热钱"冲击带来的负面效应。

6. 国际收支表概括了一国在一定时期内同所有其他国家发生的经济交易活动。按照复式记账的原则,记录了商品、服务与投资收益流动、单方面转移、资本金融流动以及官方货币当局的储备资产变动情况。

7. 重要的国际收支差额包括:商品贸易差额、贸易差额、经常账户差额、资本与金融账户差额、综合差额等。

8. 一国的国际投资头寸表反映了该国在海外持有的总资产和外国在本国持有的总资产,该报表能够表明一国在特定时点上是净债务国还是净债权国。

9. 一国的国际收支综合账户顺差会增加一国的净对外债权(减少对外净负债),而逆差会减少该国的净对外债权(增加对外的净负债)。

10. 从实体经济角度,贸易差额反映了一国的国民储蓄均衡状况。顺差表明一国在该时期存在净国民储蓄,而贸易逆差则表明该国的国民储蓄相对不足。

11. 一国的国际收支状况将影响该国的货币供求,国际收支顺差时,一国外汇储备增加会增加本国基础货币,除非政府进行冲销性干预,即在增加外汇储备的同时通过卖出等额资产来回笼货币。

12. 一国的经常账户收支差额必然等同于本国对外净资本流动,从而引发本国国际投资头寸的净规模发生改变,对外债务过多将威胁一国经济长期发展。

13. 通常意义上的国际收支平衡或失衡是针对自发账户收支的平衡或失衡。当自发交易账户没有大的逆差或者顺差时就可称为国际收支平衡。自发交易账户又称事前交易,是企业或个人出于经济利益或其他动机进行的国际贸易,反映了微观主体自发进行的交易,与国际收支的调整无关。

14. 国际收支均衡是指国内经济处于均衡状态下的自主性国际收支平衡,即国内经济处于充分就业和物价稳定下的自主性国际收支平衡,此时一国的经济将满足"内外均衡"的目标。IMF提出了四个不同层次的国际收支均衡的标准。

15. 对国际收支经常账户失衡的解读,可以从多个视角入手。从微观和中观(即产业视角看),经常账户失衡直接体现为在现行的汇率水平下,一国的进出口数量上不平衡,即本国商品相对外国商品竞争力失衡;从经常账户的总规模看,反映了一国储蓄投资的根本性失调,"双赤字"是一个表现形式;而从货币金融视角分析,经常账户失衡必然对应着金融与资本账户失衡。

关键术语

| 直接投资 | 间接投资 | 证券投资 | 热钱 | 国际收支 |
| 国际收支表 | 经常账户 | 资本与金融账户 | 贸易差额 | 经常账户差额 |

| 初次收入 | 二次收入 | 投资收益 | 储备资产 | 错误与遗漏 |
| 国际投资头寸 | 净债权国 | 净债务国 | 投资收益率 | 负债成本率 |

思考讨论题

1. 金融资本账户与经常账户有何区别？
2. 下列交易是如何记入我国的国际收支初始分录的？
（1）中国居民从外国进口一辆高档轿车，价值10万美元；
（2）中国居民对印度尼西亚海啸捐赠20万美元；
（3）中国×公司出资3000万元收购海外企业；
（4）中国×公司的海外投资收益汇回200万元；
（5）中国家庭在瑞士旅游度假开支3万美元；
（6）中国×公司在伦敦的银行账户获得利息20万美元；
（7）中国人民银行从外国银行手中买入价值1000万美元的美国国库券；
（8）一家中国企业在苏黎世开设200万美元的银行账户。
3. 国际收支账户与国际投资头寸表各自反映了一国对外经济交往的哪些内容？两者之间的关系是怎样的？如果我国存在经常账户盈余，国际投资净头寸会发生什么变化？
4. 什么情况下，一国的经常账户账户盈余要小于贸易盈余？
5. 你认同"双赤字"观点，即财政赤字与贸易赤字一定是伴生的吗？"双赤字"观点在当前是否适用于解释美国的国际收支失衡问题？
6. 请查找我国1980年以来的国际收支表数据，并结合现实回答：我国国际收支变化体现出哪些特点？有哪些因素影响了我国的国际收支状况？
7. 请查找美国的国际收支表，分析其国际收支变化的特征，为什么美国存在庞大的经常账户逆差，这种逆差是否可持续？
8. 美国虽然是全球最大的债务国，但美国存在庞大的国际投资净收益，查找相关数据，计算美国的对外资产收益率和负债平均成本，对比中国的投资收益和负债成本情况，两者有什么差异，你认为这背后的原因是什么？

参考阅读

1. 陈雨露. 国际金融（第7版）[M]. 北京：中国人民大学出版社，2023.
2. IMF. 2024 World Economic Outlook: Policy Pivot, Rising Threats. Washington, DC. 2024.

3. UNCTAD. 2024 World Investment Report［M］. NY：UN Publications，2024.

4. 中国国家外汇管理局. 中国国际收支报告，http：//www. safe. gov. cn.

 网络资源

1. IMF 发布有关国际收支平衡表的标准、成员的国际收支状况报告，官网：http：//www. imf. org

2. 国家外汇管理局网站定期发布中国的国际收支表，并从 2005 年 11 月起发布《中国国际收支报告》，http：//www. safe. gov. cn

3. 其他国家（地区）的政府部门也发布其国际收支情况，例如：

美国国家经济分析局：http：//www. bea. gov

欧洲中央银行：http：//www. ecb. int/stats

日本财政部：http：//www. mof. go. jp

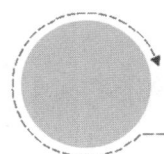

第四章 外汇市场与外汇交易

学完本章后,你将能够:
➢掌握外汇市场的构成与参与者
➢区分名义汇率、实际汇率、双边与有效汇率
➢区分即期和远期外汇交易的差异
➢掌握外汇期货、期权的基本特征

本章概览

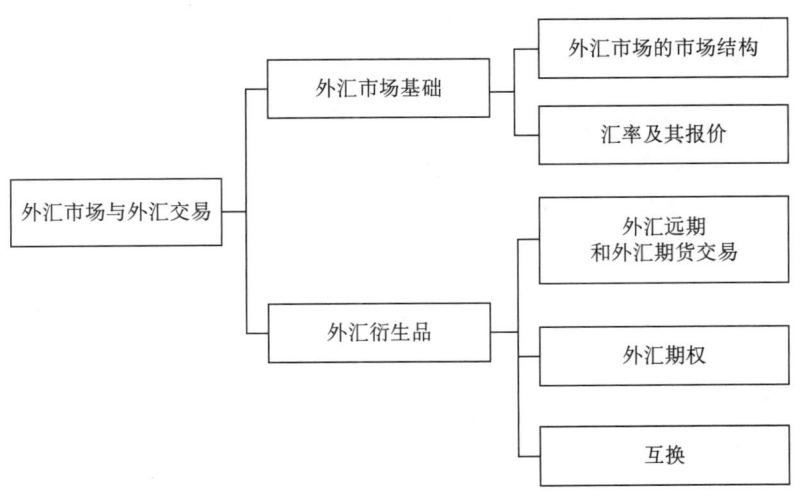

外汇市场是联通国际商品、服务、资金的纽带,汇率是国际企业管理财务事项的重要

变量。本章详细介绍国际外汇市场,包括其报价、交易方式以及相应的外汇产品,为企业管理汇率风险提供基础。

第一节 外汇市场基础

一、外汇市场的市场结构

(一)外汇市场的主要参与者

外汇市场上活跃着形形色色的参与者,包括以外汇银行为主的金融类机构、参与国际经贸和资金往来的企业和个人、投机者以及中央银行等政府机构。

外汇银行是经中央银行批准可以从事外汇经营活动的商业银行和其他金融机构,它进行外汇买卖以及跨国资金的融通。商业银行一方面为企业和个人客户提供外汇兑换、贸易结算等服务;另一方面在批发市场与其他金融机构进行大规模外汇交易,以平衡自身的外汇头寸。

外汇市场上存在大量的一般目的交易者,包括政府、企业、各类组织和个人,其经济活动产生了相应的外汇供求。例如,进出口商从事进出口贸易活动,出口商获得的外汇收入需要兑换成本币,进口商则需要购买外汇支付货款;企业进行国际融资(发行国际债券或股票)、跨国投资需要进行货币兑换;还有大量因为国际资金兑换和往来引起的外汇资金供求,如出国旅游、留学、捐赠、买卖外国证券、外债本息收付、政府及民间私人贷款等。这些交易需求反映了外汇市场的实质性供求,对一国国民经济产生重要的影响。

此外,外汇市场还存在经纪人、交易员和投机者。外汇经纪人(Broker)是专门介绍外汇买卖业务、促使买卖双方成交的中间人;交易员(Dealer)是专门从事外汇交易的人员,交易员向客户报价,接受银行指令,进行外汇买卖;投机者(Speculator)同基于实际需求的交易者不同,他们通过预测汇率的涨跌趋势进行交易,从中赚取利润。他们频繁买卖外汇,是纠正汇率扭曲定价的机制和力量。但是,投机者往往操纵巨额资金,可能会影响汇率的正常趋势,加剧外汇市场的动荡。著名的外汇投机者索罗斯就曾经动用上亿美元资金,狙击英镑汇率,并迫使英镑汇率贬值。

国际组织、政府财政和货币当局也涉足外汇市场。国际组织如世界银行、国际货币基金组织（IMF）、开发银行等在国际金融市场上投资融资,财政部门代表政府筹借外债、还本付息,均会产生货币兑换的需求。中央银行则兼具监管者和参与者身份,制定一国的汇率制度和规则,监督和管理外汇市场,通过外汇买卖或货币政策工具引导汇率变动,使之有利于本国宏观经济政策的贯彻或符合国际协定的要求。全球主要经济体的中央银行,如美联储、欧洲央行、日本央行和中国人民银行等,对外汇市场有着举足轻重的影响。

（二）批发和零售外汇市场

1. 银行间外汇市场

银行间外汇市场属于外汇批发市场,即银行等大型金融机构之间进行大规模外汇交易的市场,主要参与者包括大型商业银行、投资银行、跨国公司财务部门以及国际组织、中央银行等。这些机构之间的交易金额巨大,每笔交易可能涉及数百万甚至数亿美元,全球90%以上的外汇交易发生在银行间外汇市场,货币之间的汇率主要由批发市场决定。

2. 零售外汇市场

零售外汇市场是指个人投资者、小型企业等与银行、外汇经纪商进行外汇交易的场所。在零售外汇市场中,商业银行和外汇经纪商一般提供汇率的买卖报价,参与买卖的其他交易者是货币价格的接受者,其交易的金额相对较小。典型的交易如个人因出国旅游或购物等需要,兑换一定数量的外币,或者为投资外国股票而从银行购买外币等。当客户向银行买入外汇时,称为"购汇",对银行而言,则称为"售汇",相反当客户向银行卖出外汇时,称为"结汇"。此外,普通投资者可以通过外汇经纪商平台进行交易,参与外汇买卖。

（三）即期、远期与掉期交易

1. 外汇即期交易

外汇即期交易是指买卖双方在达成交易后的两个工作日内完成资金交割的外汇交易。在这个市场中,交易双方按照即期市场汇率（Spot Exchange Rate）进行外汇买卖。例如,即期汇率为1美元=7.2元人民币,此时A公司向B银行买入100万美元,约定在两个工作日后,A公司支付720万元人民币,B银行交付100万美元。即期外汇市场的汇率波动较为频繁,受到经济数据、政治局势等多种因素的影响。

2. 外汇远期交易

外汇远期交易是买卖双方事先约定未来某一特定日期，按照约定的汇率进行外汇交割的交易，所约定的未来时间交割货币时的汇率水平即为远期汇率（Forward Exchange Rate）。外汇远期交易以及其他外汇衍生交易主要用于企业和投资者进行外汇风险管理，锁定未来的汇率成本。

例如，一家出口企业预计3个月后将收到一笔100万美元的货款，为了避免美元贬值带来的损失，该企业可以与银行签订一份远期外汇合约，约定3个月后按照约定汇率（美元兑人民币1∶6.5）将100万美元兑换成本国货币。本例中远期汇率是1∶6.5，是根据即期汇率和交易双方对未来汇率走势的预期等因素确定的。

外汇远期交易可以采用外汇实物交割和现金（差额）交割的方式。实物交割又称全额交割，双方在合约到期时按约定币种、金额、汇率交付货币。现金交割又称为差额交割，交易双方依据远期外汇合约到期时市场汇率与约定汇率的差额，以现金形式结算，避免实际货币交付与转移。合约中约定参考的市场汇率，通常是国际外汇市场的收盘汇率或者某重要的汇率报价（如中国外汇交易中心公布的汇率中间价）。实物交割适用于有实际外汇需求的企业或个人用以锁定外汇汇率，而金融机构和投机者往往会采用差额交割方式，通过预测汇率走势获得利润，对于因为实行资本管制等不方便交割某特定货币的情景，也可以选择用国际通用货币进行现金交割，称为无本金外汇远期交易（Non-delivered Forward，简称NDF），详见下一节。

【例4-1】假设出口公司A与银行签订一份本金100万美元，3个月的美元远期结汇合约，约定汇率为1∶6.5，市场参考汇率为国家外汇交易中心公布的美元对人民币汇率中间价，如果届时美元对人民币汇率中间价为1∶6.6或1∶6.4，分析公司A进行实际交割和差额交割的情况。

在本例中，公司A为美元远期空头，而银行为美元的远期多头。实物（全额）交割方式下，到期时公司A向银行支付100万美元，银行向公司A支付650万元人民币。

差额交割时支付方向取决于美元汇率变动，若市场汇率高于约定的远期汇率，则美元买入方（银行）获得收益，公司A向银行支付市场汇率与远期汇率的差乘以名义外汇本金数量。美元升值，即市场参考汇率为6.6时，公司A向银行支付100万×(6.6-6.5) = 10万元人民币；相反美元贬值时，参考汇率为6.4时，远期卖出美元的企业受益，银行向公司A支付100万×(6.5-6.4) = 10万元人民币。如图4-1所示。

相比实物（全额）交割，现金（差额）交割占用资金数量少，且可以避免现金交割可能涉及的大额资金流动性压力和跨境流动手续，能够帮助企业和交易者达到规避风险、快速结算的目的，因而在金融市场中被普遍采用。

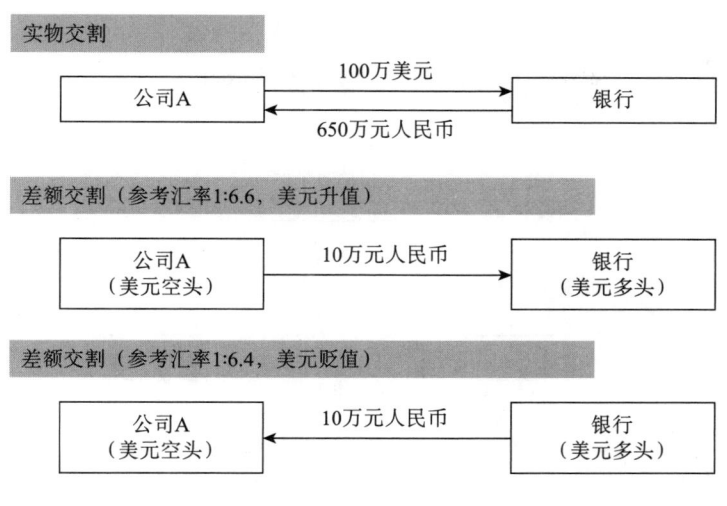

图 4-1 外汇远期交易的交割

3. 外汇掉期交易

外汇掉期交易（Foreign Exchange Swap）是指交易双方在约定的某时期 T1 以货币 A 交换一定数量的货币 B，并以约定价格在未来约定的日期 T2 以货币 B 反向交换同样数量的货币 A。掉期交易本质上是针对同一货币对的、以其中一个参照货币固定的名义金额进行的，两笔期限不同、交易方向相反的交易的组合，可简单地理解为针对某种货币的先买后卖，或先卖后买的交易。

在外汇掉期交易中，双方约定两个交易汇率水平，其中，近端（Near-leg）汇率是指交易双方约定的第一次（即 T1 时）交割货币所适用的汇率；远端（Far-leg）汇率是指交易双方约定的第二次（即 T2 时）交割货币所适用的汇率，远端汇率与近端汇率之差的基点数称为掉期点（Swap Point），根据交易的货币种类、未来汇率预期和利率差异情况，掉期点可正可负。

【例 4-2】公司 A 计划办理 3 个月欧元贷款，获取的欧元贷款将兑换成美元用于经营性支出，3 个月后公司购入欧元用于偿还贷款，为避免未来欧元汇率出现较大升值，公司 A 与银行签订一份欧元兑美元的即期对远期的外汇掉期合约，锁定汇率。合约规定：名义本金 1 亿欧元，交易期限 3 个月，公司以即期汇率 1.1100 卖出欧元，3 个月后以远期汇率 1.1150 购回欧元，掉期点为买卖数值差距 0.0050。

该笔交易的流程如图 4-2 所示。通过该交易，公司 A 在即期将贷款所得的欧元以约定汇率兑换为美元，满足公司美元资金需求；在远期以约定汇率兑换回欧元，锁定未来购入欧元的汇率，对冲偿还贷款时本金面临的汇率风险。

根据掉期涉及的期限的不同，掉期交易有很多种组合，例如，即期 +1 个月远期、即期+3个月远期、即期+6个月远期；1个月远期+3个月远期、1个月+6个月远期，等等，为交易双方提供了针对不同期限的汇率风险管理手段。

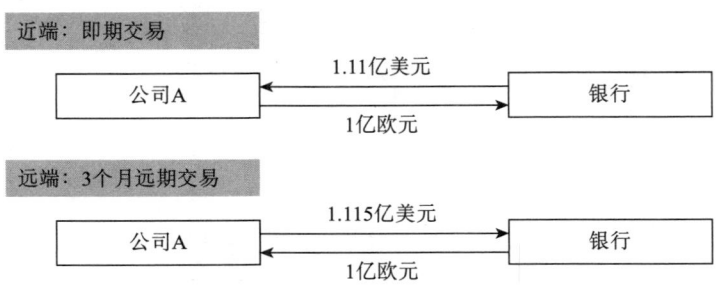

图 4-2 外汇掉期交易示意图

二、汇率及其报价

汇率（Exchange Rate）是不同国家货币之间的比价关系，也称汇价。汇率的起伏涨跌不仅直接影响国际企业、金融机构和政府的行为，还对诸如贸易、投资和经营管理产生影响。理解汇率变化的原因，洞察汇率变动的潜在影响并管理相关风险，成为国际金融管理的关键主题。

（一）形形色色的汇率

1. 名义汇率与实际汇率

名义汇率（Nominal Exchange Rate）是在外汇市场上公布的、未考虑通货膨胀因素的汇率，它是外汇交易中实际使用的汇率。例如，我们在银行看到的人民币对美元的挂牌汇率就是一种零售端的名义汇率；而外汇市场交易平台显示的实时汇率报价，开盘价、收盘价等均为名义汇率。名义汇率会受外汇市场供求、利率差异、各国汇率制度与政策等多种因素的影响。

实际汇率（Real Exchange Rate，或译为真实汇率）是在名义汇率基础上考虑了物价因素的比值，表示为 $q_{i,j} = E_{i,j} \times \dfrac{P_j}{P_i}$，其中，$E_{i,j}$ 代表两国之间名义汇率水平，P_i 和 P_j 代表两国的总体物价水平，即实际汇率反映用同一种货币度量的两国价格水平之比。例如，人民币对美元的名义汇率是 7.2，美国一篮子商品和服务的物价水平是 1000 美元，中国一篮子商品和服务的物价水平是 5000 元人民币，则实际汇率为 $7.2 \times 1000/5000 = 1.44$，意味着将美国的一篮子商品和服务价格折算成人民币为 7200 元，是国内的一篮子商品和服务

（5000 元）的 1.44 倍，此时美国没有价格优势。实际汇率在分析国际贸易、国际投资等方面具有重要意义，它能更真实地反映两国货币的实际价值和产出价格竞争力。

2. 市场汇率与官定汇率

市场汇率（Market Exchange Rate）是指在外汇市场上由供求关系决定的汇率，它随着市场上外汇的买卖需求而不断波动。例如，当市场上对美元的需求增加，而美元的供给相对不足时，美元兑其他货币的市场汇率就会上升。外汇交易商、企业和个人等在进行外汇买卖时，主要参考市场汇率。

官定汇率（Official Exchange Rate），是由政府货币管理当局（如中央银行）规定的汇率。在实施固定汇率制度或外汇管制较严格的国家，政府通常会设定官定汇率，以控制本国货币与外国货币的兑换比率，实现宏观经济政策目标，如稳定物价、促进出口等。官定汇率一般相对稳定，不会频繁变动，但可能会根据政府的政策调整而进行较大幅度的调整。

3. 离岸汇率与在岸汇率

按外汇交易价格形成的场所划分，可分为在货币发行地外汇市场形成的在岸汇率（Onshore Exchange Rate）和离岸市场交易形成的离岸汇率（Offshore Exchange Rate）。例如，在我国境内的人民币对美元交易形成的汇率为在岸汇率，用代码 USDCNY 表示，而在人民币离岸市场形成的人民币对美元汇率，即为离岸汇率，典型的代表是在我国香港地区的人民币对美元汇率，用代码 USDCNH 表示。如果离岸与在岸市场之间资金可以自由流动，理论上两者汇率水平在扣除交易成本费用之后应该趋同。然而，如果存在资本自由流动的管制，或者市场结构存在差异，则两地相对供求的差别将使离岸与在岸价格出现持续偏离。

4. 双边汇率和有效汇率

双边汇率（Bilateral Exchange Rate）是指两种货币之间的比价关系，例如美元兑日元、欧元兑英镑等。双边汇率在两国之间的贸易、投资等经济往来中起着关键作用，企业和投资者在进行跨国交易时，需要关注双边汇率的变化，以评估成本和收益。

有效汇率（Effective Exchange Rate），又称为一篮子汇率，是一种加权平均汇率，它是将本国货币与多个主要贸易伙伴国的货币汇率根据一定的权重进行加权平均计算得出的。实践中，权重通常根据各国与本国的贸易额、经济联系紧密程度等因素来确定，并计算几何加权汇率相对某基期的变化情况，得出有效汇率指数。常见的美元指数、CFETS 人民币汇率指数均是有效汇率指数。根据所选择的双边汇率是名义汇率还是实际汇率，有效汇率指数包括名义有效汇率指数（Nominal EER）和实际有效汇率指数（Real EER）。有效汇率能综合反映本国货币在国际经济中的总体竞争力和相对价值。

专栏 4-1　CFETS 人民币汇率指数

中国外汇交易中心（China Foreign Exchange Trade System）负责编制人民币对一篮子主要货币汇率变化情况的指数，即 CFETS 人民币汇率指数。

货币篮子及权重：2025 年新版 CFETS 货币篮子纳入澳门元，包括美元、欧元、日元、韩元、澳元、马来西亚林吉特、俄罗斯卢布等多种货币，其权重采用考虑转口贸易因素的贸易权重法计算而得，新版指数采用 2023 年度贸易数据作为权重进行调整，其中，美元权重为 0.18903、欧元权重为 0.17902 等。

计算方法：CFETS 人民币汇率指数参考 CFETS 货币篮子，具体包括中国外汇交易中心（China Foreign Exchange Trade System，简称 CFETS）挂牌的各人民币对外汇交易币种。篮子货币取价是当日人民币外汇汇率中间价。指数基期是 2014 年 12 月 31 日，基期指数是 100 点。指数计算方法是几何平均法（见图 4-3）。

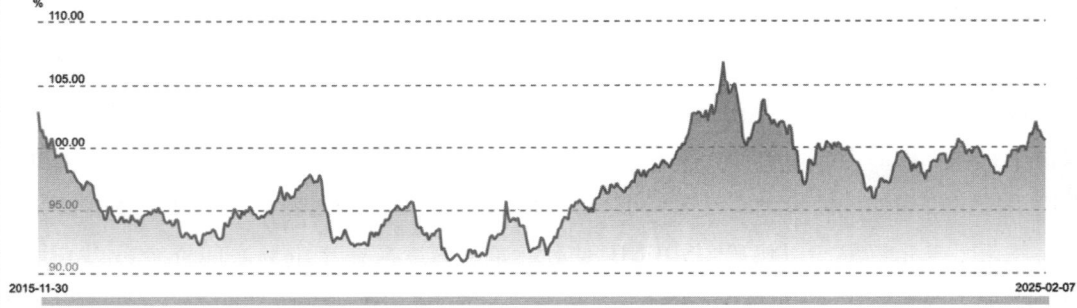

图 4-3　CFETS 人民币汇率指数

资料来源：中国外汇交易中心 https://www.chinamoney.com.cn/。

CFETS 人民币汇率指数能够更全面、客观地反映人民币汇率在国际市场上的综合表现，为政策制定者提供重要的参考依据，帮助其评估人民币的国际竞争力和调整汇率政策的必要性，也能够为投资者提供投资决策的参考，帮助其评估不同国家之间的投资风险和收益，对于促进外汇市场的稳定和健康发展具有重要意义。

（二）汇率标价法

汇率标价法包括直接标价法、间接标价法和美元标价法。

直接标价法（Direct Quotation）是用本币对外币进行标价，表示为单位外币折合为多少本币。世界上很多国家均使用直接标价法。间接标价法（Indirect Quotation）则相反，是一种以本币为被标价货币的报价方法，即单位本币可以折合成多少外币。欧元（EUR）、英镑（GBP）对其他货币通常采用间接标价法，即 1 欧元（或英镑）等于多少外币。美元标价法是以美元（USD）为基准货币，标出其他货币对单位美元的价格，这也是外汇市场常见的标价方法，反映了美元在国际上的特殊地位。从美国的视角来看，美元标价法为间接标价法。

图 4-4 显示了中国外汇交易中心公布的人民币汇率中间价，其中人民币对欧元、日元、美元、港元等 10 种货币是直接标价法。例如，1 美元兑换 7.1707 元人民币，1 欧元兑换 7.4324 元人民币，等等。直接标价法下，汇率数值增大意味着单位外币折合的本币数额增多，说明外币币值升高，反之则反是。人民币对马来西亚林吉特、俄罗斯卢布、南非兰特等 14 种外币采用了间接标价法，即 1 单位人民币兑换多少单位外币，此时，数值变大则代表人民币升值。

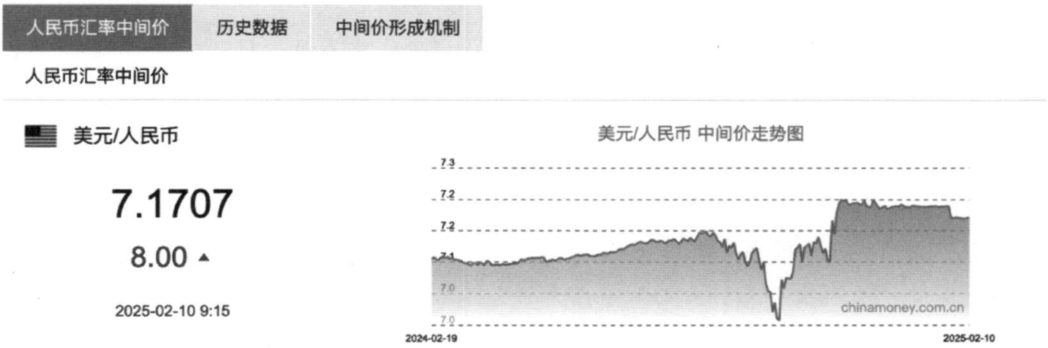

货币对	中间价	涨跌	货币对	中间价	涨跌
美元/人民币	7.1707	8.00 ▲	欧元/人民币	7.4325	490.00 ▼
100日元/人民币	4.7761	52.00 ▲	港元/人民币	0.92054	3.00 ▼
英镑/人民币	8.9366	230.00 ▼	澳元/人民币	4.5258	86.00 ▼
新西兰元/人民币	4.0991	60.00 ▼	新加坡元/人民币	5.3201	159.00 ▼
瑞士法郎/人民币	7.9192	341.00 ▼	加元/人民币	5.0476	26.00 ▲
人民币/澳门元	1.1195	4.00 ▲	人民币/马来西亚林吉特	0.61641	16.30 ▲
人民币/俄罗斯卢布	13.3034	133.00 ▲	人民币/南非兰特	2.5712	101.00 ▲
人民币/韩元	200.06	26.00 ▲	人民币/阿联酋迪拉姆	0.50835	9.70 ▼
人民币/沙特里亚尔	0.51911	9.80 ▲	人民币/匈牙利福林	54.4592	3734.00 ▲
人民币/波兰兹罗提	0.56340	33.10 ▲	人民币/丹麦克朗	1.0033	50.00 ▲
人民币/瑞典克朗	1.5173	54.00 ▲	人民币/挪威克朗	1.5597	44.00 ▲
人民币/土耳其里拉	4.96273	204.30 ▼	人民币/墨西哥比索	2.8527	96.00 ▲
人民币/泰铢	4.6623	35.00 ▼			

图 4-4　中国外汇交易中心公布的人民币汇率中间价

专栏 4-2　人民币汇率中间价

人民币汇率中间价是中国外汇交易中心根据中国人民银行授权，每日计算和发布的人民币对美元等主要外汇币种汇率的中间价。目前，中国外汇交易中心挂牌交易的外国货币包括美元、港元、欧元、日元、英镑、澳大利亚元、新西兰元、新加坡元、瑞士法郎、加拿大元、林吉特、俄罗斯卢布、兰特、韩元、阿联酋迪拉姆、沙特里亚尔、匈牙利福林、波兰兹罗提、丹麦克朗、瑞典克朗、挪威克朗、土耳其里拉、墨西哥比索和泰铢，共计 24 种货币。外汇交易中心对人民币兑 24 种货币的汇率提供中间价报价。

人民币对美元汇率中间价的形成方式为：交易中心于每日银行间外汇市场开盘前向外汇市场做市商询价。外汇市场做市商参考上日银行间外汇市场收盘汇率，综合考虑外汇供求情况以及国际主要货币汇率变化进行报价。交易中心将全部做市商报价作为人民币对美元汇率中间价的计算样本，去掉最高和最低报价后，将剩余做市商报价加权平均，得到当日人民币对美元汇率中间价，权重由交易中心根据报价方在银行间外汇市场的交易量及报价情况等指标综合确定。

人民币对港元汇率中间价由交易中心分别根据当日人民币对美元汇率中间价与上午 9 时国际外汇市场港元对美元汇率套算确定。人民币对欧元、日元、英镑等其他 22 种货币汇率中间价形成方式为：交易中心于每日银行间外汇市场开盘前向银行间外汇市场相应币种的做市商询价，去掉最高和最低报价后，将剩余做市商报价平均，得到当日人民币对欧元、日元等各币种的汇率中间价。其余不在 24 种货币之内的货币兑人民币的汇率，可由国际外汇市场美元交叉汇率计算得出。

资料来源：中国外汇交易中心，http：//www.chinamoney.com.cn/chinese/bkccpr/。

（三）汇率的报价

1. 买入价、卖出价和中间价

根据交易的方向，汇率报价可以分为买入价（Bid Rate）和卖出价（Offer Rate）。买入（卖出）价是指银行或外汇交易商从客户手中买入（卖出）外汇时所使用的汇率。例如，银行报出美元/人民币的买入价为 6.9102，卖出价为 6.9142，意味着银行支付给客户 6.9102 元人民币买入 1 美元，卖给客户 1 美元收取 6.9142 元人民币。外汇卖出价通常高于买入价，两者之间的差价就是银行或交易商的利润来源之一，用于弥补交易成本和承担风险等。中间价（Mid Rate）是买入价和卖出价的平均数，媒体报道上的汇率多为中间价。

2. 远期汇率报价

外汇市场远期汇率的报价有两类，即可以直接报出汇率值，或报出远期汇率与即期汇率的差值（即升/贴水），如表 4-1 最右列所示。表中 USD、CNY、EUR、JPY、HKD 和 GBP 分别代表美元、人民币、欧元、日元、港元和英镑。

在直接标价法下，若外币远期汇率高于即期汇率值，则称外币升水，反之则称为远期贴水。表中显示，美元、欧元、日元、港元对人民币远期都呈现出升值态势，而英镑远期贬值。其中，即期美元兑人民币汇率为 7.1719，一个月远期美元报价为 7.2491，美元远期升水（人民币远期贴水）0.0772。外汇市场将万分之一点称为基点（Basis Point），因此又可表述为：美元对人民币 1 个月远期升水 772BP，英镑对人民币 1 个月远期汇率贴水 167BP。

表 4-1　　　　　　　　　　　即期与远期汇率报价举例

货币对	即期	1 个月远期汇率	1 个月远期升/贴水
USD/CNY	7.1719	7.2491	0.0772
EUR/CNY	7.5061	7.5842	0.0781
100JPY/CNY	4.6921	4.7477	0.0556
HKD/CNY	0.92090	0.93254	0.01164
GBP/CNY	8.9848	8.9681	-0.0167

第二节　外汇衍生品

外汇衍生品是一种金融合约，其价值取决于一种或多种外汇汇率。外汇衍生品包括外汇远期、期货、期权、货币互换等，它们主要用于对冲外汇风险、进行投机或套利活动。外汇衍生品市场为参与者提供了管理汇率波动风险的工具，一方面增加了市场的流动性，另一方面也可能放大市场的波动。

一、外汇远期和外汇期货交易

（一）外汇远期交易

外汇远期交易又称期汇交易，协议双方商定在未来某时间点（交割日），按协议汇率、数量（名义金额）支付或收取外汇。外汇远期交易是国际上常用的避免外汇风险、固定外汇成本的方法，能够满足对外贸易结算、海外投资、外汇借贷或还款等各种外汇保值需求。

在外汇远期交易中，合同双方锁定了未来交易的外汇价格（远期汇率），决定双方盈亏的是到期日的即期参考汇率同约定的远期汇率的关系：若某货币的市场汇率（S_t）高于约定的远期汇率（F），则远期买入该货币的一方获益，而远期卖出方受损，双方可以直接交换约定的货币数量，但更常见的是采用差额进行支付。

【例 4-3】人民币对美元的远期外汇交易差额支付

某进出口集团预计净外汇收入约 5000 万美元，如果人民币对美元汇率升值，则该公司的收入换成人民币将下降，为保护自己免受汇率风险，该公司同银行 A 签订了一个远期出售美元合约，对其美元仓位进行套期保值。双方约定 6 个月后公司按照美元兑人民币汇率 1:7 向银行出售 5000 万美元。试写出 6 个月后市场汇率为 7.2 或 6.9 时，该交易的差额支付方向与金额。

在该例中，公司是美元的远期空方，而银行是美元的远期多方。美元未来升值时，则多方获益，美元贬值则空方获益，因此，在美元市场即期汇率为 6.9 时，银行（多方）将向公司（空方）进行补偿，而当美元市场即期汇率为 7.2，公司（空方）向银行（多方）进行补偿，具体支付如表 4-2 所示。

表 4-2　　　　　　　　　远期外汇交易（公司远期出售美元）

到期时的即期汇率（RMB/USD）St	7.2	7	6.9
即期市场售汇可得人民币收入（A）	5000 万 × 7.2	5000 万 × 7	5000 万 × 6.9
公司远期出售美元的人民币收入（B）	5000 万 × 7	5000 万 × 7	5000 万 × 7
公司的机会收益/损失（B-A）人民币	-5000 万 × 0.2	0	5000 万 × 0.1
净额支付方向	客户付给银行	无净支付	银行付给客户
支付金额	1000 万元人民币	0	500 万元人民币

某些资本市场尚未开放的发展中国家货币往往也采用无本金交割远期外汇（Non-Delivery Forward，简称 NDF）方式。交易双方在到期日不交割货币的本金，而是通过即期汇价和协议远期汇价的差（S_t-F）计算出彼此损益，由亏损方以双方认可的货币币种（通常是可自由兑换的币种如美元）交付收益方。NDF 起源于发展中市场，由于实施外汇管制，境外投资者难以获得该国的货币，但又存在管理该货币汇率波动的风险或进行投机的需要，因此通过场外合约的方式锁定汇率水平。常见的 NDF 品种包括人民币 NDF，韩元 NDF、印度卢比 NDF 等。2005—2015 年，在中国香港或新加坡交易的人民币 NDF 是比较

活跃的 NDF 品种，人们常用 NDF 远期汇率代表境外投资者对某国家货币汇率未来走势的预期。

【例 4-4】人民币 NDF 交易

某总部位于美国的跨国公司甲预期将有一笔价值 3500 万元人民币的利润来自中国，但受到投资和外汇管制限制，无法立刻将其兑换成美元汇出，担心在等待期间人民币大幅贬值；另一家境外公司乙预期将在 6 个月后从中国进口商品，对方要求用人民币报价和结算，而乙目前仅持有美元，担心人民币未来升值。双方通过海外银行的居间撮合，达成如下的 6 个月期人民币 NDF 协议：甲向乙按照 1 美元 = 7 元人民币的远期汇率（出售 3500 万元人民币，购入 500 万美元），6 个月后双方按照香港外汇交易中心公布的 USDCNH，用美元进行差额结算。该协议中，甲是美元的多方，而乙是美元的空方，则未来即期汇率相对约定汇率的走势决定了双方的支付方向，美元升值则甲获利，美元贬值则乙获利（见表 4-3）。

表 4-3　　　　　　　　人民币对美元 NDF 交易示例

到期时的即期汇率（RMB/USD）	7.2	7	6.8
即期：3500 万元等值美元（USD）　（1）	4861111	5000000	5147059
远期：甲收入净额（USD）*　　（2）	+138888	0	-147059
合计：甲可获得美元（1）+（2）	5000000	5000000	5000000
乙获得的等值人民币	35000000	35000000	35000000

*注：+ 为收入，- 为支付。

当即期市场美元升值到 7.2 时，甲公司在即期市场上 3500 万元人民币只能购买 4861111 美元，而远期市场上获得乙公司支付的 138888 美元，合计 500 万美元；当美元贬值到 6.8 时，甲公司虽然可在即期市场换取更多美元，扣除远期市场对乙公司支付的 147059 美元，合计仍是 500 万美元。通过 NDF 交易，远期市场同即期市场上的损益互补，甲公司相当于锁定了 3500 万元人民币能换取的美元数量（500 万美元），而乙则锁定了 500 万美元能换取的人民币数量，双方均达到了避免即期汇率波动风险的目的。

（二）外汇期货

外汇期货合约与远期协议类似，均是在未来约定时段按约定条款买入或卖出标的资产的合约，但与远期交易不同的是，外汇期货合约是在交易所交易的标准化合约，买卖双方在交易时通过公开竞价达成买入或卖出外汇的价格，并以此价格为依据在未来进行交割。

美国芝加哥商品交易所（CME）是全球最大的期货交易场所，主要交易欧元/美元、英镑/美元、澳元/美元、美元/日元期货合约，欧洲期货交易所（Eurex）交易欧元/瑞士法郎、欧元/英镑期货合约，东京金融交易所（TFX）主要交易美元/日元、欧元/日元期货合约。香港交易所 2012 年 9 月推出全球首只人民币可交割货币期货——美元兑人民币期货合约，合约金额为 10 万美元，报价以美元兑人民币计算，保证金以人民币计算，交易费及结算费亦以人民币缴付。

表 4-4 显示了芝加哥商品交易所的美元/日元期货合约的基本情况。

表 4-4　　　　　　　　　芝加哥商品交易所美元/日元期货合约

基本条款	内容
合约规模	12500000 日元
交易时间	周日至周五，芝加哥/中部时间下午 5：00 至次日下午 4：00，每天下午 4：00—5：00 为结算时间（短暂休市）
最小变动价位	0.0000005 美元/日元增幅（6.25 美元/份合约）。以电子方式执行的日元/美元期货货币间价差也为 0.0000005 美元/日元增幅（6.25 美元/份合约）
每日价格波动限制	无
产品代码	CME Globex：6J　CME ClearPort：J1　清算所（Clearing）：J1
上市合约	前 3 个连续月和按 3 月季度周期的 20 个月（3 月、6 月、9 月、12 月）的上市合约
交易终止	合约月份第三个周三之前的第二个营业日（通常是周一）中部时间上午 9：16
结算程序	实物交割，合约到期时，卖方需交付 12500000 日元，买方支付对应美元

资料来源：CME。

外汇期货交易具有以下几个特点：（1）期货合约为标准化合约，交易金额、交割日期、交割地点等条款都由交易所统一规定。（2）交易所场内交易，外汇期货在专门的期货交易所进行交易，交易所作为交易的中介，对交易双方进行监督和管理，降低了信用风险。（3）保证金和逐日结算制度。交易双方在签订期货合约时，需按照交易所的规定缴纳一定比例的保证金，通常是合约价值的 2%—5%。交易所对合约价值变动情况进行盯市制度，每日结算，一旦合约价值发生变动导致保证金账户余额低于维持保证金水平，交易者需要追加保证金，否则可能被强制交易平仓。

相比外汇远期交易，期货交易的价格波动风险更高，因为即便是期末汇率水平符合预期，如果期间出现不利的大幅波动也可能导致交易者巨额亏损从而被迫退出交易；当然，由于有保证金制度和交易所作为中央对手方，期货交易者可以在很大程度上避免场外交易的对手方违约带来的信用风险。

二、外汇期权

外汇期权（Foreign Exhange Options）也称为货币期权，是期权类产品，它赋予期权持有者在未来特定时间内以约定汇率买入（或卖出）一定数量外汇的权利。根据合约赋予权利方的交易方向，外汇期权可以分为认购期权（Call Option，又称看涨期权）和认沽期权（Put Option，又称看跌期权）。

（一）期权的典型特点

期权区别于远期和期货类产品，最明显的特征是：（1）期权权利与义务不对等性。期权的持有方支付期权费而享有权利，却无须承担相应义务；而期权的出售方收取期权费，并在买方选择行权时履行义务。支付费用购买权利的一方被称为期权多方，出售期权的一方则被称为期权空方。（2）风险和收益的不对称性。对期权买方而言，其最大损失是支付的期权费，而收益则可能无限（在汇率朝着有利方向大幅变动时）。对于期权卖方，其收益是固定的期权费，但面临的损失可能是无限的。（3）期权费可视为购买权利的一方支付的保险费，以确保自身不受基础资产价格变动的不利影响。期权费的大小取决于标的资产（外汇）的市场汇率水平、约定的交易汇率、到期期限、市场利率等因素。

（二）外汇期权产品

外汇期权交易类型和品种多种多样，比如根据交易行权的时间限制，还可分为欧式期权（仅在期权到期时才能执行）和美式期权（可在期权到期前的任何时间执行）。金融机构之间以及金融机构和客户之间通过银行间外汇市场进行场外交易，双方可以定制非标准化契约，商定币种、期限、名义金额等相关条款，用以管理和对冲外汇风险；一些金融交易所如芝加哥商品交易所（CME）也有标准化的美元/欧元、美元/日元期权合约，便于不同需求客户管理汇率风险。

【例4-5】进口企业的美元/日元期权交易

某中国进口企业3个月后需支付100万美元货款。当前美元兑人民币汇率为6.4500，企业担心3个月后美元升值，于是买入美元认购期权，执行价格为6.5000，期权费为0.05元人民币/美元。

对于持有认购期权多头的企业而言，每一个单位美元的人民币损益如图4-5所示。当3个月后市场即期汇率低于6.5000时，企业将放弃认购权转而从市场上购买美元现货，企业将损失全部期权费；若市场即期汇率高于6.5000，企业将选择行权，以6.5000的汇率买入美元，企业盈利＝市场汇率－约定汇率－期权费，图中用45度线表示，当市场即期汇率等于6.5500时，企业不盈不亏。

企业相当于以5万元人民币为代价（保险费），避免美元汇率升值超过6.50给企业未来100万美元支付带来的损失风险。

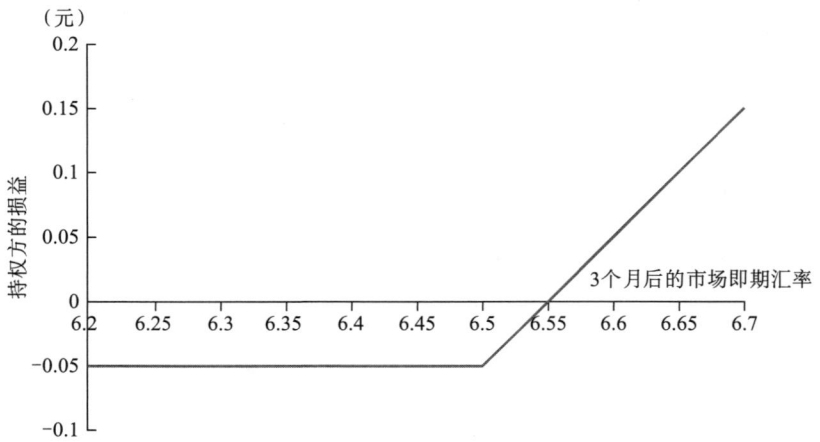

图 4-5 持有认购期权的损益

【例 4-6】出口企业的美元/人民币期权交易

一家中国服装企业预计 3 个月后将收到 300 万美元货款，当前人民币兑美元汇率为 1∶7，该公司担心美元在 3 个月后贬值，于是与银行签订协议，买入一份 3 个月的美元认沽（Put）期权，执行汇率为 1∶6.95，名义金额为 300 万美元，公司支付期权费 0.03 元人民币/美元，即 9 万元人民币。

对于持有认沽期权多头的企业而言，每一个单位美元的人民币损益如图 4-6 所示。当 3 个月后市场即期汇率低于 6.95 时，企业将选择行权，以 6.95 的汇率卖出美元，企业的盈利 = 约定汇率 - 市场汇率 - 期权费，相反，当市场即期汇率高于 6.95 时，企业将放弃行权，损失全部期权费，当市场汇率恰好等于 6.92 时，企业不盈不亏。

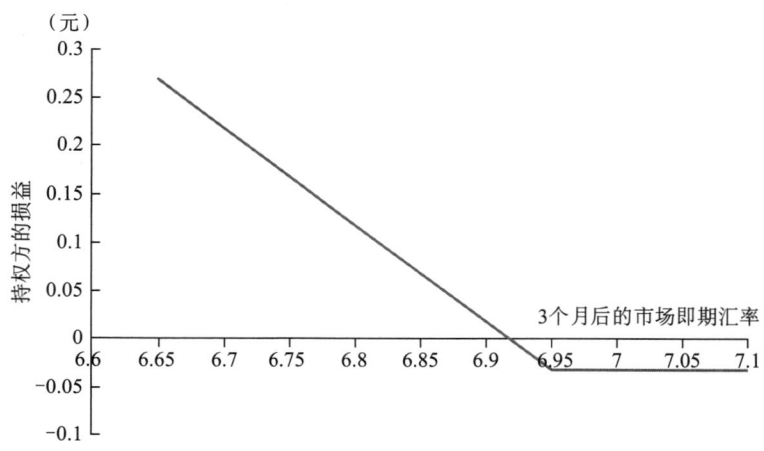

图 4-6 持有认沽期权的损益

期权赋予企业以一定的成本代价避免不利风险变动带来的损失，同时又可以利用有利变化带来的盈利，可谓进可攻，退可守，因而被广泛应用于企业风险管理中。若一家公司预计在未来某一时期需支付一笔外币,且担心届时外币升值,可提前买入一份认购期权以规避风险;反之,若一家公司预计在未来某一时期将收到一笔外币,且担心外币贬值,可提前买入一份认沽期权以规避风险。

三、互换

互换(Swap),是买卖双方在一定时间内交换一系列现金流的合约。在互换交易中,当事人按照事先商定的条件,在约定的时间内,交换基础金融工具的一系列收付款项,就此意义而言,互换可视作一系列远期合约的组合。互换交易具有高度的灵活性,能根据交易双方需求进行定制,被广泛应用于外汇市场上,常见的外汇互换产品包括外汇掉期、货币互换等。

(一)外汇掉期

前述的外汇掉期可视作两笔相同标的外汇金额、不同期限、买卖方向相反的外汇交易的组合,不涉及持有货币期间的利息交换。

外汇掉期为两笔交易:(1)在近端日,双方按照约定的近端汇率交换特定金额的货币;(2)远端日,双方按照约定的远端汇率将货币重新换回。双方在进行掉期时,会设定一种货币的固定名义金额,而交付的另一种货币数量则会跟随汇率发生变动,买入与卖出之间的差价,可视为对承担风险的补偿(或费用)。

【例4-7】人民币外汇掉期业务

某出口企业持有1000万美元现汇资金,并打算继续持有,但其境内采购需要使用人民币支付。企业可以选择办理外币质押人民币贷款业务,3个月期限贷款年化成本约为3.5%。银行为该企业办理3个月期"近结远购"人民币外汇掉期业务,近端企业卖出美元(结汇)汇率6.45,远端企业买入美元(购汇)汇率6.495,如图4-7所示。

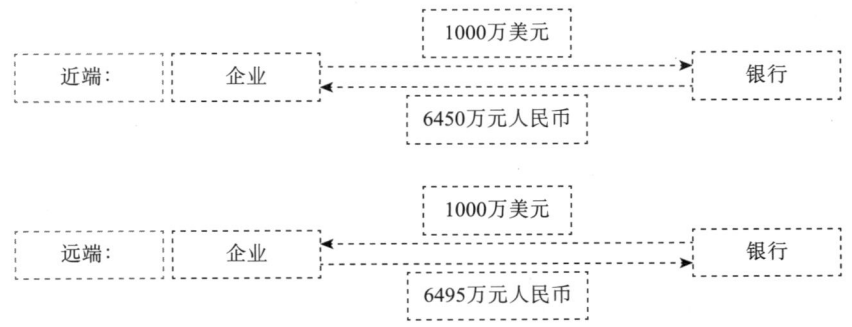

图4-7 企业"近结远购"美元掉期交易

资料来源:国家外汇管理局《企业汇率风险管理指引》(2024年版)。

通过该笔交易，企业实际支付的人民币利息成本为 45 万元人民币，按照 1000 万美元本金折合人民币 6450 万元计算，其 3 个月的利息折算为年化成本为 2.8%，远低于外币质押人民币贷款业务成本。

可见，外汇掉期交易，既给企业更多空间和时间管理汇率风险，也能有效节约资金成本。

（二）货币互换

货币互换（Currency Swap）是指交易双方同意在合约规定的特定或一系列时点交换不同货币现金流的金融安排。例如，将美元浮动贷款利息与人民币固定利率的利息进行交换的金融合约就是一个简单的货币互换，参见例 4-8。

【例 4-8】利用货币互换管理外币利息支付

某企业借入 6 个月期限的 1000 万美元外币贷款，按季付息，利率类型为 3 个月 SOFR（担保隔夜融资利率，Secured Overnight Financing Rate）浮动利率，计划未来使用外汇收入归还贷款本金。在业务中，企业面临的风险是美元贷款利息的人民币购汇成本受汇率和 SOFR 利率上升影响而增加。

企业与银行签订了期限为 6 个月、按季度交换利息的人民币外汇货币掉期合约，近远端均不交换本金。存续期内，企业每季度按 3 个月 SOFR 从银行收取美元利息，用于偿还外币贷款利息，同时按年化固定利率 2.5% 向银行支付人民币利息，此时企业可以锁定美元贷款的人民币利息支出成本，不受利率和汇率变动影响（见图 4-8）。

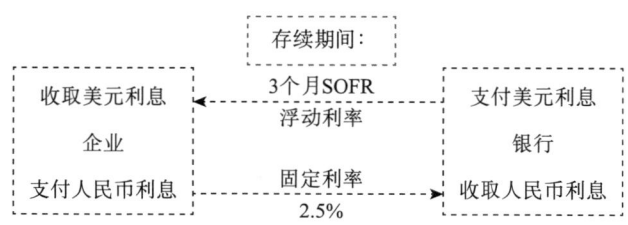

图 4-8 货币互换管理利息支付

最后，我们总结一下外汇衍生品的特征和适用对象（见表 4-5）。

表 4-5 外汇衍生品的特征和适用对象

外汇衍生品	特征	适用对象
外汇远期	结构简单、契约灵活、流动性差	进出口企业、希望完全规避外汇风险的保守性企业
外汇期货	标准化合约、交易门槛高、流动性强、需要保证金	金融机构、资金雄厚的大型国际企业

续表

外汇衍生品	特征	适用对象
外汇掉期	交易本身可覆盖外汇风险	收支具有时间规律性的国际企业 可与投融资业务结合
外汇期权	灵活的损益特征，可以通过组合构造满足各种需求，需要支付期权费用	可以灵活满足避险需求，可以作为投机工具，专业性较强的企业
外汇互换	灵活，可结合利率风险管理	有较为规律的现金流，可与投融资业务相结合

本章小结

1. 外汇市场是进行外汇买卖的交易场所或网络，是外汇供给者、需求者以及买卖外汇的中介机构构成的交易系统。

2. 外汇市场参与者包括以外汇银行为主的金融类机构、参与国际经贸和资金往来的企业和个人、投机者以及中央银行等政府机构。

3. 外汇市场是场外交易市场，可分为银行等金融机构、大型企业进行交易的批发市场（银行间外汇市场）和面向中小企业和个人客户的外汇零售市场，市场汇率主要由银行间外汇市场交易决定。

4. 外汇交易类型分为即期交易、远期交易以及掉期交易。

5. 外汇即期交易是指买卖双方在达成交易后的两个工作日内完成资金交割的外汇交易。

6. 外汇远期交易是指双方约定在未来某一个确定的时间，按照某一确定的价格买卖一定数量外汇的交易方式。相关的远期合约是场外交易的非标准化合约。

7. 外汇远期交易可以采用实物（全额）交割和现金（差额）交割的方式，前者到期时需要双方交付对应的货币，而后者仅需要交易亏损方向盈利方进行支付，金额为名义本金乘以约定远期汇率与参考市场汇率之间的差。

8. 外汇掉期交易是指交易双方在约定的某时期T1以货币A交换一定数量的货币B，并以约定价格在未来约定的日期T2以货币B反向交换同样数量的货币A，涉及近端汇率和远端汇率两个约定汇率，两者间的差值称为掉期点。

9. 名义汇率是在外汇市场上公布的、未考虑通货膨胀因素的汇率，它是外汇交易中实际使用的汇率。

10. 实际汇率（真实汇率）是在名义汇率基础上考虑了物价因素的比值，表示为

$q_{i,j} = E_{i,j} \times \dfrac{P_j}{P_i}$，其中，$E_{i,j}$ 代表两国之间名义汇率水平，P_i 和 P_j 代表两国的总体物价水平，即实际汇率反映用同一种货币度量的两国价格水平之比。

11. 市场汇率是指在外汇市场上由供求关系决定的汇率，它随着市场上外汇的买卖需求而不断波动；官定汇率是由政府货币管理当局（如中央银行）规定的汇率，常见于实施某种固定汇率制度的国家，或外汇管制较严格的国家。

12. 按外汇交易价格形成的场所划分，汇率可分为在货币发行地外汇市场形成的在岸汇率和离岸市场交易形成的离岸汇率。例如，在我国银行间外汇市场交易的人民币对外币汇率即为人民币在岸汇率，而在中国香港、新加坡或伦敦等地交易的人民币对外币汇率即为离岸人民币汇率。

13. 双边汇率是指两种货币之间的比价关系，有效汇率又称为一篮子汇率，是将本国货币与多个主要贸易伙伴国的货币汇率根据一定的权重进行加权平均计算得出的汇率，能综合反映本国货币在国际经济中的总体竞争力和相对价值。

14. 汇率标价法包括直接标价法、间接标价法和美元标价法。直接标价法以外币为被标价单位，表示为单位外币折合为多少本币；间接标价法以本币为被标价货币，表示为单位本币可以折合成多少外币；美元标价法以美元为被标价货币，表示为单位美元可以折合成多少其他货币。

15. 人民币汇率中间价指中国外汇交易中心根据中国人民银行授权，每日计算和发布的人民币对美元等主要外汇币种汇率的中间价。

16. 汇率的报价分为买入价、卖出价和中间价。

17. 外汇市场远期汇率的报价有两类，即可以直接报出汇率值，或报出远期汇率与即期汇率的差值（即升/贴水）。

18. 外汇衍生品是一种金融合约，其价值取决于一种或多种外汇汇率，外汇衍生品工具包括外汇远期、期货、期权、货币互换等，它们主要用于对冲外汇风险、进行投机或套利活动。

19. 外汇远期交易又称期汇交易，协议双方商定在未来某时间点（交割日），按协议汇率、数量（名义金额）支付或收取外汇。

20. 外汇期货合约是在交易所交易的标准化合约，买卖双方在交易时通过公开竞价达成买入或卖出外汇的价格，并以此价格为依据在未来进行交割。

21. 外汇期货合约为场内交易的标准化合约，交易有严格的保证金和逐日结算制度。

22. 外汇期权也称为货币期权，赋予期权持有者在未来特定时间内以约定汇率买入（或卖出）一定数量外汇的权利。根据合约赋予权利方的交易方向，外汇期权可以分为买入期权（认购期权）和卖出期权（认沽期权）。

23. 期权的特征是：期权的买入方（持有方）拥有决定是否交易的权利而卖出者仅有义务，双方风险和收益不对称，买入方支付的期权费可视作为保证自身不受基础资产价格变动不利影响而支付的保险。

24. 货币互换是指交易双方同意在合约规定的一系列时点交换一定的现金流，以不同货币计算和支付。货币互换涉及本金在期初和期末的交换，以及期间利息的交换。

关键术语

外汇批发市场	外汇零售市场	即期外汇交易	即期汇率	远期外汇交易
远期汇率	实物交割	现金交割	掉期点	外汇掉期交易
名义汇率	实际汇率	双边汇率	有效汇率	在岸汇率
离岸汇率	市场汇率	官定汇率	直接标价法	间接标价法
美元标价法	买入卖出价	汇率中间价	外汇升贴水	外汇期货合约
外汇期权	认购期权	认沽期权	期权费	货币互换

思考与讨论

1. 查找报告和数据资料，了解全球外汇衍生品市场的发展现状和近年来的趋势。

2. 查看网站资料信息，熟悉人民币汇率的相关报价和表示方式，查看中国对美元、日元、欧元等的双边汇率，以及名义有效汇率和实际有效汇率走势，谈谈你认为过去的一年人民币整体是升值还是贬值，过去十年呢？

3. 什么是外汇期货？查找国际主要期货交易所的外汇期货信息，如果想要对冲人民币对美元的汇率风险，有哪些标准化合约可以选择？

4. 简要评述外汇远期交易和外汇期货交易的差异，对小型国际企业而言，哪种交易方式更适合？

5. 一家美国企业预计在6个月后需要支付100万欧元的货款。当前欧元兑美元的即期汇率为1 欧元 = 1.10 美元，银行报价6个月远期汇率为1 欧元 = 1.16 美元。

（1）如果该企业选择同银行进行远期外汇交易，写出相关远期交易合约条款。

（2）若6个月后市场即期汇率变为1 欧元 = 1.200 美元，画图说明在全额交割和差额交割情境下，该企业的支付情况。

（3）若6个月后市场即期汇率变为1 欧元 = 1.156 美元，画图说明在全额交割和差额交割情境下，该企业的支付情况。

6. 日本一家出口企业预计在 3 个月后将收到 200 万美元的货款。当前美元兑日元即期汇率为 1 美元 = 118 日元，3 个月远期汇率为 1 美元 = 120 日元。

（1）为避免汇率变动风险，企业应如何进行远期交易？

（2）若 3 个月后市场即期汇率变为 1 美元 = 116 日元，画图说明在全额交割和差额交割情境下，该企业的支付情况。

（3）若 3 个月后市场即期汇率变为 1 美元 = 121 日元，画图说明在全额交割和差额交割情境下，该企业的支付情况。

7. 假设你是一家中资移动通讯设备企业的财务主管，公司已经在美国建厂并获得较高美元收入，并计划在日本和欧洲投资兴建新的制造工厂，请查找有关美元/日元，美元/欧元的外汇期货和期权产品的标准化合约，如果拟投资规模为 2 亿美元，则可采用哪些交易方式，避免美元对欧元、对日元的贬值风险？

8. 假设你是一家金融机构的国际业务部门，面对上述中资企业外币投资的避险需求，你可以开发出哪些合约帮助对方避免汇率大幅变动风险？如果后续投资建厂，机构还可以提供哪些外汇风险管理服务？

参考阅读

1. ［美］约翰·赫尔. 期权、期货及其他衍生品（第 11 版）[M]. 北京：机械工业出版社，2023. 该书涵盖了期权、期货和其他衍生品的基本概念、定价理论和实际应用等内容，是金融从业者和学习者的重要参考书籍。

2. 中国人民银行上海总部外汇管理部.《外汇市场与外汇交易》，详细介绍外汇市场的基本概念、运行机制、交易产品等内容，结合中国外汇市场的实际情况，深入讲解了各类外汇交易的操作流程和风险管理方法，具有很强的实用性和针对性。

3. ［美］贾雷德·马丁内斯. 外汇交易进阶（第二版）[M]. 北京：机械工业出版社，2016.

网络资源

读者可从下列网络信息来源，了解国际外汇市场相关信息。

1. 中国外汇交易中心（全国银行间同业拆借中心）

官网：www.chinamoney.com.cn

2. 国际主要外汇衍生工具交易所和交易平台

名称	官网	代表性品种
洲际交易所（ICE）	https://www.theice.com/	欧元兑美元、英镑兑美元等主要货币对的期货和期权，美元指数期货等
芝加哥商业交易所集团（CME Group）	https://www.cmegroup.com/	欧元/美元、日元/美元、英镑/美元等货币对期货与期权
欧洲期货交易所（Eurex）	https://www.eurex.com/ex-en/	欧元兑瑞士法郎等期货
新加坡交易所（SGX）	https://www.sgx.com/	新兴市场货币期货，如人民币/美元期货
东京金融交易所（TFX）	https://www.tfx.co.jp/	日元相关的外汇衍生品
香港交易及结算所有限公司（HKEX）	https://www.hkex.com.hk/	美元兑人民币期货
EBS（电子经纪服务）	https://www.ebs.com/	外汇即期、远期、外汇掉期、外汇期权等
汤森路透（现路孚特 Refinitiv）	https://www.refinitiv.com/	外汇即期、远期、外汇掉期、外汇期权等

第五章 汇率决定与预测

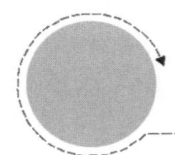

学习目标

学完本章后,你将能够:
➢ 掌握外汇市场供求与均衡汇率的分析框架
➢ 阐述购买力平价的原理,并运用其分析长期汇率走势
➢ 阐述利率平价的原理,并运用其分析短期汇率走势
➢ 分析影响汇率的主要因素
➢ 了解预测汇率变动的主要方法

本章概览

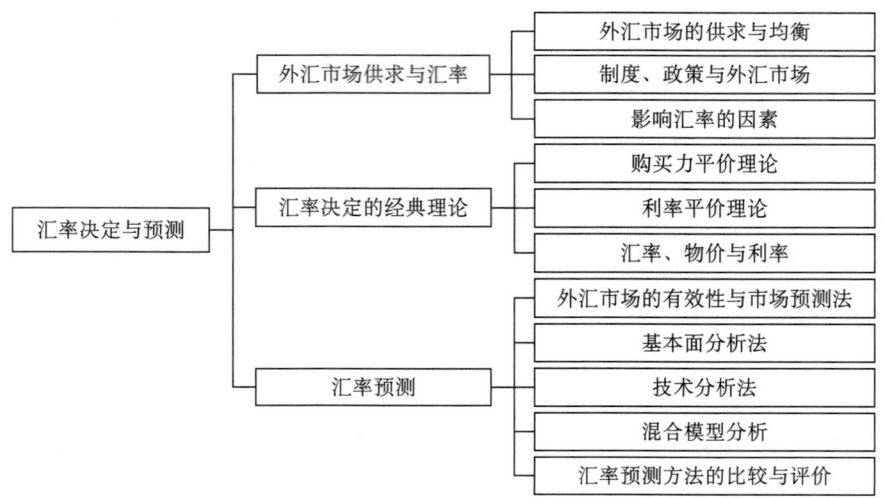

第五章 汇率决定与预测

汇率是由外汇市场供给和需求的相互作用决定的，诸如经济、政治、外交等各种因素的变化，都会影响汇率的变化，而一国的汇率制度和外汇政策也直接作用于外汇市场。本章我们用外汇供求分析方法探讨国际收支、资本流动、各项政策因素对汇率变化的影响，随后介绍经典的汇率决定理论、有关汇率变动的长期和短期分析，结合外汇市场的交易行为，探讨各类汇率预测方法，为下一章汇率风险管理提供基础。

第一节 外汇市场供求与汇率

主要国际货币如美元、欧元、日元等均采用浮动汇率制度，其汇率由外汇市场的交易形成。因此，我们首先从外汇市场的供求入手探讨汇率的微观决定机制。

一、外汇市场的供求与均衡

我们使用外汇的供求曲线来描绘外汇市场上对外币的供给和需求数量同汇率之间的关系，如图5-1所示，横轴是对外币（此处假定为美元）的需求或供给的数量，纵轴表示外币对本币（美元对人民币）的汇率，即1单位美元的人民币价格。

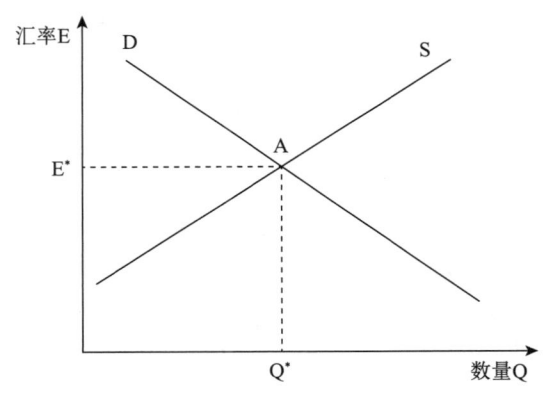

图5-1 外汇市场的供求

（一）外汇市场供求与均衡

1. 外汇需求

如果不考虑一国货币当局的影响，在任一时点对某一外币的需求主要涉及对外支付，如贸易和投资项下的外币支付、对海外转移支付和支付报酬引发的外汇需求等,还包括由货币套期保值或投机引发的需求。例如,中国的进口商从美国进口商品,或从沙特阿拉伯购买石油,均需要使用美元;中国企业到海外投资需要外币、境内的借款人偿还美元贷款或支付利息股息等,也将产生对美元的需求。

对外汇的需求同汇率密切相关。当美元汇率上升时,其他条件不变,用美元标价的外国商品、服务和对外投资用人民币衡量变得更贵,于是人们可能减少进口或对外投资,从而减少对外币的需求。在图5-1中,我们使用向右下方倾斜的直线D来刻画外汇需求同外币汇率的反向关系,即外币汇率越高,对外币的需求越低。

2. 外汇供给

如果不考虑一国货币当局的影响,在任一时点对某一外币的供给来源包括:本国出口商将所获得的外币兑换成本币;外资流入产生外汇供给,比如外国企业在中国新建或收购中国企业、外国投资于本国证券市场、外资金融机构或国际组织对中国提供外币贷款等,这些资金需要换成人民币才能在境内使用,因而外资流入行为会产生外汇供给。

外汇的供给同汇率密切相关,当外币价格上涨时,其他条件不变,外国的货币购买力更高,外国将增加从该国的进口和对该国的投资,即资本会流入,相应产生更多的外汇供给。在图5-1中,我们使用向右上方倾斜的直线S来刻画外汇供给同外币汇率的正向关系,即外币汇率越高,对外币的供给越多。

3. 市场的均衡

在浮动汇率制度下,市场汇率水平是由外汇市场的供求平衡决定的。在图5-1中,供给和需求曲线的交点为A,对应的汇率为E^*,此时供给和需求相等,汇率E^*便是均衡的汇率水平。

一国的国际收支状况会影响外汇市场的均衡。国际收支顺差意味着一定时期内该国的外币收入大于支出。由于外汇收入对应着外汇供给,而外汇支出产生外汇需求,顺差意味着在当前的汇率水平下,该时期的外汇供给大于外汇需求,市场供求力量将推动本币升值。由此,在传统的汇率分析中,人们非常关注国际收支特别是贸易收支的情况,外汇市场上的交易者也往往将一国的贸易顺差或逆差状况作为观察汇率变动的关键指标之一。

(二) 影响外汇供求的经济因素

外币供求曲线的变化,会引起市场均衡汇率的变化。我们用简化的描述式概括影响即期汇率e的主要经济因素。

$$e = f(\Delta P, \Delta i, \Delta Y, \Delta f, \cdots) \tag{5-1}$$

其中，e 表示即期汇率变动百分比；ΔP 表示物价因素，如本国和外国的通货膨胀变化差异；Δi 表示本国和外国的利率变化差异；Δf 表示未来汇率变化。

1. 物价和相对通货膨胀率

当一国物价和工资水平相比其他国家处于较高水平，或该国的物价上涨比较快，则外国人会减少对该国商品、服务的需求，或减少在该国的投资（因为成本较高），而该国会增加对其他国家商品和服务的购买或增加对它国的投资，则该国的外汇收入减少而外汇支出增加，该国汇率将产生贬值压力。图 5-2 中，如果美国的物价突然大幅上升而中国的物价保持不变，对美元的需求将减少（需求曲线向左移动），而对人民币的需求（对应着美元的供给）将增加（美元供给曲线向右移动），则外汇市场上美元对人民币将贬值。我们将在下一节详细探讨反映物价和汇率关系的购买力平价理论。

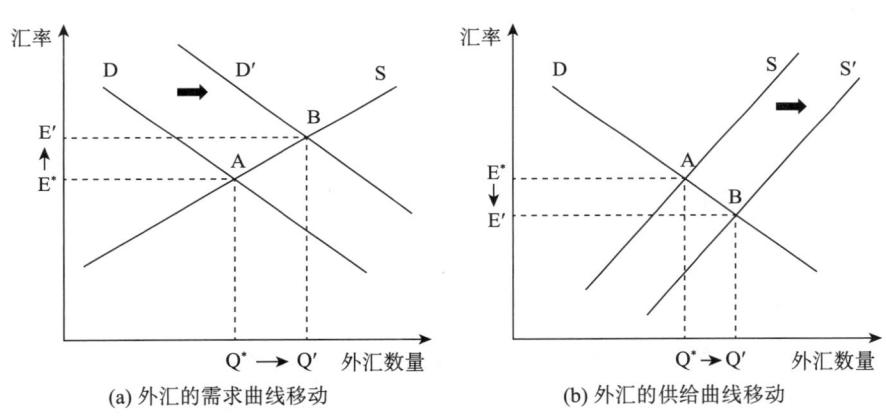

(a) 外汇的需求曲线移动　　(b) 外汇的供给曲线移动

图 5-2　外汇市场的供求变动与汇率

2. 利率和资产预期收益率

利率是货币资金的价格，利率的高低直接影响资金的供求关系的变化。假定一开始外币供求和汇率处于均衡状态，随后本国利率上升而外国利率不变。此时，本国存款收益的增加会刺激外国资金流入，则对外币的供给增加（S 向右移动）而对外币的需求下降（D 向左移动），最终均衡时外币币值下降。同理，投资者也会对比一国和世界其他国家的股票、债券或房地产等资产的预期收益率进行全球的资产配置。当一国的预期资产收益率提高时，会吸引海外资金流入该国，推动该国汇率当期升值。我们将在下一节详细探讨反映利率和汇率关系的利率平价理论。

3. 相对收入水平

收入水平主要影响一国的进口需求，因此其变化也会影响汇率变化。假定一开始外币供求和汇率处于均衡状态，随后本国收入水平大幅上升而外国收入水平保持不变，此时本国进口需求将增加，D 曲线右移，均衡的汇率水平上升。意味着本国收入增加带来的贸易进口增加将使外币升值，本币贬值。

4. 预期因素与短期资本流动

人们对各种信息的预期和态度直接影响外汇供求。外汇市场上存在大量的投机资金，凭借对未来的预期进行交易。这部分资金对经济基本面、政策面等信息高度敏感，往往具有自我实现和自我强化的特点，其规模远超贸易和长期投资等基础交易引发的资本流动，使得外汇供求的转化难以预测。

例如，外汇市场的参与者普遍预期某种货币将要走强，于是大量购进该货币进行投机，导致该货币的需求增加而供给减少，汇率随之上升；相反，当人们预期未来外币会贬值时，将在即期市场抛售该货币（供给线 S 右移），最终导致均衡的外币汇率下跌，完成"预期的自我实现"。随着信息技术的发展，各种信息、新闻和传闻转瞬间就会引发人们的心理变化，带来大规模的外汇资金转移。因此，预期对短期汇率的影响是不可忽视的。

二、制度、政策与外汇市场

一国的汇率制度和政策可能影响外汇的供给和需求曲线。在自由浮动汇率制度下，政府不干预外汇市场，均衡汇率水平由外汇市场的供给和需求决定，在固定汇率制度下，政府固定本币与外币的兑换价格，并通过严格的外汇市场干预来实现汇率的稳定①。

（一）汇率制度与汇率决定

图 5-3 简要对比了固定汇率制度和浮动汇率制度下外汇市场的均衡。左边的图（a）描绘了自由浮动汇率制度下的均衡，外汇供求曲线分别是 S 和 D，市场在 O 点达到均衡，均衡汇率水平为 E_m^*。

图（b）是固定汇率制度下的外汇供求，官方设定固定汇率水平为 Eg，假定官方设定的外币汇率水平高于自由市场汇率水平，即 $Eg > Em^*$。按照 Eg 这一官方汇率水平，单位外币可以比市场汇率换取更多的本币，本币的商品、资产等显得相对便宜，外国对本国的商品、服务需求和资产投资需求均较高，此时外汇的供给为 $Q2$，而外汇的需求为 $Q1$，外汇市场出现供过于求的现象，本币有升值的压力。

---

① 在完全固定汇率制度和完全浮动汇率制度之间，还存在很多其他的汇率制度安排，感兴趣的读者请参见思考和讨论中的介绍。

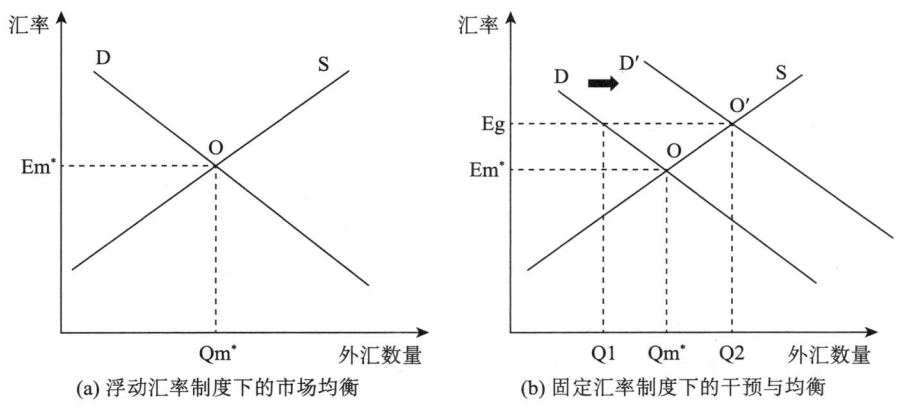

图 5-3 浮动汇率与固定汇率制度下的汇率

政府要维持 Eg 的汇率水平，可以通过多种措施改变外汇供求曲线的位置。图 5-3 中显示了其中一种方式，即政府（中央银行）按照固定的官方价格 Eg 直接在外汇市场购买数量为（Q2－Q1）的外汇，外汇需求曲线 D 向右平移到 D′，外汇市场的需求和供给总量在 Eg 水平上重新均衡。

政府对外汇市场进行干预的主要形式，除了直接在外汇市场进行外汇买卖外，还包括通过宣告或者其他暗示的方式影响市场心理预期，或者与其他国家联合进行干预。最为典型的案例是 1985 年"广场协议"，以美国和日本为首的西方国家联手干预日元和美元汇率，使日元升值；在 1997 年和 1998 年东亚金融危机中，中国香港特别行政区金融管理局也几度出售干预外汇市场，稳定港币汇率，等等。此外，一国政府还可能通过调整国内货币和财政政策间接影响外汇供求。

（二）影响外汇供求的其他政策手段

除外汇干预外，贸易政策、资本流动管制政策以及各种宏观经济政策均可能影响外汇供求。

使外汇需求曲线移动的政策包括：以税收、进口检验和流通环节影响进口，政府直接增减国外采购的数量、限制或者放宽人员流动；限制或放松本国居民对外投资的方式、规模和渠道等；对资本流出征收高额的资本税等。

使供给曲线移动的政策包括：以各种税收和补贴措施影响出口，限制或鼓励外国居民对本国商品和服务的需求，限制或放松外国对本国的投资方式、规模和渠道等。

各国的经济政策和国家间政策协调与冲突也会影响外汇市场。例如，一国宽松的货币政策可能导致外汇市场上本币供过于求，引起本币贬值，或者导致本国的利率下降触发资金外流；而财政税收政策可能引起投资建厂的成本变化；贸易政策将影响一国的贸易竞争状况和相应的贸易收支,等等。

三、影响汇率的因素

概括起来,在其他条件不变的情况下,引起对一国货币需求增加的事项可能引发该国汇率升值,而引起对该国货币供给增加的事项可能引发其汇率贬值。除了前文提到的国际收支差额、物价、利率、市场预期,以及政府制度、政策等因素外,国际政治、外交军事等因素也会对汇率产生影响。近年来比较典型的事件是2016年6月23日英国举行"脱欧"全民公投,当天英镑对美元汇率最大跌幅达到10%;2022年俄乌冲突爆发后,俄罗斯卢布对美元汇率从82∶1大幅一度跌到150∶1,等等。

影响汇率的因素众多,表5-1概括了一些关键性的因素。有些因素的影响是长期的,比如物价、通货膨胀、贸易情况等;有些因素的影响是短期的,比如利率的短期变动或者某些事件冲击。而且上述因素彼此之间可能相互影响,从而使汇率分析变得更加复杂。例如,美国通货膨胀的上升可能导致美联储采取紧缩性的货币政策,从而带动利率上升。如果单从物价变化看,通货膨胀上升主要影响贸易收支,降低美元的吸引力;利率上升则可能使美国的存款变得有吸引力,引起资金流入;而投资者对美国未来的通货膨胀率产生了分歧,部分投资者认为通胀还会进一步上升,因而会损害美元的吸引力,部分投资者则认为通货膨胀率得到控制,美元将进一步上扬。市场上同时存在美元看上涨和下跌的预期,使得美元汇率的变动更加难以预测。

表5-1　　　　　　　　　　　影响汇率的主要因素

	市场因素(关键变量)	制度与政策因素	其他
两国	产出(收入)	汇率制度	
	物价(通货膨胀)	外汇干预	
	利率(资产收益率)	贸易投资和资本管制政策	
	交易行为和预期	宏观经济政策	
国际因素	国际收支状况	国际协调	政治、军事、自然因素等

总之,外汇供求分析框架有助于我们理解某特定冲击对汇率的影响,但交易主体的多样性、交易预期行为的复杂性使得汇率的变动难以预测。经济学家试图抓住影响汇率变动的最主要因素,由此形成了一些经典的汇率决定理论模型。

第二节 汇率决定的经典理论

汇率决定理论试图探寻外汇供求背后的核心影响因素，确定均衡的汇率水平。经典的汇率决定理论包括购买力平价理论和利率平价理论，前者将汇率的中长期变动同货币的购买力联系在一起，而后者更关注利率对短期汇率的影响。

一、购买力平价理论

购买力平价理论（Theory of Purchasing Power Parity，以下简称 PPP）可谓是历史最悠久的汇率决定理论，其渊源可追溯到 16 世纪的铸币平价学说[①]，瑞典学者卡塞尔于 1922 年对其进行了系统阐述。

购买力平价理论的核心思想是：一国货币的价值是由该货币在一国能买到的商品和劳务的量（即货币购买力）决定的，不同货币之间的兑换率取决于货币购买力之比，汇率的变动取决于货币购买力的相对变动。

（一）绝对购买力平价

绝对购买力平价理论（Absolute Form of PPP）认为：在某一时点，两种货币之间的汇率水平取决于两国总体物价水平的比，一国相对于外国的物价水平越高，意味着该国单位货币的购买力越低，则该国的币值越低。

我们从货币的基本职能出发，探询购买力平价的内在逻辑。货币具有价值尺度职能，假定一篮子商品价格为 1000 元人民币，那么 1 单位人民币的购买力是 1/1000 个篮子商品。如果 1 单位外国货币能购买 2/1000 个篮子商品，则单位外币对本币的兑换比例应为 2，即 1 单位外币相当于 2 单位本币的购买力。

用 P 表示本国一篮子商品的本币价格，用 P^* 表示外国一篮子商品的外币价格，采用一篮子商品作为参照物，则直接标价法下，外国和本国货币的购买力平价（E^{PPP}）关系可

---

① 金本位制度下，各国铸币的兑换关系由其铸币的含金量决定，两国的单位货币含金量之比称为铸币平价，两国的汇率将在铸币平价加减黄金运费之间波动。

以写作：

$$E^{PPP} = \frac{1/P^*}{1/P} = \frac{P}{P^*} \qquad (5-2)$$

如果市场上的汇率水平不符合购买力平价水平，会怎样呢？假定不存在交易限制，此时会出现商品套利。假设名义汇率为1.5，而E^{PPP}为2，外币的名义汇率低于均衡的利率（外币低估而本币高估），人们更愿意把本国货币按照1.5的汇率兑换成外国货币并购买外国的商品和劳务，此时外汇市场上的外币需求将增加，同时两国商品的相对价格也可能变化，即外国商品需求增加而价格上涨，本国商品需求减少而价格下跌。最后当外汇市场供求相等时，汇率水平将稳定在购买力平价水平上。

实践中，计算绝对购买力平价需要掌握各国的一篮子商品和服务的绝对价格水平，并处理各国商品、服务篮子的可比性问题。因此，该工作往往由大型的国际机构如世界银行、经济合作与发展组织（OECD）进行。OECD数据①显示，2022年1美元购买力等价于4.022元人民币，而2000年1美元购买力等价于2.719元人民币，过去20多年人民币的购买力虽然相对美元有所下降，但相比2022年底1美元兑换6.72元人民币的市场汇率来看，人民币购买力平价汇率仍是远远高出市场利率。

国际金融机构还运用购买力平价方法计算各国的经济总量，详见附录5-1。

（二）相对购买力平价理论

相对购买力平价理论描述了汇率与两国总体物价水平变动之间的关系，即物价水平变动会引起汇率变动，两国货币的汇率将根据两国物价的变动进行相应调整。

如果用$\dot{e}_t$表示汇率在t时刻相对于$t-1$时刻的变动率，即$\dot{e}_t = \frac{E_t}{E_{t-1}} - 1$，用$\pi_t$和$\pi_t^*$表示两国的通货膨胀率$\left(\text{即 } \pi_t = \frac{P_t}{P_{t-1}} - 1, \pi_t^* = \frac{P_t^*}{P_{t-1}^*} - 1\right)$，公式（5-2）可以推导出如下的近似式：

$$\dot{e}_t \approx \pi_t - \pi_t^* \qquad (5-3)$$

公式（5-3）即是相对购买力平价，一国与另一国货币的比价变化，取决于两国的通货膨胀率之差。当一国通货膨胀率高于他国时，该国货币相对其他国家贬值。

相对购买力平价只需根据各国定期公布的通货膨胀指标即可快速估计汇率变动率，应用较为广泛。例如，A国在过去两年里物价上涨了约10%，而B国在该阶段物价上涨了

---

① https://data.oecd.org/conversion/purchasing-power-parities-ppp.htm.

6%，则根据相对购买力平价原理，B 国的货币对 A 国应该升值约 4%（10% − 6%）。

（三）一价定律与购买力平价

一些经济学家认为，购买力平价是商品贸易"一价定律"的结果。一价定律（Law of One Price）是指，在自由贸易和无交易成本条件下，私人的套利活动将使得以同一货币衡量的不同国家的商品价格一致。

如果用 E 表示汇率（直接标价法）；P_i 和 P_i^* 表示商品 i 的本国和外国货币价格，则一价定律意味着 $P_i = EP_i^*$。如果等式不成立，则国家间的价格差会引发商品套利活动，人们会从价格相对较低的地方购买该商品并到高价区卖出，获得无风险的利润。套利者在不同区域进行商品贸易，会使供需关系发生变化，并最终使价格趋向一致。

若两国的总体物价 P 和 P^* 中单个商品 i 采取相同的权重 ω_i，并且套利均衡对所有商品成立，那么必然有：

$$\sum_{i=1}^{n} \omega_i P_i = E \sum_{i=1}^{n} \omega_i P_i^* \rightarrow P = EP^*$$

从外汇市场供求看，当达到跨国套利均衡时，不再会有贸易产生的新增外汇供求，此时汇率将实现均衡，$E = P/P^*$，该汇率水平便是使贸易收支均衡的汇率水平。

当然，一价定律并非购买力平价的充分条件。在商品市场上存在着可贸易品和不可贸易品的差异，而各国由于消费习惯和资源禀赋不同，总体物价水平中单个商品权重也可能不同；此外，"一价定律"本身也具有很大的局限性，如商品的交易成本、关税、运输成本、配额等均可能使"一价定律"发生偏差。

二、利率平价理论

利率是货币的跨期价格，如果没有资本管制，受利息差驱动的资本流动将主导外汇的供给和需求，同时也影响货币市场的利率变化，当资本流动达到均衡时，两国的外汇市场和货币市场也达到均衡，由此确定的汇率水平同利率水平之间的关系，被称为利率平价（Interest Rate Parity）[①]。

（一）利率平价的基本表达式

利率平价理论关注货币市场，其基本逻辑是：资本自由流动前提下，理性投资者将通

---

① 利率平价理论最早出现于 20 世纪 20 年代，凯恩斯是古典利率平价理论的主要代表，而真正完成古典利率平价理论体系，并为现代利率平价理论开辟了新的道路的是英国经济学家保罗·爱因齐格。此后，又有众多的经济学家如 J. 比尔森、J. 弗兰克尔等对利率平价理论加以发展与补充，使之更趋完善。

过比较持有本国和外国货币的收益决定投资策略,由此产生对外币或本币的相对供求,决定汇率的变动。

利率平价理论有两个版本,对应于不同的投资策略和市场假设。用 E_t 表示 t 期的即期汇率,F 表示远期汇率(均为直接标价法),ρ 表示外币远期升贴水率,i 表示本国利率,i^* 表示外国的货币利率,E^e 表示预期汇率水平,$\dot{E}^e$ 表示预期的汇率变动率。

抵补的利率平价(Covered Interest Rate Parity,简称 CIRP)指出:一国汇率的远期升贴水率 ρ 取决于两国货币的利差,本国利率高于外国利率时,外币远期升水,而外国利率高于本国利率时,外币远期贴水。

用公式表达为:

$$\rho = \frac{F - E}{E} = i - i^* \tag{5-4}$$

非抵补的利率平价(Uncovered Interest Rate Parity,简称 UIRP)指出:一国汇率的预期变动率取决于两国货币的利差,本国利率高于外国利率时,外币预期升值,而外国利率高于本国利率时,外币预期贬值。

用公式表达为:

$$\dot{E}^e = \frac{E^e - E}{E} = i - i^* \tag{5-5}$$

如果抵补和非抵补利率平价同时成立,此时远期汇率等于预期的未来即期汇率,远期升贴水率等于预期汇率变动率,即 $\rho = \dot{E}^e$。这恰好符合有效市场假说,即远期汇率是未来即期汇率的无偏估计值,人们的预期是理性预期,即:

$$\rho = \dot{E}^e = \frac{E^e - E}{E} = i - i^* \tag{5-6}$$

(二) 投资决策与利率平价

我们从货币市场的投资决策着手,了解利率平价的内在机制。投资者进行跨国货币投资时,通常要考虑该投资带来的预期收益和风险。假设没有资本流动和货币兑换的限制,各国货币资产在使用上可以完全替代,且投资者风险中立,意味着投资者只关心持有不同货币的收益率。

考虑一定时期(以一年计算)内 A 国投资者的两种选择:

策略 A:持有 A 国货币,一年后单位货币可获得本息额为 $1 + i$,该方式不涉及货币兑换,不承担汇率风险。

策略 B:持有 B 国货币,投资者先将本币按即期汇率 E_0 兑换为外币,持有一年期满后获得利息收益,并将外币的本息和按未来汇率 E_1 换成本币,则一年后可得:$E_1(1 +$

i^*)/E_0。如果投资者运用远期外汇合同,锁定未来兑换的汇率为 F,则期满后投资者可以得到确定的单位收益 $F(1+i^*)/E_0$;如果投资者保持外币资产头寸,到期满时再按照当时的市场汇率(预期汇率为 E_1^e)进行兑换,则投资者预期可得 $E_1^e(1+i^*)/E_0$。两者的差异是,在抵补策略下,投资者预先锁定了未来的收益,而在非抵补策略下投资者的实际收益取决于未来的市场变化。

风险中性的理性投资者将比较 A 和 B 两种投资策略并据此作出投资决策。假设投资无障碍,兑换等交易成本可以忽略不计,则货币市场的完全套利将使 A 和 B 两类策略的投资收益趋同,此时外汇市场上的资金流动达到均衡,由此决定均衡的汇率水平。

当投资者采用汇率风险抵补策略时,相应的利率平价等式为 $F(1+i^*)/E_0 = 1+i$;简化后即可得到:$\rho = \dfrac{F-E}{E} = i - (1+\rho)i^*$。

而不采用风险抵补的策略下,A 和 B 两种收益相等得到的平价等式为:$E_1^e(1+i^*)/E_0 = 1+i$,简化后可得到:$\dot{E}^e = \dfrac{E_1^e - E_0}{E_0} = i - (1+\dot{E}^e)i^*$。

由于 ρi^* 和 $\dot{E}^e i^*$ 都是分数,各项如果不出现大幅变动,则其乘积可忽略不计,因此可以得到 $\rho = i - i^*$ 以及 $\dot{E}^e = i - i^*$,前者为抵补的利率平价,后者是非抵补的利率平价。

【例 5 – 1】 美国联邦储备委员会准备将联邦储备基金利率从 3% 提高到 3.5%,如果欧洲中央银行保持现在的利率水平 2% 不变,假设资金完全流动,那么根据利率平价理论,1 年期的美元对欧元的远期外汇升(贴)水率是多少?外汇市场会出现什么样的预期?

解:根据 CIRP,美元(外国)对欧元(本国)的远期升(贴)水率为欧元利率减去美元利率 = 2% – 3.5% = – 1.5%,即美元对欧元远期贴水 1.5%,预期美元未来贬值。

(三)货币市场和外汇市场的互动

如果两国的利差与汇率的远期升(贴)水不等,会发生什么?英国经济学家凯恩斯最早提出了外汇市场和货币市场的互交原理(The Theory of the Reciprocity),即货币市场的套利和套汇行为将影响两国货币市场、即期外汇市场和远期外汇市场,通过几个市场的联动,最终使平价成立。

我们用抵补的套利平价线(Covered Interest Arbitrage Parity,简称 CIAP)来说明这一点,如图 5 – 4 所示。纵轴表示本国和外国之间的利率差异,横轴表示外币的远期升水,利差等于外币远期升(贴)水的均衡点 $\rho = i - i^*$ 用经过原点的 45 度线表示,即 CIAP 线。位于 CIAP 线上方的点 $\rho < i - i^*$,持有本国货币将有利,资本流入本国;CIAP 线下方的点 $\rho > i - i^*$,持有外国货币有利,资金当期将从本国流出。

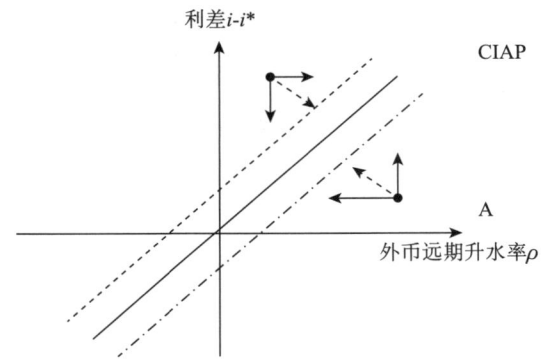

图 5-4 抵补的套利平价线及其修正

考虑图 5-4 中位于 CIAP 线下方的 A 点，外币远期升水幅度 ρ 高于利差，投资者可在即期外汇市场上购入外国货币，再在远期外汇市场上卖出外币，其结果是即期外汇市场上外币需求增加，即期外币升值；而远期外币供给增加，远期外币币值下跌，两者均推动远期外币升水率下降，即 $\rho = \dfrac{F\downarrow - E\uparrow}{E\uparrow}$。与此同时，两国利差也可能受到套利的影响，外国由于当期资金流入而利率降低，本国由于资金外流而利率上升，即货币市场利差上升（$i\uparrow - i^*\downarrow$），最终汇差和利差恢复到 45 度线上均衡点，货币市场和外汇市场的联动维持了利率平价。

当然，如果考虑到外汇交易中存在的各种摩擦和成本，如交易的手续费率、对交易的有形和无形管制、收集信息的成本等，利率平价并非严格成立。我们可以用 TC 代表各种交易成本因素，则利率平价可以修正为：

$$\rho = i - i^* \pm TC \quad \text{或} \quad \dot{E}^e = i - i^* \pm TC$$

修正后的 CIAP 条件由原来的线变为一个区域，只有当利差与汇率差的差距大于交易成本后（虚线区域外），人们才会进行套利。极端情况下，如果资本不能自由流动或货币交易受到严格限制，或者人们不是无视风险的（即厌恶风险），则汇率可能持续偏离利率平价水平。

（四）预期汇率变动与风险补偿

使汇差和利差不满足利率平价的另一个原因是投资者要求风险补偿（Risk Premium，简称 RP）。在非抵补的交易策略中，投资者需要承担未预料到的汇率变动、对收入汇回本国的潜在限制等不确定性，只有投资外币的策略 B 获得的最终收益能够补偿其承担的风险时，市场的资金流动才能达到均衡，即：$i = \dot{E}^e + i^* - RP$，此时非抵补的利率平价将修正为：$\dot{E}^e = i - i^* + RP$。

例如，本国利率为6%，外国利率为5%，不考虑风险升水，则非抵补的利率评价意味着外币预期升值1%。然而，如果投资者厌恶外币敞口风险，需要2%的风险补偿，则只有在 $\dot{E}^e \geq i - i^* + RP$，即外币预期升值率大于3%（6% − 5% + 2%）时，投资者才愿意即期购买外国货币，此时对外币风险的厌恶压低了外币当前的汇率。

由于存在风险补偿的要求，即使两国的名义利率差没有变化，汇率也可能发生变动。例如，一国政府可能会干预金融市场或者冻结、没收外国人的资产，实施外汇管制或改变政府法规等，这些无疑都会对风险升水产生影响。如果投资者要求的风险补偿从2%上升到4%，则仅有在外币预期升值超过5%时，投资者才会选择持有外币，这意味着对外币的当期需求很低，即外币的即期汇率处于较低水平。因此，风险偏好在很大程度上影响了汇率的变动。新兴市场国家或发展中国家经济增长不稳定、制度和政策的不确定性较大，因而国际投资者往往期望上述地区能够提供更高的投资收益率以补偿风险，这种"新兴市场风险升水"使广大发展中国家面临更高的融资成本。

三、汇率、物价与利率

购买力平价理论指出汇率的变动率由两国的通货膨胀差异决定，利率平价理论指出汇率的预期变动率取决于两国的利率差，前者聚焦于商品市场，后者聚焦于货币市场。那么，通货膨胀、利率与汇率三者之间存在怎样的联系呢？国际费雪效应指出，汇率的变动率取决于两国利率的差。

（一）购买力平价与国际费雪效应

费雪效应（Fisher Effect）指出，一国的名义利率等于实际利率加上通货膨胀预期，即：

$$i = r + \pi^e \quad i^* = r^* + \pi^{*e} \tag{5-7}$$

假定各国的实际利率相同，则两国的利差可以表示为两国预期通货膨胀率的差，即：

$$i - i^* = \pi^e - \pi^{*e} \tag{5-8}$$

假定未来的通货膨胀率是人们预期通膨率的无偏预期（误差项为零均值的随机项），即：

$$\pi = \pi^e + \varepsilon \quad \pi^* = \pi^{*e} + \epsilon$$

那么我们可以从相对购买力平价和费雪效应（公式（5-7））推导出公式（5-9）：

$$\dot{e}_t = \pi - \pi^* = \pi^e - \pi^{*e}$$

$$\dot{e}_t = i - i^* \tag{5-9}$$

公式（5-9）表明，预期的汇率变动率取决于两国利率差。

【例5-2】假设美国和加拿大的实际利率均为2%，且美国和加拿大一年期名义利率分别为4%和6%，那么预期汇率会如何变化？

解：根据费雪效应可得，美国的预期通货膨胀率为2%，加拿大的预期通货膨胀率为4%。两国的预期通货膨胀率差为4% - 2% = 2%，由购买力平价理论，美元预期对加元升值2%。

由利率平价理论，预期汇率变动率等于2%（6% - 4%）。

（二）利率平价与费雪效应

由无抵补的利率平价理论和费雪效应，也可以推导出国际费雪效应的另一种表达。

$$E^e = i - i^* = \pi^e - \pi^{*e} \tag{5-10}$$

汇率的预期变动率等于本国和外国的预期通货膨胀率的差，当预期本国通货膨胀率高于外国时，本国利率将上升，而预期本币相应贬值。

由此可见，当费雪效应成立，人们对未来通货膨胀拥有无偏预期时，运用购买力平价或利率平价理论将得到相同的结论：高利率（预期高通货膨胀率）的国家货币将远期贴水（预期贬值）。

购买力平价、利率平价和国际费雪效应之间的关系如图5-5所示。

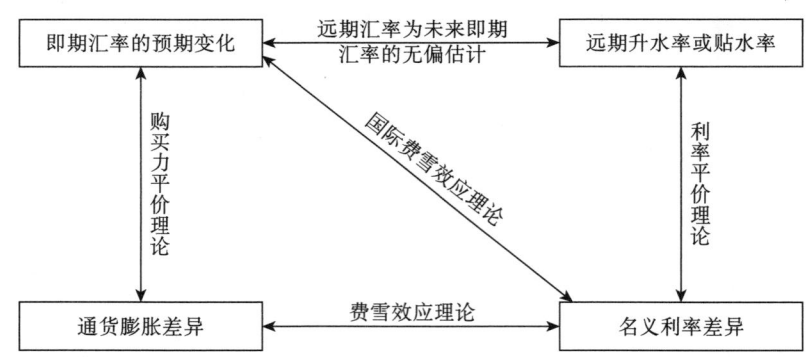

图5-5 汇率、利率与通货膨胀率之间的关系

第三节 汇率预测

无论是国际企业或金融机构的财务部门，还是外汇和大宗商品市场的交易商或个人投

资者,均需预测未来的汇率水平或变化趋势,以便于制定相关的财务或经营决策,防范汇率波动的风险。一些国际企业自己作预测,也有些公司向外部机构购买预测或汇率咨询服务。在外汇市场上,常用的汇率预测方法是基本面分析法、技术分析法和市场预测法,实际操作中往往综合采用三类方法进行预测。

一、外汇市场的有效性与市场预测法

(一) 有效市场假说

美国学者尤金·法玛(Fama)1965年提出了有关金融市场的"有效市场"假说(Efficient Market Hyposthesis),认为在有效市场中,大量理性的、彼此竞争的、利润最大化的交易者对未来证券价值进行预测,市场参与者能够自由地获得当时的重要信息,在这样的市场中,金融市场的产品价格准确反映了市场上可得到的信息,并随着新信息的披露作出调整,其结果是,参与者整体而言,不能通过处理和分析相关的信息获得超过市场平均回报的超额利润。

根据市场参与者可获得信息的不同,有效市场存在三种不同的效率,如图5-6所示。

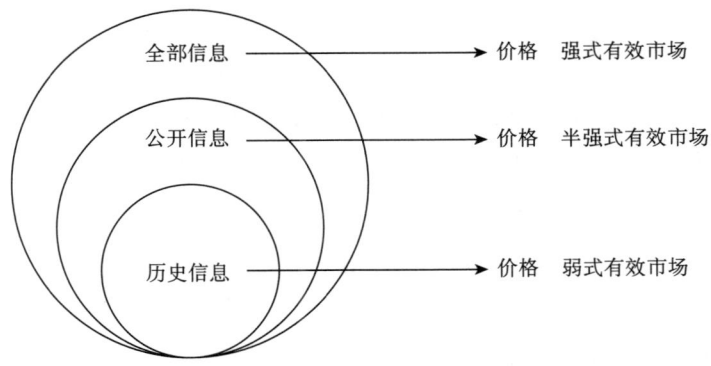

图5-6 信息集与有效市场的不同形式

弱式有效市场中,市场价格(汇率)充分反映了过去所有的信息,市场交易者利用过去的价格信息不能赚取超额利润。在一个弱势有效市场中,投资者无法利用过去信息对价格进行预测,以历史价格和成交量信息为分析基础的技术分析方法将不再奏效。

半强式有效市场中,市场价格(汇率)不仅充分反映了所有包含在过去市场价格中的信息,同时也反映了当前所有的公开信息。参与者利用历史和公开信息不能准确预测汇率并获取超额利润,基本面分析将失效。此时,如果能够获取影响汇率变动的经济变量的非公开信息或数据，仍可能使交易者获利。

强式有效市场中，市场价格（汇率）反映所有已公开或未公开的信息，任何投资者不可能获得超过平均利润的收益。当市场出现新信息时，汇率会立刻对这些信息作出反应。由于新信息是无法预测的，因此汇率在一定时期内出现随机波动。总之，汇率的变动不受历史汇率变动的影响。

（二）有效市场与汇率的随机游走

有效市场假说指出，如果汇率相关信息是随机出现的，那么汇率的变化也是随机的，未来汇率的期望值应该等于现行汇率：

$$E(S_{t+1}) = S_t \quad 或 \quad S_{t+1} = S_t + \epsilon \tag{5-11}$$

公式（5-11）意味着汇率服从随机漫步（Random Walk）的假说。简而言之，如果相信市场是有效的，那么今天的汇率就是关于明天汇率的最好的预测值。

当然，有效市场假说存在很大争议。人们认为短期内，外汇市场充斥着信息壁垒，也有大量的噪声交易者（即非理性交易者），因此汇率不能充分反映所有的信息，人们更强调基本面分析方法，透过影响汇率的各项基本面因素来分析其对汇率短期走势的影响。

（三）使用远期市场进行预测

正如利率平价所指出的那样，远期汇率和即期汇率存在一定的关联。在有效市场中，远期汇率可被视为未来即期汇率的无偏预期，因此人们往往利用外汇市场报价进行预测。

例如，30天的远期汇率可以用来预测30天后的即期汇率，90天的远期汇率可以用来预测90天后的即期汇率等。假设美国的一年期利率为3%，英国一年期利率为4%，英镑对美元汇率是1∶1.200，而外汇市场上，英镑对美元一年期远期汇率的报价是1∶1890，则可以认为该汇率水平反映外汇市场对一年期后英镑对美元汇率的预测。

事实上，根据利率平价，英国远期汇率贴水大约为1%，精确计算的远期汇率变动率应该是：$\rho = \frac{1+i_{us}}{1+i_{uk}} - 1 = \frac{1.03}{1.04} - 1 = 0.96\%$；利率平价下的均衡远期汇率值：$F = \frac{1+i_{us}}{1+i_{uk}} \times E = \frac{1.03}{1.04} \times 1.200 = 1.1885$，与远期外汇市场的汇率水平非常接近。

二、基本面分析法

基本面分析法是在汇率决定理论框架的指导下，根据对影响汇率变动的基本面因素

(Fundamentals) 如国际收支、物价、利率等因素的分析，来预测未来的汇率水平。

（一）基本面分析法的关键步骤

假设汇率是由一系列基本面因素决定的，汇率预测首先要找出关键的基本面因素（自变量），识别这些因素与汇率之间的关系，如利率上升将导致本币升值，贸易收支逆差扩大可能引起本币贬值等，其次根据这些关键变量的未来走势分析，确定汇率的发展趋势。更为精确的预测则采用模型估计方法，计算特定时点的汇率水平（称为点预测）或一段时期汇率的变动范围（称为区间预测）。

根据基本面分析法进行汇率预测的关键步骤如图5-7所示。

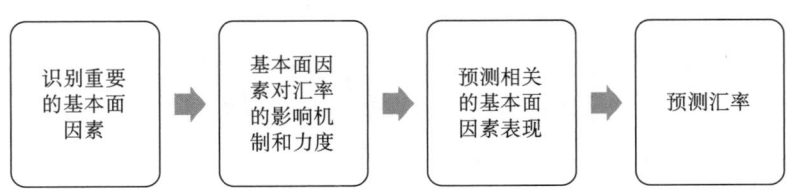

图5-7 基本面分析预测汇率的步骤

进行基本面分析时，人们需要区分影响汇率长期变化的那些因素如生产率、物价或一国的供给或技术变化等，以及一些短期的冲击如气候对进口农产品的影响、利率与短期资金流动等。

（二）基本面分析的方法

1. 主观判断法

人们根据对关键的基本面因素变化的主观判断，来分析预测汇率的变化。例如，老练的交易者会根据"美国非农就业人口低于预期"这则新闻，迅速判断未来美联储可能会采用宽松的货币政策（降低利率），从而引发未来资本外流和美元贬值，并据此卖出美元；如果新闻是"美国贸易赤字进一步增长，且令人担忧"，也会使美元有进一步贬值的预期。值得注意的是，主观判断法很少能对汇率走势作出令人信服的精确预测，往往用于预测汇率的变化方向。

假设外汇市场的交易者预期3个月后美国将会加息0.5个基点，而欧元区的基准利率保持不变。则根据利率平价理论，投资者可能会预测3个月后美元将对欧元升值0.5%。

2. 模型回归分析法

人们也可以基于汇率理论和统计模型对汇率进行看似精确的预测。例如，由购买力平价理论延伸出来的"货币分析法"指出汇率可以表示为：

$$s = \alpha + \beta_1(m - m^*) + \beta_2(v - v^*) - \beta_3(y - y^*) + u \qquad (5-12)$$

其中：s 表示即期汇率的自然对数；$m - m^*$ 表示国内和国外货币总量取对数后的差；$v - v^*$ 表示国内和国外货币流通速度取对数后的差；$y - y^*$ 表示国内和国外产出，取对数后的差；u 表示随机误差，均值为零；α、β_1、β_2、β_3 均表示模型的参数，需要根据数据估计。

公式（5-12）反映了经济直觉，即其他条件不变，一国的货币发行速度快于其他国家时，该国货币贬值；一国货币的流通速度增长比别国快时，该国货币贬值；一国如果经济增长比别国高，则该国货币升值。

如果需要精确预测一年后的汇率，则先根据历史的各项数据估计出模型中的 α、β_1、β_2、β_3 等各个参数，随后估计 $m - m^*$、$v - v^*$、$y - y^*$ 等变量一年后的值，再将其代入相对应的模型中去计算出相应的汇率预测值。

用基本面分析法预测汇率存在三大难点：第一，识别关键要素并加以判断和预测，这一过程可能存在较大偏差。比如对美联储是否加息、加息多少个基点，美联储内部人士、国际经济组织、各类金融机构等存在不同的预测，其预测结果可能千差万别。第二，汇率模型中的参数是根据历史数据进行估计的，随着时间的推移，关键变量与汇率之间的内在关系可能发生变化，用模型估计未来值，可能是"刻舟求剑"。例如，人们的行为发生变化，或者政策出现变动后，原来的模型估算的系数可能偏大或者偏小，降低预测的精确度。第三，模型本身可能是错的，不能反映客观的汇率运动规律和缺失，比如，用利率平价模型估算一个资本不能自由流动因而不满足利率平价前提的国家的汇率，错误的模型可能导致预测结果南辕北辙。

三、技术分析法

与基本面分析法关注引发汇率变动的因素不同，技术分析法是一种根据图表、历史数据预测未来价格变化的方法，更关注外汇市场的价格和成交量等交易信息本身。技术分析法根据"市场价格反映一切信息，价格沿趋势波动，历史会重演"这三大假设，试图在历史和未来走势之间架设起分析的桥梁。

技术分析法常用的工具是各种汇率价格和指标的图表，因此又被称为"图表分析者"。图 5-8 显示了 2013 年 3 月到 2023 年 3 月，美元对日元汇率的月度 K 线图。K 线由开盘价、收盘价、该阶段最高价和该阶段最低价四个重要价格水平来表示。图中的空心为"阳线"，表明当月是上涨的（最后一个交易日的收盘价高于当月第一个交易日的开盘价），而实心的"阴线"意义恰好相反（当月汇率下跌）。图中还使用了移动平均线（见图中标注）的方式，显示了平滑后的汇率水平。以此类图为基础，图表分析师可以勾勒一些图形使用大量数据进行量化分析。例如，人们采用家族预测模型建立于经典理论和统计和预测模型 长的汇率模型；使用时间序列分析、借助历史数据预测和模型动态。近年来机器学习算法预测 神经网络、随机森林模型）和人工智能也应用于汇率预测和预测上。机器学习算法预测 能够处理海量数据，具有各种经济数据、市场交易数据、新闻舆情等，挖掘出数据中隐藏 的复杂关系和模式，且有强大的非线性建模能力，并能够根据最新数据进行持续学习和优 化，具有较好的适应性和自适应性，有望提高汇率预测的准确性和精度。当然，机器学习 对数据质量和数量要求较高，需要大量的计算资源和时间，且模型的结构和调优也重要 为汇率预测的应用和研究，实施或未来展。

五、汇率预测方法的比较与评价

不论采取何种方式来进行汇率预测，预测不可能完全达到实际的结果。为了评估预测 方法的准确性，我们需要使用预测误差来进行比较。

（一）预测误差

预测误差衡量预测结果与实际结果之间差异。计量预测误差的方法很多，其中衡量精 度的是预测的绝对值误差。

$$预测值误差 = 绝对预测误差与实际值的百分比 = \frac{|预测值 - 实际值|}{实际值}$$

表5-2显示，有关市场汇率的预测中，美元对新台币元的预测准确性最高，美元对 人民币的预测精确度相对较低。不同的货币市场预测差异不同，误差程度上反映市场上是否 具有完善的外汇市场、市场的透明度、买卖主体的多样性以及经济状况的关系。

表 5-2   不同来源预汇率的预测误差（示例）

预测值项目	预测值	实际值	预测值误差
美元对日元	152.00	150.4900	1.00%
欧元对美元	1.1200	1.1065	1.22%
美元对人民币	7.2300	7.1223	1.51%
美元对新台币元	1.3872	1.3787	0.62%

（二）多种预测方法的结合

除已经存在各种预测值外，采用多种预测方法，例如，一家中国的新能源汽车企 业在欧洲建设生产基地，并计划向欧洲销售该汽车，其中预测多台新能源汽车自美国，因此公司

四、汇率分析与预测

(一) 传统预测的难点

汇率预测的难点主要在于汇率受到多种因素的影响，无论是单纯从分析技术方法还是在技术线的确定性、不同经济体主体对于市场未来的判断也不尽相同。汇率预测的影响一个外汇市场的公开程度和国家的开放水平。有时国际形势变化和经济形势的波动，政治、军事、外交等影响市场的行情，使得市场预测变得非常困难。

(二) 结合分析和大数据预测

近年来，随着计算机和人工智能技术的发展，外汇交易系来越多地使用直接的综合分析、

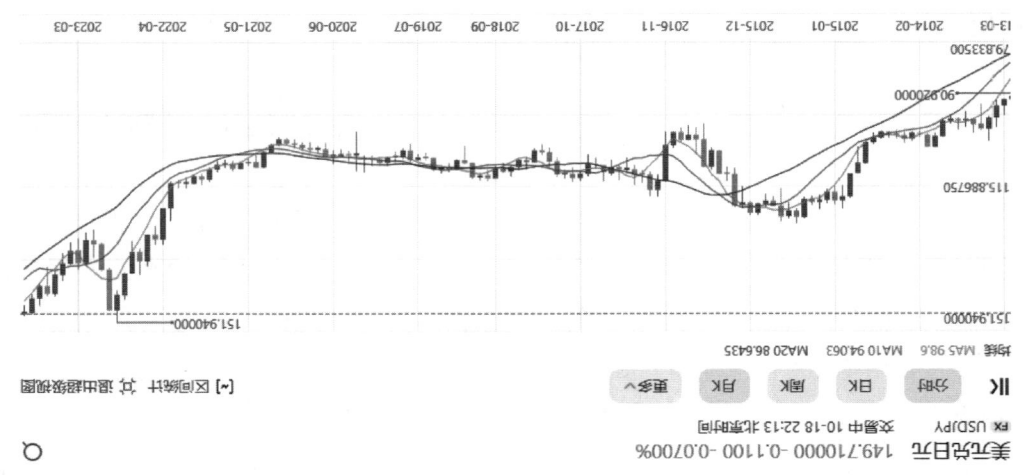

图 5-8 美元兑日元汇率的 K 线和均线走势图 (2013—2023 年)

图下图 5-8 所示，该水分析系统利用各种技术指标，或显著的指标，这些指标包括短期未来走势。例如，外汇波动中常用的"移动平均线"(MA方法)，我们通过计算一段时期内的市场价格的平均值(以利作为未来价格指标)，根据所取的时间区间的长短差异，可以分为短期和中长期指数的平均线 (通常是 5 天、10 天、20 天等)，中长期指数的平均线 (60 天、120 天等)，根据短期和中长期指数之间的关系，可以判断汇率变化的趋势以及市场的变化等。随时随机变化逐渐清楚未来的变化多图像头节。

形态以此预测未来。例如加，"M"或"W"形水往往在表现出分析走势出现相反方向变动（反转形态），而其基本形态可能显示出来价格的走势将继续延续 (持续形态)。

非常关注欧元对美元的汇率变动。为制定公司未来一年的财务战略,财务部门收集了有关美元和欧元汇率的大量信息和数据,通过三种方法预测,结果如表 5-3 所示。

表 5-3 综合分析和预测

	考虑因素	分析	预测结果
基本面分析	经济增长、通货膨胀、利率	美联储加息幅度超过欧洲央行,美元远期贬值	欧元将对美元升值 0.75 个百分点,至 1:1075
技术分析	近期汇率变动	欧元汇率从低位回升,突破关键支撑位 1.10,上升空间约 1000 个基点	欧元将进入升值区间,预计一年内升值到 1.20
市场预测	远期汇率	一年期欧元远期升水为 0.1020;远期汇率和未来即期汇率之间存在正负 100 个基点左右的偏差	欧元将升水 0.1120 至 0.0920 之间,即汇率为 1.1920—1.2120
综合结论	欧元对美元大概率会升值,预计在 1.1075—1.2120 之间,围绕 1.20 左右波动		

最终,该公司预测欧元对美元大概率升值,预计围绕 1 欧元兑换 1.20 美元左右波动。基于上述判断,结合公司的汇率风险敞口状况,公司未来将选择对应的外汇远期和期权产品,对冲汇率风险。

附录 5-1 世界各国经济总量排行

在比较各国经济总量的大小时,存在两类方法,即使用市场名义汇率折算和使用购买力平价折算。国际货币基金组织定期公布各国按照对美元名义汇率折算的 GDP 总量数据情况。例如,中国 2022 年名义 GDP 是 121 万亿元人民币,按照市场汇率 1 美元等于 6.7 元人民币计算,约为 18.1 万亿美元,排名全球第二。使用名义汇率比较各国经济总量时,可能会因为本币对美元汇率大幅波动而导致其经济总量剧烈膨胀或缩水。

世界银行的国际比较项目(International Comparsion Programme,简称 ICP),为避免经济总量受名义汇率波动的影响而失真,将各国用本币计算的国内生产总值(GDP)按购买力平价转换汇率统一折算成美元数量。2022 年,中国的经济总量为 31.58 万亿美元,超越美国位居第一,印度位列第三,俄罗斯位居第五,印度尼西亚、巴西、土耳其也超过排名第 10 的英国(见表 5-4)。

排名的变化,反映了购买力平价汇率水平与名义汇率水平之间的巨大偏差,背后是各国物价、工资水平和发展水平的差异。

表 5-4 2022 年世界经济总量排名 单位：万亿美元

世界银行购买力平价经济总量排名			IMF 名义汇率折算的经济总量排名		
排名	国家名称	PPP GDP	排名	国家名称	名义 GDP
1	中国	31.58	1	美国	25.46
2	美国	22.97	2	中国	18.10
3	印度	15.80	3	日本	4.23
4	日本	5.72	4	德国	4.08
5	俄罗斯	5.42	5	印度	3.38
6	德国	4.98	6	英国	3.07
7	印度尼西亚	4.81	7	法国	2.78
8	巴西	4.30	8	俄罗斯	2.22
9	土耳其	3.68	9	加拿大	2.14
10	英国	3.54	10	意大利	2.01

资料来源：世界银行和 IMF 官网。

附录 5-2 巨无霸汉堡指数——一价定律成立吗？

尽管购买力平价理论并不依赖于一价定律的存在，人们凭直觉认为如果汇率符合购买力平价，则某一特定产品在世界各地的价格应该是差不多的。英国经济学家杂志发布了一个著名的"巨无霸汉堡指数"（Big Mac Index），可以视作各国购买力平价汇率指标的简化版本。

经济学家把世界代表性的经济体在某个时点的麦当劳巨无霸汉堡价格按即期汇率换算为美元，再和美国本土价格比较，计算出该时点的"巨无霸汉堡指数"，以此判断该国"汉堡平价"与名义汇率的偏差。

经济学家网站上 2023 年 8 月的巨无霸指数如表 5-5 所示，表中第二列是汉堡的美元价格（用现实汇率计算），第三列显示的是根据汉堡比价计算出来的汇率与名义汇率的偏差，负号表示名义汇率低估了。

表 5-5 巨无霸汉堡指数节选

	汉堡的美元价（市场汇率折算）	名义汇率的偏差
瑞士	7.73	39%
挪威	6.92	24%
阿根廷	5.99	7%

续表

	汉堡的美元价（市场汇率折算）	名义汇率的偏差
欧元区	5.82	4%
瑞典	5.74	3%
美国	5.58	0%
墨西哥	5.58	0%
英国	5.39	-3%
澳大利亚	5.02	-10%
新加坡	4.86	-13%
巴西	4.81	-14%
加拿大	4.57	-18%
南非	4.08	-27%
土耳其	3.53	-37%
中国	3.50	-37%
日本	3.17	-43%
中国香港地区	2.95	-47%
马来西亚	2.92	-48%
南非	2.81	-50%
印度	2.54	-54%
中国台湾地区	2.39	-57%

资料来源：经济学家网站 https://www.economist.com/。

例如，2023 年 8 月，中国的巨无霸汉堡价格为 25 元人民币，人民币对美元的平均市场汇率为 7.14，则其巨无霸价格为 3.5 美元，比美国的 5.58 美元而言低了 37%，意味着人民币的市场汇率相比实际的"巨无霸汉堡平价汇率"（1 美元等于 4.48 元人民币，由 25 元人民币=5.58 美元计算得出）低估了 37%。

我们可以发现一个有趣的现象，少数国家如瑞士、挪威、欧元区和阿根廷等的汉堡价格比美国贵，墨西哥与美国价格一致，而除了中国外，很多发展中经济体对美元汇率均呈现较大幅度的名义低估。

为什么会出现这样的现象？普遍的解释是，一价定律或购买力平价只适用于可贸易商品，而"巨无霸"中除了原材料等可贸易品外，还有劳工成本以及当地的土地成本等，由于劳动力和土地的可贸易性差，并不能够通过套利实现价格均等，特别是考虑到物价构成中劳工成本的差异，发展中经济体的汉堡折算成美元价格显著低于美国，即本币相对美元的购买力比名义汇率高很多。

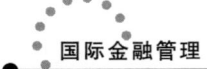本章小结

1. 外汇市场上的供求来自人们国际支付和交易清算、套期保值和投机的行为。在自由浮动汇率制度下，外汇市场的供求将决定汇率价格，对一国货币需求增加将使得该国货币升值，反之则反是。

2. 在固定汇率制度或有管理的汇率制度下，政府可以通过改变供给和需求曲线，限制货币兑换、直接干预交易等方面，将汇率维持在理想的水平上。

3. 购买力平价认为：一国货币的价值是由该货币在一国能买到的商品和劳务的量（即货币购买力）决定的，因此不同货币之间的兑换率取决于货币购买力之比，汇率的变动也取决于货币购买力的相对变动。

4. 利率平价理论认为，在资本自由流动，货币无限供给的假定下，一国汇率的远期或预期的升贬值率等于两国货币利差，当一国利率高于外国利率时，外币远期（或预期）升值，而外国利率高于本国利率时，外币远期（或预期）贬值。

5. 外汇市场和货币市场的互交原理（The Theory of the Reciprocity），即货币市场的套利和套汇行为将影响两国货币市场、即期外汇市场和远期外汇市场，通过几个市场的联动，最终使平价成立。

6. 国际费雪效应指出，如果利率随着预期通货膨胀率变化，则预期的汇率变动率取决于两国的预期通货膨胀率之差，后者等价于两国的利率差。

7. 根据市场反映信息的程度差异，市场的有效性分为弱式有效、半强式有效和强式有效市场。

8. 有效市场假说指出，市场汇率呈现出随机漫步特征，如果汇率相关信息是随机出现的，那么汇率的变化也是随机的，今天的汇率就是关于明天汇率的最好的预测。

9. 在有效市场中，远期汇率是未来即期汇率的无偏预期，人们可以利用外汇市场远期报价对未来汇率进行预测。

10. 基本面分析方法是在汇率决定理论框架的指导下，根据对影响汇率变动的基本面因素如产出、物价、利率等因素的分析，来预测未来的汇率水平。

11. 技术分析法是一种借助图表、历史价格或交易量等数据预测未来价格变化的方法，该方法不关注基本面信息。

12. 人们可以使用预测误差度量预测的精确性，即计算汇率预测值减去实际值的绝对值，再除以汇率实际值，数值越小则预测越精确。

关键术语

购买力平价　　绝对购买力平价　　相对购买力平价　　利率平价　　抵补利率平价
一价定律　　　有效市场假说　　　强式有效市场　　　半强式有效市场　弱式有效市场
预测误差　　　随机漫步　　　　　技术分析法　　　　市场分析法　　　基本面分析法

练习题

1. 为什么说在自由市场条件下，外汇供求将保证市场出清，此时形成的汇率水平使国际收支余额为零？

2. 政府有哪些措施能够影响外汇供给和需求？请用外汇市场供求原理说明，当一国名义汇率低于市场均衡汇率水平时，政府能够采用哪些方式来维持该国的名义汇率水平？

3. 假定某日纽约外汇市场上汇率报价为1美元等于1.6580澳大利亚元，法兰克福外汇市场上为1美元等于1.6530澳大利亚元，不考虑交易成本，试说明如何进行套汇。

4. 假设当前USD/GBP即期汇率为1.38，美国1年期利率为4%，英国为2%。根据利率平价理论，计算1年期远期汇率。

5. 如果A国市场利率为3%，B国市场利率为1%，预期B国货币对A国贬值1%，且人们对投资B国货币要求2%的风险升水，那么此时金融市场处于均衡状态吗？货币资金将如何流动？如何实现非抵补的利率平价？如果A国市场利率继续上扬到4%，其他条件不变，则外汇市场可能发生哪些变化？

6. 若美国通胀率3%，欧元区1%，当前EUR/USD=1.12，根据相对购买力平价，预测1年后汇率。

7. 以下经济情况的变化，会对汇率产生什么影响？

（1）如果本国物价水平相对于某外国上涨了5%，根据购买力平价理论，该外币对本币的价值会怎样变动？

（2）如果一国提高进口关税，导致对该国进口的需求减少，长期内该国货币的汇率是升高还是降低？

（3）如果欧洲中央银行决定收缩货币供给来应对通货膨胀，美元价值会怎样变化？

（4）如果美国提升了利率水平，那么短期和中长期内，美元的汇率可能怎样变化？

8. 若某跨国公司的财务主管有一笔1000万美元的额外现金储备，可用于6个月的投资。美国6个月期的年利率是4%，德国6个月期的年利率是3%。当前的欧元对美元即期汇率是 1.01，6 个月的远期汇率是 0.99，该财务主管不愿意承担任何交易风险，则应该如何投资以使收益最大化？

9. 当前的英镑对美元的即期汇率是 1∶1.50，3 个月期的远期汇率是 1∶1.52。美国 3 个月期的年利率是 6%，英国 3 个月期的年利率是 3.8%。假设你能够借到款项 1 500 000 美元或者 1 000 000 英镑。

（1）判断利率平价现在是否成立。

（2）如果 IRP 不成立，如何进行抵补套利？列出所有步骤，并计算套利收益。

（3）如果资本可以自由流动且交易成本可以忽略不计，解释抵补套利如何使 IRP 重新成立？

10. 澳大利亚元对美元的即期汇率为 1∶0.85，1 年期的远期汇率为 1∶0.81。美国和澳大利亚 1 年期利率分别为 3.5% 和 4.2%。

（1）判断澳大利亚和美国之间的利率平价是否成立。

（2）如果利率平价不成立，详细说明应如何获利，利润是多少？（按美元计）。

（3）解释套利交易是如何使利率平价重新成立的。

思考与讨论

1. 查找数据，看看最近 1 年以来，哪些货币升值了？哪些货币贬值了？试着分析背后的原因。

2. 查找中国和美国过去 20 年的物价指数变动情况，运用相对购买力平价原理，人民币应该对美元升值还是贬值，变动幅度是多少？你认为人民币的市场汇率符合购买力平价原理吗？为什么？

3. 查找互联网资源，了解最新的"巨无霸汉堡指数"，用汉堡价格权衡，人民币是高估了还是低估了？还有哪些国家的货币也显得低估了？你能解释其原因吗？

参考阅读

1. [美] 保罗·R. 克鲁格曼，[美] 茅瑞斯·奥伯斯法尔德. 国际金融（第十版）[M]. 丁凯，陈能军等，译. 北京：中国人民大学出版社，2016.

2. 姜波克. 国际金融新编（第六版）[M]. 上海：复旦大学出版社，2018.

3. 张明. 穿越周期：人民币汇率改革与人民币国际化 [M]. 北京：东方出版社，2020.

4. 张杰，刘毅. 汇率预测——理论和实践［M］. 北京：清华大学出版社，2010.

5. ［法］杜索里尔. 外汇交易指南（第 2 版）［M］. 太原：山西人民出版社，2024.

网络资源

1. 国际清算银行网站 https：//www. bis. org/statistics

主要提供有关国际银行业的统计数据和报告，数据包括国际银行业的资产负债状况、主要国家的汇率数据等；定期报告包括 BIS 年度经济报告（Annual Economic Report）、季度报告（Quarter Review）；3 年一度的外汇市场与场外衍生交易调查报告（Triennial Central Bank Survey of Foreign Exchange and Over–the–counter Derivatives Markets）。

2. 经济合作与发展组织 OECD 有关购买力平价的网站数据：https：//data. oecd. org/conversion/purchasing–power–parities–ppp. htm

3. 世界银行国际比较项目需要计算各国的经济总量，其购买力平价计算方法和数据，参见其官方网站：https：//databank. worldbank. org/embed/ICP–2017–Cycle/id/4add74e? inf = n

第六章　企业汇率风险及其管理

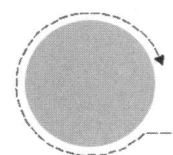

学完本章后，你将能够：
➢ 掌握外汇风险的含义及其分类
➢ 阐述汇率风险管理策略
➢ 掌握利用外汇衍生品管理外汇风险的原理
➢ 结合企业情况，提供解决外汇风险的具体方案

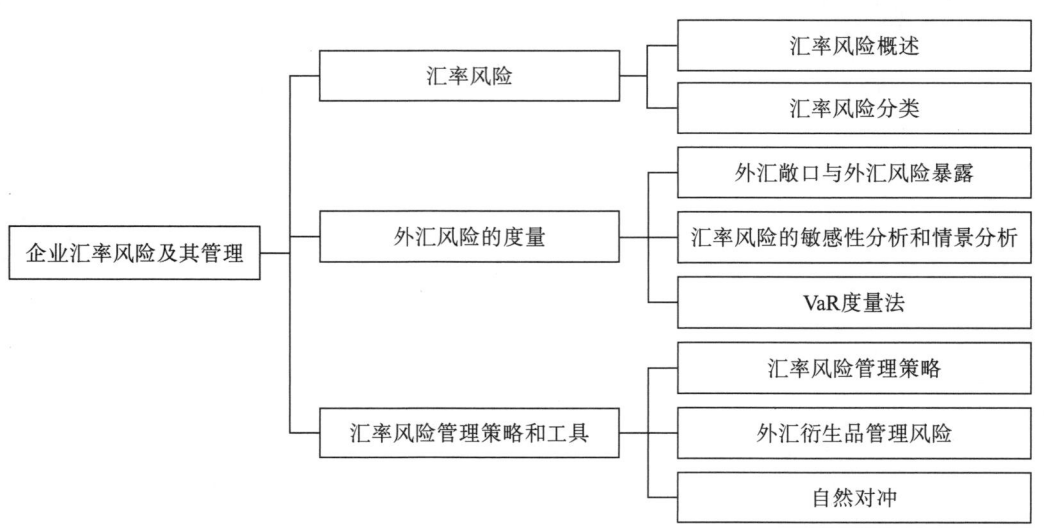

第六章 企业汇率风险及其管理

汇率风险贯穿于企业跨国经营的各个环节，从原材料采购、产品销售到海外投资、资金借贷等，从实际业务到财务报表，汇率的影响无处不在。汇率波动犹如一把"双刃剑"，不仅影响企业的短期财务业绩，还可能对企业的长期战略规划和市场竞争力产生深远影响。本章详细介绍外汇风险的类别，探讨如何度量外汇风险，阐述国际企业管理汇率风险的手段和方法。

第一节 汇率风险

一、汇率风险概述

（一）汇率风险定义

汇率风险，又称外汇风险，是指在国际经济、贸易、金融等活动中，由于货币汇率的不确定性变动，给经济主体带来经济损失或收益的可能性。

汇率风险贯穿于企业跨国经营的各个环节，从原材料采购、产品销售到海外投资、资金借贷等，均可能受到汇率波动的影响。汇率风险不仅影响企业的短期财务业绩，还可能对企业的长期战略规划和市场竞争力产生深远影响。

（二）汇率波动的影响

汇率波动犹如一把"双刃剑"，可能给企业带来潜在的损失，也可能创造一定的收益，对企业短期和中长期经营产生影响。

1. 影响企业的短期财务绩效和股价表现

汇率对企业短期财务表现的影响，直观体现在财务报表的"汇兑损益"这一会计科目中。汇兑损益又称汇兑差额，是指企业在进行外币交易、兑换业务和期末账户调整等业务时，由于汇率的变动而在折合为记账本位币时产生的差额。正向的汇兑收益增加公司净利润，提升公司的盈利能力；而汇兑损失则会减少净利润，并因此影响企业的股票价格和市值。

专栏 6-1　中国航空业上市企业的汇兑损益

近年来，由于人民币汇率灵活性日益增加，特别是对美元汇率波动加大，中国民航业企业业绩深受影响（见表 6-1）。2022 年人民币整体呈现贬值态势，对美元中间价汇率贬值约 9.17%，CFETS 人民币汇率指数变动率为 -3.55%，三大航空公司汇兑损失加总约 180.8 亿元人民币，汇兑损失对净亏损的贡献率在 15%—18%。2023 年，人民币贬值幅度缩小，对美元中间价温和贬值 2.21%，CFETS 人民币汇率指数小幅变动 -0.66%，三大航空公司均呈现汇兑收益，汇兑盈利对净利润的贡献率均超过 65%。

表 6-1　　　　　　　　我国民航业上市企业汇兑损益情况

公司	年份	净利润（亿元）	汇兑损益（亿元）	汇兑损益/净利润（%）
中国国航	2021	-166.42	12.54	-7.54
	2022	-386.19	-67.28	17.42
	2023	32.68	25.17	77.02
东方航空	2021	-122.14	12.26	-10.04
	2022	-373.86	-54.92	14.69
	2023	30.11	19.73	65.53
南方航空	2021	-121.03	9.32	-7.70
	2022	-326.82	-58.63	17.94
	2023	29.83	20.17	67.62

注："-"代表亏损或负比例。当净利润为负时，汇兑损益/净利润为负表示汇兑收益一定程度上减少了亏损幅度；为正则表示汇兑损失进一步扩大了亏损。

以中国国航为例，2023 年归属于上市公司股东的净利润为 32.68 亿元人民币，其中汇兑收益 25.17 亿元人民币，对净利润贡献超过 77%；而 2022 年，国航汇兑损失 67.28 亿元人民币，占净亏损的 17.42%。

市场人士分析航空业出现巨额汇兑损益的最主要原因在于其负债和收支结构中的货币错配。（1）外币资产与负债结构失衡：我国航空业的外币资产相对较少，而外币负债规模较大，主要是飞机采购、租赁以及航油采购等方面通常以美元结算，存在大量外币计价负债，航空公司对负债端的汇率风险更为敏感。当人民币对美元升值时，可以用更少的人民币去偿还相同金额的美元债务，从而产生汇兑收益；反之人民币对美元贬值时，偿还美元债务的人民币支出增加，导致汇兑损失。（2）国际航线业务收入和运营成本受汇率影响：航空公司的国际航线收入多以美元等外币计价，运营成本中油价、租金支付等多为美元支付,当国际航线收入低而成本支出较高时,外币升值意味着导致人民币计算的净亏损增加,相反,当国际航线收入增加较多时,外币升值将导致海外业务对应的净利润增加。2023年疫情后三大航海外航线业务收入恢复,外币净收入增长导致净利润增长。当然,汇率大幅变动也可能会抑制国际旅客的出行需求,从而影响航空公司的整体业务收入。

2. 影响企业长期战略规划和市场竞争力

汇率风险主要通过三个方面影响企业战略规划:(1)利润不确定性增加。汇率波动会使企业的外币收入和成本在换算成本币时产生变动,导致利润不稳定。企业难以准确预测未来的盈利情况,会干扰长期战略规划中对盈利目标的设定和资源分配计划。(2)成本/收入结构改变。原材料、设备等进口成本和出口收入会因汇率变动而变化。汇率直接影响企业的进出口价格。例如,外币升值1%,企业面临的进口产品本币成本相应提高。如果汇率大幅单向变化,将显著影响企业的生产成本或收入,从而影响市场份额和长期战略布局。(3)产品价格变动引致的市场需求变化。对于出口企业来说,本币升值会使产品在国外市场价格升高,在国际市场上的价格竞争力下降,可能导致市场份额被竞争对手抢占。对于进口替代企业来说,本币贬值可能导致进口产品价格上升,从而增加国内市场对其产品的需求。然而如果汇率波动较为剧烈,而企业不能合理应对,而是将汇率变动风险转移到产品价格上,则可能使客户对企业产品失去信心,导致市场需求的流失。

当面临不利的汇率变动时,企业可能会调整市场拓展战略,从汇率波动较大的市场转向相对稳定的市场,或者重新进行生产布局。

专栏6-2 日元贬值与日本汽车制造业的"汇率顺风"

日元汇率波动对日本汽车出口企业影响甚大。2008—2011财年,日元持续走强致使日本汽车制造商损失惨重,七大车企总计损失约合3.8万亿日元的利润,大量日系车企陆续选择逃离本土,如日产汽车2011年宣布将日本全新车型的生产转移至海外工厂,并且不再从日本出口新车型。

2012年底,日本政府为刺激经济,实施大规模的货币宽松政策,日元兑美元汇率从2012年底约78日元/美元贬值到2015年底约120日元/美元,这一转变令日本车企重获价格竞争力,改变了企业生产布局和市场战略,销售和利润大幅提升。

价格竞争力提升:日元贬值使得日本汽车在国际市场上的价格相对下降,与其他国家的汽车相比更具价格优势,日本汽车的销量大幅增长,市场份额不断扩大。例如,

2015年丰田汽车在美国市场的销量创下历史新高，超过了其主要竞争对手通用汽车和福特汽车。日本汽车企业凭借汇率优势，在全球市场上挤压了其他竞争对手的市场份额。欧洲和韩国的汽车企业不得不通过降价或推出更多优惠政策来应对。

生产布局优化：由于日元贬值，在日本国内生产汽车的成本相对降低，一些原本计划将生产基地转移到海外的企业放缓了步伐，甚至将部分海外生产业务回迁到日本国内。例如，日产汽车将部分零部件的生产从海外转回日本，以利用日元贬值带来的成本优势。

市场拓展战略调整：日元贬值使日本汽车在国际市场上价格更具竞争力，日本汽车企业加大了对海外市场的拓展力度。丰田、本田等企业纷纷扩大在美国、欧洲和新兴市场的生产和销售网络，增加了在这些地区的投资和产能布局。例如，丰田在美国增加了新的生产线，以满足当地市场对日本汽车不断增长的需求。

汇率变动使企业利润大幅增长。例如，2015财年，由于北美市场旺销以及日元贬值，丰田的营业利润和纯利润双双创下历史最高纪录。

然而，2016年日元对美元出现大幅升值，丰田汽车公司2016财年（2016年4月—2017年3月）销售额、营业利润和纯利润均较2015财年出现下滑，净利润为2.19万亿日元，较2015年同期减少7895亿日元，其中汇率变动导致营业利润减少9400亿日元。丰田社长丰田章男此前已意识到汇率波动将导致其企业2016财年销售额和利润下降，他在2015年5月曾指出："前几年，我们都处在汇率的顺风中。风停之后，才能看到真正的自己。"

二、汇率风险分类

汇率风险包括交易风险、折算风险和经济风险，前两者是汇率变动对经济主体产生的直接影响，而后者则是汇率变动通过影响经济主体行为调整带来的间接影响。

（一）交易风险

交易风险是指企业在运用外币进行计价收付的交易活动中，因汇率波动而致使企业遭受损失的可能性。此类风险主要源自企业的日常经营业务，诸如进出口贸易、跨国借贷、外币投资等。

以进出口企业为例，当企业签订进出口合同时，若采用某一外币进行计价结算，在合同签订日至货款收付日这一期间内,一旦汇率发生波动,企业实际收到或支付的本币金额也将随之改变。例如,中国某出口企业与美国客户签订一份价值1000万美元的出口合同,签订合同时美元兑人民币汇率为1∶7.2,预期可获得7200万元人民币收入。然而,到实际收汇时,汇率变为1∶6.9,该企业最终仅能收到6900万元人民币。同理,进口企业在支付外币货款时,若汇率上升,则需支付更多的本币,进而增加进口成本。

跨国借贷和外币投资同样面临交易风险。企业在进行跨国借贷时,若借款货币与还款货币的汇率发生不利变动,还款时便需支付更多的本币,从而加重偿债负担。例如,很多发展中国家企业在海外扩张时,通常采用美元等外币融资,对外支付美元债务利息和本金,美元对其本币汇率的大幅升值往往导致企业出现偿债困难。在外币投资方面,若投资资产的计价货币币值下跌,投资收益换算为本币后也会减少。

(二) 折算风险

折算风险又称会计风险,主要产生于跨国公司编制合并财务报表的过程。当跨国公司将其海外子公司的财务报表与母公司的财务报表进行合并时,需将子公司以当地货币计价的资产、负债、收入和费用等项目,依据一定的汇率折算为母公司所在国货币。鉴于汇率在财务报表编制期间可能发生变动,导致折算后的财务报表项目金额出现差异,进而产生账面损益。

假设一家中国跨国公司在欧洲设有子公司,子公司的资产负债表以欧元计价。在编制合并财务报表时,若欧元兑人民币汇率在报表期间下跌,子公司的资产和负债折算成人民币后价值将减少,这可能致使合并报表中的资产总额下降、利润减少。尽管折算风险主要作用于企业的财务报表,体现于账面上,并不代表实际的经济损失,但会对企业的财务指标和对外形象产生影响,进而影响投资者、债权人等利益相关者对企业的评价与决策,从而间接影响企业的融资能力、股价表现等。

(三) 经济风险

经济风险又称经营风险,是指由于意料之外的汇率波动,通过对企业的生产销售数量、价格、成本等因素产生影响,致使企业未来一定期间内的收益或现金流量减少的潜在风险。与交易风险和折算风险有所不同,经济风险是一种未来可能发生的潜在的损失,是汇率变动通过影响企业竞争力、整体经营策略、企业财务决策等产生的影响。

汇率波动可能改变企业在国际市场上的相对成本和价格竞争力,进而影响企业财务状况,即汇率的竞争效应(Competitive Effect)。若本国货币升值,对于出口企业而言,其产品在国际市场上的外币价格将相对提高,可能引发销量下降;对于进口企业,虽然进口原材料成本降低，但可能面临国内市场竞争加剧的压力。若本国货币贬值，出口企业产品价格竞争力增强，但进口原材料成本上升。

此外，汇率波动还可能影响企业的市场份额、生产布局、投资决策等。例如，长期的汇率变动可能促使企业调整其全球生产基地布局，以降低生产成本，适应市场变化。经济风险具有长期性、复杂性和全局性的特点，对企业的影响较为深远，企业需从战略层面进行综合考量与应对。

第二节　外汇风险的度量

管理外汇风险的前提是识别和度量外汇风险（敞口）的大小。汇率风险的度量方法主要有敏感性分析和情景分析法、VaR 法等。

一、外汇敞口与外汇风险暴露

（一）外汇敞口与货币错配

外汇敞口（Foreign Exchange Exposure），又称外汇风险暴露，是指由于经济主体的资产、负债在币种、期限、金额等方面存在不匹配，在汇率波动时面临潜在外汇风险的那部分头寸。就外汇市场交易而言，外汇敞口是指交易主体持有的未对冲的外币头寸。

外汇敞口与货币错配（Currency Mismatch）相关。货币错配是指经济主体在进行经济活动、开展资产与负债业务时，其收入与支出、资产与负债使用了不同的货币来计值，从而出现货币币种结构上的失衡。

1. 资产负债的货币错配

国际企业涉及跨国经营和多币种业务，常形成资产负债的货币错配。例如，使用欧元融资而用美元和人民币进行投资，就会形成资金来源与资金使用的不一致。当用某种货币计价的外币资产和负债数量不一致时，便会形成外汇风险敞口。

例如，表 6-2 中显示某国际企业有 800 万欧元资产，200 万欧元负债，则其欧元的净头寸（敞口）为 600 万欧元，或称其有 600 万欧元的多头敞口；企业有 200 万美元的净负债，即 200 万美元的空头敞口。

表 6-2　　　　　　　　　资产负债的货币错配与外汇敞口

	资产	负债	净头寸
人民币	2000 万元人民币	5000 万元人民币	-3000 万元人民币
欧元	800 万欧元	200 万欧元	600 万欧元
美元	3000 万美元	3200 万美元	-200 万美元
其他	……	……	……

2. 收入支出的货币错配

国际企业常出现收入支出方面的货币错配。一方面，企业国际贸易和投资业务可能产生货币错配。例如，企业从国外进口原材料，约定以欧元支付货款，而企业出口产品到美国，以美元结算收入，则企业同时面临欧元和美元的外汇敞口风险。另一方面，企业为追求更高收益或满足特定资金需求，可能主动进行外汇交易，如外汇买卖、外汇借贷等，这也可能导致外汇敞口的形成。

例如，表 6-3 中显示某国际企业不同币种交易的收入支出情况，其中人民币交易净支出 3800 万元人民币，而欧元计价交易获得净收入 60 万欧元，美元计价交易净收入 40 万美元。

表 6-3　　　　　　　　　收入支出的货币错配与外汇敞口

	收入	支出	净头寸
人民币	200 万元人民币	4000 万元人民币	-3800 万元人民币
欧元	80 万欧元	20 万欧元	60 万欧元
美元	300 万美元	260 万美元	40 万美元
其他	……	……	……

（二）敞口分析的计算与应用

外汇敞口的计算方法主要有三种，即总敞口头寸法、净敞口头寸法和累计短边敞口头寸法。在实践加总敞口头寸时，通常将其他货币按照特定汇率转化为记账货币计算。

表 6-4 显示某企业截至某日的外汇头寸数据和三种加总敞口计算方法，企业已经将各业务的货币头寸按照币种分别统计，将欧元和日元外汇头寸的金额按记账日汇率转化为美元。

总敞口头寸法将企业的所有外币多头头寸和空头头寸相加，所得总和即为总敞口头寸。表 6-4 中，美元、欧元和日元各自头寸分别为 8000 万、6000 万、4000 万美元，总敞口头寸为 1.8 亿美元。该方法简单直观，能反映企业外汇业务的总体规模，但未考虑多头头寸和空头头寸之间的相互抵消作用，可能高估企业实际面临的外汇风险。

净敞口头寸法是用同一货币的多头头寸减去空头头寸得到该货币的净敞口头寸，随后将所有货币的净敞口头寸加总。表6-4中，美元、欧元和日元各自的净头寸分别为2000万、-2000万、2000万美元，加总净敞口头寸为2000万美元。该方法考虑了同一货币头寸之间的抵消，更能准确地反映实际面临的汇率风险规模。

累计短边敞口头寸法是计算每种货币的多头头寸和空头头寸，然后取绝对值较大的一方作为该货币的短边头寸，最后将所有货币的短边敞口头寸相加，得到累计总敞口。表6-4中，美元、欧元和日元各自的短边敞口头寸分别为5000万、4000万、3000万美元，加总短边敞口头寸为1.2亿美元。这种方法考虑了每种货币的最大风险头寸，便于对极端情况进行处理。

表6-4　　　　　　　　　企业的外币敞口　　　　　　　单位：百万美元

币种	多头头寸 （1）	空头头寸 （2）	总敞口头寸 （1）+（2）	净敞口头寸 （1）-（2）	短边敞口头寸 $\max[(1),(2)]$
美元	50	30	80	20	50
欧元	20	40	60	-20	40
日元	30	10	40	20	30
累计敞口			180	20	120

在实际应用中，企业将根据外汇敞口情况，计算汇率波动的潜在影响，从而量化外汇风险，包括使用敏感性分析、情景分析和压力测试、在险价值（Value at Risk，以下简称VaR）等风险计量模型，计算由于汇率波动造成的损失，以此制定风险管理策略。

二、汇率风险的敏感性分析和情景分析

（一）敏感性分析

敏感性分析是一种通过研究和测定某一特定变量发生变动时，对其他相关变量（如企业的利润、资产价值等）产生的影响程度的方法。在外汇风险度量中，敏感性分析主要用于评估汇率变动对企业财务状况的影响。

例如，X企业的出口市场在欧美，主要业务涉及大量美元计价和结算的交易。假设当前美元对人民币汇率为1∶7，企业预计年度出口收入为1000万美元。通过敏感性分析发现，若美元兑人民币汇率上升1%，即变为1∶7.07，企业以人民币计价的出口收入将增加70万元，利润也会相应增加。通过敏感性分析，企业可计算出当美元兑人民币汇率每

变化1%时，企业的净利润、销售收入、外汇资产和负债价值等指标的变化情况。

在敏感性分析的具体计算过程中，一般确定某项或几项财务指标作为因变量，将汇率作为自变量，然后根据企业的业务数据和财务模型，计算出在其他条件不变的情况下，汇率变动对因变量的影响系数。例如，通过对企业的财务数据进行模拟计算和回归分析，得出美元兑人民币汇率与企业净利润之间的关系为：净利润变动额＝汇率变动幅度×影响系数。假设影响系数为1亿元，即当美元兑人民币汇率上升1%时，企业净利润将增加100万元；反之，汇率下降1%，净利润将减少100万元。

敏感性分析的优点在于能够直观地展示汇率变动与企业财务指标之间的线性关系，帮助企业管理者快速了解汇率风险对企业的影响程度。通过敏感性分析，企业可以明确哪些业务环节或财务指标对汇率变动最为敏感，从而有针对性地制定风险管理策略。例如，如果发现企业的出口业务利润对汇率变动高度敏感，企业可以考虑采取调整产品定价、优化出口市场结构等措施来降低汇率风险。

敏感性分析的缺点是，只考虑单一因素（即汇率）的变动，可能忽略其他因素的相互影响，也无法反映极端市场情况下的风险，因而适用于初步评估汇率风险对企业单一业务或简单资产组合的影响，或与其他方法配套使用。

（二）情景分析

敏感性分析度量汇率单位变动幅度对企业财务指标的影响，而情景分析法通过构建多种可能的汇率变动情景，包括不同的汇率走势和波动幅度，分析在每种情景下企业的财务状况、经营成果等的变化。

【例6－1】汇率影响的情景分析

X企业测度了不同情景下的企业某产品的利润情况。市场汇率当前为1∶7，企业构建了5类情景，分别对应人民币稳定不变（基准情况）、人民币小幅升值、大幅升值、小幅贬值、大幅贬值的情况，并据此计算出相应的销售额、利润的变化，为企业提供参考（见表6－5）。

表6－5　　　　　　X企业某类商品利润受汇率影响的情景分析

情景	描述	汇率值	销售额 万美元	销售额 万元人民币	成本 万元人民币	利润 万元人民币	利润变化率
1	汇率稳定	7.00	1000	7000	5000	2000	0
2	人民币小幅升值5%	6.67	1000	6666.67	5000	1666.67	－16.67%
3	人民币大幅升值10%	6.36	1000	6363.64	5000	1363.64	－31.82%
4	人民币小幅贬值5%	7.37	1000	7368.42	5000	2368.42	18.42%
5	人民币大幅贬值10%	7.78	1000	7777.78	5000	2777.78	38.89%

情景分析考虑了多种可能的汇率变动情况，比敏感性分析更全面，能帮助企业更系统地评估汇率风险对业务的多方面影响，为战略决策提供参考。更为复杂的情景分析还可以给不同情景发生的概率进行评估并赋以权重，从而得到汇率变动对利润影响的期望值。

当然，汇率变动的情景构建需要大量的专业知识和经验，且情景数量有限，可能无法涵盖所有实际情况，对情景的概率评估也存在主观性。该方法适用于企业制定长期战略规划、进行重大投资决策等场景，可帮助企业提前做好应对不同市场环境的准备。

专栏 6-3　中国银行的外汇风险信息披露

上市公司在重要的财务报告如年度报告中，需要对主要风险及其来源进行披露。对于金融机构特别是银行而言，还需受金融监管部门要求，披露信用风险、市场风险（含外汇风险）和流动性风险等的具体情况。以下节选了中国银行股份有限公司（SH601988）在2023年年度报告的财务报表附注中披露的外汇风险内容，图 6-1 提供了有关外汇风险敏感性分析，图 6-2 是中国银行外汇风险的敞口（用人民币表示）的分布情况。

3.4　外汇风险

本集团大部分的业务以人民币进行，此外有美元、港币和少量其他外币业务。本集团的主要子公司中银香港集团大部分的业务以港币、人民币及美元进行。本集团通过合理安排外币资金的来源和运用以最大限度减少潜在的货币错配。

本集团通过控制外汇敞口以实现对汇率风险的管理。针对交易账簿，本集团通过风险价值对交易账簿的外汇风险进行监控，见附注十一、3.2。同时，本集团对汇率风险进行汇率敏感性分析，以判断外币对人民币的潜在汇率波动对税前利润和权益的影响。

下表列示了本集团主要币种外汇风险敞口的汇率敏感性分析。其计算了当其他项目不变时，外币对人民币汇率的合理可能变动对税前利润和权益的影响。负数表示可能减少税前利润或权益，正数表示可能增加税前利润或权益。该分析未考虑不同货币汇率变动之间的相关性，也未考虑管理层在资产负债表日后可能已经或可以采取的降低汇率风险的措施，以及外汇敞口的后续变动。

币种	汇率变动	对税前利润的影响		对权益的影响*	
		2023年12月31日	2022年12月31日	2023年12月31日	2022年12月31日
美元	+1%	**299**	207	**614**	708
港元	+1%	(192)	220	**2615**	2400

* 对其他综合收益的影响（不考虑相关所得税影响）。

上表列示了美元及港元相对人民币升值1%对税前利润及权益所产生的影响，若上述币种以相同幅度贬值，则将对税前利润和权益产生与上表相同金额方向相反的影响。

图 6-1　有关外汇风险敏感性分析

3.4 外汇风险（续）

下表按币种列示了2023年及2022年12月31日本集团受外汇汇率变动影响的风险敞口。本集团人民币敞口列示在下表中用于比较。本集团的资产和负债以及表外敞口净额和信用承诺按原币以等值人民币账面价值列示。衍生金融工具以名义金额列示在表外敞口净额中。

中国银行集团

	2023年12月31日						
	人民币	美元 折合人民币	港币 折合人民币	欧元 折合人民币	日元 折合人民币	英镑 折合人民币	其他货币 折合人民币	合计
资产								
现金及存放中央银行款项	2394510	284380	35315	103914	49888	58857	81750	3008614
存放同业款项	324693	118768	13371	24349	3017	3216	13870	501284
拆出资金	497630	253976	15969	8021	1885	1396	71631	850508
衍生金融资产	65988	43462	3596	3681	8323	11133	10567	146750
买入返售金融资产	362952	13643	5475	—	—	—	1407	383477
发放贷款和垫款	16269917	1011438	1399632	277488	14021	102739	401636	19476871
金融投资								
— 以公允价值计量且其变动计入当期损益的金融资产	344681	102755	92701	9805	452	27	—	550421
— 以公允价值计量且其变动计入其他综合收益的金融资产	2166348	580401	258080	46738	38654	4282	153610	3248113
— 以摊余成本计量的金融资产	2930748	339996	21539	26528	—	747	40625	3360183
其他	356029	175908	248623	3075	1201	1988	119121	905945
资产合计	25713496	2924727	2094301	503599	117441	184385	894217	32432166
负债								
向中央银行借款	1140227	63749	24489	3982	—	—	2873	1235320
同业及其他金融机构存放款项	1644498	396589	29123	44605	34081	9022	87444	2245362
拆入资金	116759	225072	15877	16973	726	4145	8732	388284
交易性金融负债	—	758	53506	—	—	—	—	54264
衍生金融负债	64969	37234	4269	2539	4639	11216	11107	135973
卖出回购金融资产款	13121	70715	—	—	—	—	2857	86693
吸收存款	18282470	2131110	1475624	273757	172048	91981	480060	22907050
应付债券	1555318	216639	3629	21267	401	—	5192	1802446
其他	364971	127161	291156	3868	483	9449	22871	819959
负债合计	23182333	3269027	1897673	366991	212378	125813	621136	29675351
资产负债表内敞口净额	2531163	344300)	196628	136608	(94937)	58572	273081	2756815
资产负债表外敞口净额	(129268)	336974	64381	(126020)	111695	(53863)	(196093)	7806
信用承诺	5240210	873046	256198	197222	15638	70590	141301	6794205

图6-2 中国银行外汇风险敞口的分布情况

细心的读者可以发现，在相关信息披露中提及货币错配、外汇风险敞口、风险价值、汇率敏感性分析等关键术语。

资料来源：《中国银行股份有限公司2023年年度报告》，第310-311页。

三、VaR度量法

（一）VaR的原理

风险价值（Value at Risk，简称VaR）是金融领域广泛应用的风险度量工具。VaR是指在一定置信水平下，某一投资组合或资产在未来特定的一段时期内可能遭受的最大潜在损失。例如，某企业外汇投资组合在95%置信水平下、5个交易日内的VaR值为300万美元，意味着在未来5个交易日中，该投资组合损失不超过300万美元的可能性为95%，损失超过300万美元的可能性仅为5%。

VaR方法的基础是，通过对历史数据或假设的市场情景进行模拟，构建投资组合价值变动的概率分布模型，计算给定置信水平下投资组合价值损失的临界值。例如，在正态分布的投资组合价值变化模型中，可通过查找对应置信水平的分位数确定VaR值。此方法将复杂的风险状况以具体数值呈现，为投资者与风险管理者提供直观、简洁的风险衡量指标，使其能迅速明晰投资组合在特定条件下可能面临的最大损失状况，进而更有效地进行风险管理决策。该方法已经广泛应用于各类市场风险管理，特别是金融机构的风险管理中。

VaR方法提供了一个具体的量化风险值，能综合考虑资产组合中各种风险因素的相互作用，可用于不同资产组合之间的风险比较，适用于市场相对稳定，资产组合较为复杂、需要对风险进行量化评估和比较的金融机构、大型企业等。

（二）运用VaR分析企业外汇风险的步骤（见图6-3）

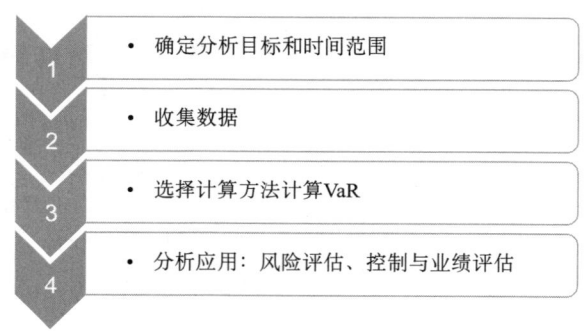

图6-3 运用VaR分析外汇风险的步骤

1. 确定分析目标和时间范围

首先明确企业需要分析的外汇风险敞口，比如是某几种主要外币的交易头寸，还是整体的外汇资产负债组合。同时确定时间范围，常见的有1天、10天、30天等，时间范围的选择往往根据企业的业务特点和风险管理需求来确定。

2. 收集数据

收集与企业外汇头寸相关的历史汇率数据、交易数据等。数据的时间跨度一般要足够长，以保证能反映出汇率波动的各种情况，通常需要几年甚至更长时间的数据。

3. 选择合适的方法计算 VaR 值

VaR 有不同的计算方法，包括历史模拟法、蒙特卡罗模拟法等。历史模拟法假设未来的汇率波动情况与历史数据相似，通过对历史汇率数据的模拟，计算出在不同情景下企业外汇头寸的价值变化，进而得出 VaR 值。例如，根据过去 5 年的每日汇率数据，模拟出未来一天企业外汇头寸可能出现的各种价值变化情况，然后按照给定的置信水平确定 VaR 值。

很多大型企业和金融机构通常采用蒙特卡洛模拟法，即通过随机模拟汇率的变动路径，生成大量的可能情景，然后计算在这些情景下企业外汇头寸的价值变化，从而得到 VaR 值。该方法可以考虑更复杂的汇率波动情况和各种风险因素，但计算量较大。

【例 6 - 2】VaR 分析汇率风险

某公司持有 100 万欧元头寸，该公司通过计算过去 20 年欧元汇率的历史波动率为 10%（年），置信水平 95%（Z = 1.645），求该公司 1 天欧元 VaR（假设 252 交易日）。

首先，根据年波动率计算欧元的日波动率 $= 10\% / \sqrt{252} = 0.63\%$

其次，根据概率（Z = 1.645）计算 VaR = 100 万 × 1.645 × 0.63% ≈ 10363（欧元）

图 6 - 4 显示了中国银行有限公司计算的交易账簿的风险价值结果，包括汇率风险、利率风险、波动风险、商品风险等。据中国银行的信息披露，其对于市场风险，采用的是 99% 置信水平，使用历史模拟法计算持有期为 1 天的风险价值。

单位：百万美元

	2023年			2022年		
	平均	高	低	平均	高	低
本行交易账簿风险价值						
利率风险	12.29	18.48	9.23	13.84	27.08	6.80
汇率风险	31.66	51.03	11.83	35.49	72.70	11.30
波动风险	0.68	1.60	0.23	1.11	3.18	0.52
商品风险	0.22	0.74	0.01	1.63	7.17	0.17
风险价值总额	30.25	51.09	15.21	39.99	75.79	13.75

与黄金相关的风险价值已在上述汇率风险中反映。

图 6 - 4 中国银行 2023 年年度报告中交易账簿的风险价值

资料来源：《中国银行股份有限公司 2023 年年度报告》，第 303 页。

4. 结果分析与应用

一是风险评估。通过计算出的 VaR 值，企业可以直观地了解到在给定置信水平下，其外汇头寸可能面临的最大损失情况。如果 VaR 值较大，说明企业面临的外汇风险较高，需要采取相应的风险管理措施。

二是风险控制。企业可以根据 VaR 值来设定风险限额，例如，规定外汇投资组合的 VaR 值不得超过企业总资产的一定比例。当 VaR 值接近或超过限额时，企业可以采取调整外汇头寸、进行套期保值等措施来降低风险。

三是业绩评估。VaR 值还可以用于评估企业外汇交易部门或投资组合经理的业绩。在相同的市场环境下，VaR 值较低且投资收益较好的部门或经理，其风险管理能力较强。

第三节　汇率风险管理策略和工具

在测度了汇率敞口及其影响之后，企业可以根据汇率风险管理策略，选择具体的工具手段进行风险控制。

一、汇率风险管理策略

汇率波动是客观存在的现实。对于国际企业而言，可以采取多种策略，将汇率波动对企业经营成果和财务状况的不确定性影响降低到可承受范围内，即实现"汇率风险中性"，简言之，就是使企业的经营业绩尽可能不受汇率波动的干扰。企业管理外汇风险的主要策略包括风险对冲、选择计价结算货币、价格转嫁等（见图 6-5）。

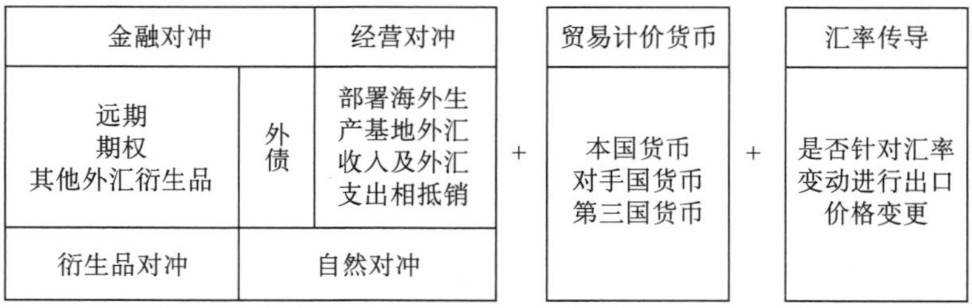

金融对冲	经营对冲	贸易计价货币	汇率传导
远期 期权 其他外汇衍生品	外债 / 部署海外生产基地外汇收入及外汇支出相抵销	本国货币 对手国货币 第三国货币	是否针对汇率变动进行出口价格变更
衍生品对冲	自然对冲		

图 6-5　企业汇率风险管理策略

资料来源：国家外汇管理局企业汇率风险管理服务小组. 汇率风险中性操作指引 2024 年版，2024。

（一）风险对冲

风险对冲是企业使用金融或经营手段，降低汇率风险暴露。风险对冲根据方式可分为金融对冲和经营对冲；根据是否运用外汇衍生品，可分为衍生品对冲和自然对冲。

金融对冲是指企业运用外汇衍生品及外债等工具开展套期保值，降低外汇风险敞口。经营对冲是指企业通过经营活动、匹配自身收支币种和周期等，不借助衍生工具进行自然对冲，代表性的方法包括：将境内母公司与海外生产基地之间的交易敞口轧差；提前或推迟外币支付结算时间；将生产基地转移到海外，消除出口产生的汇率风险等。

衍生品对冲是指利用外汇市场衍生品对冲汇率风险，是金融对冲的主要手段，常见的衍生工具包括外汇远期、外汇期权及其他外汇衍生品。自然对冲是指通过持有相同币种的外币债务或债权、调整收支周期，将外币债权与债务相抵来降低企业外汇风险敞口，包括调整外债和经营对冲等方式。

（二）其他策略

1. 计价与结算货币调整

计价货币调整是通过选择计价和结算货币币种来降低汇率风险。在国际贸易活动中，结算货币的选择对企业面临的汇率风险有着直接且显著的影响。企业应优先考虑选用本币进行结算，如此一来，可完全规避汇率波动带来的风险。例如，中国企业在与国内企业开展贸易往来时，应尽可能采用人民币进行结算。对于跨境贸易，企业可尝试与贸易伙伴展开协商，选用汇率相对稳定的货币进行结算，如美元、欧元等国际主要货币。

若目标市场所在国家的货币汇率波动较为剧烈，企业可与客户积极沟通，争取以相对稳定的货币进行计价结算。在部分新兴市场国家，当地货币汇率波动频繁，企业在与这些国家的客户进行贸易时，可提议以美元作为结算货币。此外，企业还可考虑采用货币篮子作为结算货币，即将多种货币按照一定权重进行组合，以此降低单一货币汇率波动所产生的影响。通过合理调整贸易结算货币，企业能够在一定程度上缩减汇率风险敞口，保障经营收益的稳定性。

2. 价格转嫁

价格转嫁是指当汇率向不利方向变动时，企业可以将对应的成本通过报价转嫁给贸易对手。例如，出口企业在人民币升值时提高以外币计价的出口价格，将汇率风险转嫁给客户。

然而，价格转嫁策略能否实现降低或转移汇率风险，很大程度上取决于企业是否在交易中占据主导地位，换言之，如果企业相比同类企业不具有独特的竞争优势，或者在目标市场上相比客户没有定价权，则很难实际推行。

二、外汇衍生品管理风险

国际企业可以运用外汇衍生品及外币投融资等金融手段管理外汇风险（参见第四章）。

实践中，企业根据自身情况，可以灵活选择使用其中一种或多种工具管理外汇风险，本章附录提供了某机械进出口企业使用多种外汇衍生工具管理外汇风险的案例。

(一) 远期外汇和期货合约

远期外汇合约是企业在汇率风险管理中常用的工具之一。双方在达成交易后，预先就币种、金额、汇率以及交割时间等交易要素进行明确约定，待到期时才开展实际交割。企业通过与银行等金融机构签订此类合约，能够锁定未来特定时间点的外汇兑换汇率，进而有效规避因汇率波动引发的交易风险。

一些国际企业还利用外汇期货进行风险对冲。在期货交易所内的标准化外汇合约交易具备流动性强的特性，企业对未来的外汇收支进行套期保值，锁定汇率风险。外汇期货合约的履约方式比较灵活，可以在到期日前通过反向交易进行平仓操作，也可以在到期日进行全额或差额交割，便于企业管理一定时期内汇率的波动风险。然而，外汇期货交易品种较少且合约金额固定，不能完全实现风险敞口的对冲，保证金要求占用资金，高杠杆率意味着高风险，因而实践中远期外汇合约运用更为广泛。针对某些实施资本管制、货币不能自由兑换的国家的汇率风险，企业还可以利用无本金交割（NDF）远期交易管理风险（见专栏6-4）。

专栏6-4 利用小币种NDF管理汇率风险

R公司为我国大型综合通信解决方案提供商，业务遍布全球100多个国家和地区，近年来积极开拓"一带一路"国家市场。该公司运营收入来自当地货币，而原材料采购为美元支出，存在现金流货币错配情况，特别是美元大幅升值将严重影响企业财务状况。很多小币种所在国货币不可自由兑换，缺乏常规的远期避险工具，对此，R公司采用小币种NDF工具，将小币种汇率风险风险敞口转化为美元敞口，再通过美元债权债务对冲、阶段性美元汇率套期保值合同等，实现小币种汇率风险的套期保值。例如，R公司3个月后将有一笔8.23亿印度卢比（INR）的销售回款。2022年，印度卢比对美元汇率累计贬值11.41%。综合考虑印度金融市场的发达程度以及在印度办理外汇远期的成本，R公司选择办理了8.23亿印度卢比的外汇无本金交割远期（NDF）交易。

资料来源：国家外汇管理局《企业汇率风险管理指引》（2024年版）。

(二) 外汇掉期

某企业为在境外某国开展业务，拟发行商业票据1500万美元融资，期限1年，票面年利率1.2%，到期一次还本付息。该企业计划将美元结汇成人民币用于日常经营，到期日再购汇归还外债本息。为锁定外债项下汇率风险，该企业办理近端结汇/远端购汇的人民币外汇掉期交易，锁定近端即期结汇汇率6.41，远端12个月购汇汇率6.57，该掉期交易成本为2.5%，加上融资的票据成本1.2%，该交易综合资金成本为3.5%，通过该方式，企业不再因为持有美元风险敞口而面临汇率大幅升值带来的财务损失（见图6-6）。

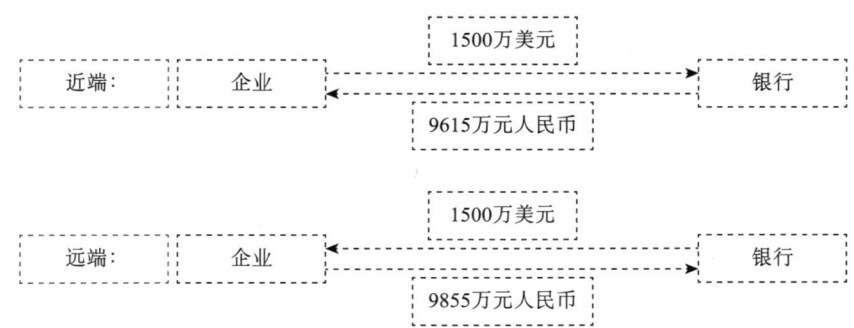

图6-6 利用掉期交易管理外债融资

（三）外汇期权

外汇期权赋予企业在未来特定时间内，按照约定汇率（即执行价格）买入或卖出一定数量外汇的权利。与远期外汇合约相比，外汇期权给予企业更大的操作灵活性。当汇率走势朝着对企业有利的方向发展时，企业可选择不执行期权，而是按市场汇率进行外汇交易，以获取更为可观的收益；当汇率走势不利时，企业则可行使期权，按约定汇率进行交易，从而避免损失。

【例6-3】利用期权管理外汇风险

某国内企业需进口一批设备，金额1000万美元，预计1个月后付款。因市场波动面临汇率风险，企业希望付出一定的成本规避人民币贬值、美元购汇价格大幅上升的风险。

企业向A银行购买了一份名义本金1000万美元的美元买权，期限1个月，执行价格为6.50元人民币/美元，支付期权费0.05元人民币/美元，共计50万元人民币。如果期权到期时市场即期汇率高于执行价格，则执行期权按照6.5的汇率购汇，如果到期时市场汇率低于执行价格，则企业不执行期权，按照市场即期汇率购汇，其综合购汇成本（含期权费）情况如表6-6所示。

表6-6 运用美元外汇买权控制购汇成本

到期日USDCNY即期汇率	期权行权	综合购汇成本（含期权费）
小于等于6.5	否	市场汇率+0.05
大于6.5	是	6.55

企业购汇的成本上限为6.55。相比远期购汇只能按照确定汇率进行支付，企业用外汇期权控制汇率风险，具有较大的灵活度，可以观望市场的实际变动方向，并在美元汇率贬值时以较低的成本实现购汇。

企业还可通过期权组合产品，达到更精确规避汇率风险的目的，见例6-4。

【例6-4】利用期权组合管理外汇风险

某国内企业需进口一批设备，金额1000万美元，预计1个月后付款。当前市场汇率为6.5，企业认为美元对人民币呈现双向波动，希望将购汇价格限定在一定范围内，同时降低衍生工具成本。企业同银行签订合约，买入执行价格为6.52的美元买权、卖出执行价格为6.45的美元卖权，名义本金均为1000万美元，期权组合的综合期权费为零。

在到期日，若市场即期汇率在[6.45，6.52]区间内，企业按照市场即期汇率购汇；若市场即期汇率低于6.45或高于6.52，企业相应按照6.45或6.62汇率购汇，达到规避汇率风险的目的。无论汇率涨跌，企业综合购汇成本将维持在6.45到6.52之间，从而精确控制购汇的成本（见表6-7）。

表6-7　　　　　　　　企业运用外汇期权组合控制购汇成本

到期日 USDCBNY 即期汇率	卖出美元卖权（执行价6.45）	买入美元买权（执行价6.52）	综合购汇成本
小于6.45	银行行权企业按6.45购汇	企业不行权	6.45
[6.45，6.52]	银行不行权	企业不行权	即期汇率
大于6.52	银行不行权	企业行权按6.52购汇	6.52

当然，期权可以实现多种组合，帮助企业实现规避风险的目的，同时也可以帮助激进的企业利用汇率变动，以较低成本博取收益。更为详细的案例，请读者参看章末参考文献。

（四）货币互换

货币互换是交易双方依照预先商定的汇率、利率等条件，在一定期限内相互交换不同货币的现金流的交易行为。货币互换有多种方式，例如，本金互换、利息互换（固定利率对浮动利率、浮动利率对浮动利率、A币种固定利率对B币种固定利率）、本金和利率均交换，等等。借助货币互换，企业能够将一种货币的债务转换为另一种货币的债务，企业不仅能够降低汇率风险，还可依据自身资金状况以及利率市场动态，优化债务结构，降低融资成本。

【例6-5】货币本金和利息互换

假设A公司为中国企业，在英国设有分公司；B公司为英国企业，在中国设有分公司。A 公司的英国分公司计划贷款 1000 万英镑，贷款期限为 5 年；B 公司的中国分公司拟贷款 9000 万元人民币，贷款期限同样为 5 年。此时，英镑与人民币汇率为 1∶9，两家公司的子公司所需借贷的资金价值在当前汇率下相等。

两家公司在中国和英国的融资成本存在差异，具体的融资成本如表 6－8 所示。A 公司能获得利率较低的人民币贷款，但转换为英镑会面临汇率变动风险，如果用英镑借贷则利息成本较高。B 公司情况恰好相反，英镑贷款利率较低。

双方可利用各自的成本优势融资，A 公司借入人民币、B 公司借入英镑，并互换利息支付，降低筹资成本。

表 6－8　　　　　　　　　A、B 公司不同币种的融资利率

	人民币	英镑
中国 A 公司	4%	5%
英国 B 公司	5%	4%

A 公司向银行贷款 9000 万元人民币，按照 4% 的年利率，在 5 年贷款期限内每年向银行支付相应利息；B 公司向银行贷款 1000 万英镑，同样以 4% 的年利率，在 5 年期限内每年支付利息。两家公司成功获取贷款后，签署货币互换协议，按照英镑对人民币 1∶9 的汇率交换本金和期间的利息支付。

依据该协议，A 公司与 B 公司期初互换所借本金，即 A 公司获得 1000 万英镑，B 公司获得 9000 万元人民币；在合约生效的 5 年内，A 公司每年向 B 公司支付 1000 万英镑的 4%（即 40 万英镑）作为利息，B 公司每年向 A 公司支付 9000 万元人民币的 4%（即 360 万元人民币）作为利息，最终期满后双方再度交换本金，以归还银行贷款。协议的利息交换如图 6－7 所示。

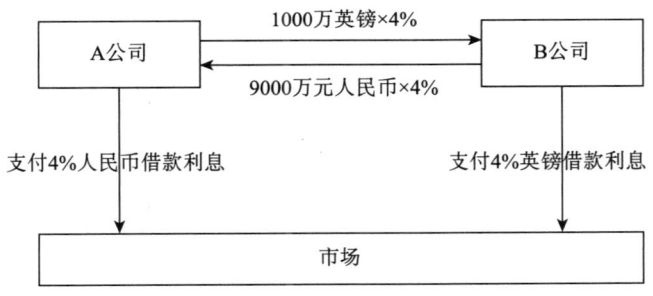

图 6－7　货币互换中的利息交换

通过此项安排，A 公司实际以 4% 的年利率获得了 1000 万英镑的融资，B 公司则以 4% 的年利率获得了 9000 万元人民币的融资，相较于直接向银行贷款，双方各自降低了 1

个百分点的年利率成本,同时由于锁定了合约汇率,避免了本金受汇率变动的风险。充分体现了货币互换在优化融资成本方面的显著优势。

三、自然对冲

企业还可以使用经营策略调整或调整外币投融资等方式对汇率风险进行自然对冲。

(一) 外币投融资调整

企业可通过调整外币资产与负债在规模和期限上的匹配,平衡外币风险敞口,减轻汇率波动对企业财务状况的影响。当企业的外币资产与负债规模相近时,汇率波动对资产和负债的影响能够在一定程度上相互抵消。例如,若企业持有 100 万美元的外币资产和 100 万美元的外币负债,当美元对人民币贬值时,外币资产换算成人民币后的价值虽会减少,但与此同时,外币负债换算成人民币后的偿还金额也会相应降低,从而降低了汇率波动带来的净损失。

在期限匹配方面,企业应尽量确保外币资产的收回期限与外币负债的偿还期限相互对应。避免出现以短期外币负债用于长期外币资产投资的情况,防止因汇率波动在短期内形成较大的偿债压力。为达成外币资产与负债的平衡,企业可根据自身经营需求以及汇率走势,合理规划外币资金的筹集与使用。例如,通过调整外币借款的金额和期限,或者合理配置外币资产的种类和规模,来优化外币资产负债结构,降低汇率风险。

(二) 经营对冲:拓展多元化市场

当企业将业务集中于少数或单一国家或地区时,一旦相关货币汇率发生不利变动,企业的销售业绩和利润可能会遭受严重影响,而拓展多元化市场则有助于分散此类风险。

企业通过将业务拓展到不同国家和地区,使不同货币的收入和支出相互匹配,从而降低单一货币汇率波动带来的风险。不同国家和地区的经济状况、货币政策以及汇率走势各不相同,当一种货币贬值时,另一种货币可能升值;当一个市场的汇率波动对企业不利时,其他市场可能不受影响,甚至为企业带来有利机遇。拓展多元化市场不仅能够助力企业扩大销售规模,提升市场份额,还能增强企业的整体竞争力与抗风险能力。

附录 6-1 工程机械出口企业外汇风险管理案例

2022 年,国家外汇管理局发布《企业汇率风险管理指引》,并应金融机构和企业需求，征集了企业开展汇率风险管理的典型案例以及金融机构支持企业汇率风险管理的良好实践，编写了《企业汇率风险管理指引》（2024年版），对企业汇率风险全场景分析、专业化管理、数字化方案等作了比较详细的阐述，并根据行业、业务特点选取了16个代表性案例进行共享。本附录摘选该指引企业案例篇中第10个案例，以便读者了解企业运用金融手段特别是衍生品工具管理外汇风险的实践。

1. 企业概况

N企业是一家工程机械企业，已在境外开拓经营近20年。目前在全球拥有数家海外子公司和机构、海外制造工厂、研发基地，数百家经销商，为100多个国家和地区提供产品和服务，基本覆盖了"一带一路"沿线绝大部分国家和地区。2022年出口7.01亿美元，即期结汇规模5.4亿美元，即期购汇规模1.3亿美元。

2. 汇率风险管理

作为跨国公司，大部分产品由境外子公司及全球多家经销商销售到世界各地，因而出口呈现国别广、币种多等特点。为适应此特点，N企业主要采用下述手段管理汇率风险：

（1）远期结售汇。针对进口、出口贸易项下汇率风险，N企业通过与银行签订远期结汇、购汇合约，锁定部分未来外汇兑人民币的结汇、购汇汇率，熨平汇兑损益，避免汇率波动侵蚀经营利润。

（2）差额交易远期。主要对冲集团财务合并报表时的估值损益。每月初或月中通过续做月末到期的差额交割远期，锁定记账汇率，降低会计报表汇兑风险。如，企业2023年3月办理一笔5000万美元的差额交割远期结汇，为境外子公司的外币资产办理套期保值，改善1季度合并财务报表时的估值损益。

（3）货币掉期。对于外币融资项下的利率及汇率波动风险，N企业通过货币掉期，锁定筹资成本。如，2023年1月，企业通过境内银行办理内保外贷借入外债1.4亿美元，期限1年。同时，与境内银行签订了1年期的"近结远购"人民币外汇货币掉期合约，将综合融资成本锁定在3.59%，无须承担汇率波动所产生的市场风险，也有利于公司根据确定的融资成本规划资金的使用。

（4）小币种NDF。随着企业国际化经营的脚步，面临的风险币种日趋多样化及汇率波动幅度越来越大，如巴西雷亚尔、印度卢比、波兰兹罗提、印度尼西亚盾等。针对小币种的汇率波动风险，N企业选择通过办理小币种NDF交易进行汇率风险管理。

（5）外币融资。由于企业对外投资额及出口额较大，一部分汇率敞口通过借入短期外币融资，可以达到外币资产与外币负债自然对冲的效果。比如，采取对外借款对冲国内公司外汇资产敞口、对外借款加速回款消减海外子公司敞口。此外，企业也采用国内公司资产敞口与海外公司负债敞口进行对冲、同一法人公司不同币种敞口进行对冲等方式，从整体上减少外币敞口数量。

 本章小结

1. 汇率风险，又称外汇风险，是指由于汇率的不确定性变动，给经济主体带来损失或收益的可能性。

2. 汇率波动影响企业的短期财务绩效和股价表现，也影响企业长期战略规划和市场竞争力。

3. 汇率风险包括交易风险、折算风险和经济风险，前两者是汇率变动对经济主体产生的直接影响，而后者则是汇率变动通过影响经济主体行为调整带来的间接影响。

4. 交易风险是指企业在运用外币进行计价收付的交易活动中，因汇率波动而致使企业遭受损失的可能性。此类风险主要源自企业的日常经营业务，诸如进出口贸易、跨国借贷、外币投资等。

5. 折算风险又称会计风险，是汇率变动影响跨国公司编制合并财务报表中出现的账面损益。

6. 经济风险又称经营风险，是指由于意料之外的汇率波动，通过对企业的生产销售数量、价格、成本等因素产生影响，致使企业未来一定期间内的收益或现金流量减少的潜在风险。

7. 管理外汇风险的前提是识别和度量外汇风险（敞口）的大小。汇率风险的度量方法主要有敏感性分析和情景分析法、VaR 法等。

8. 外汇敞口，又称外汇风险暴露，是指由于经济主体的资产、负债在币种、期限、金额等方面存在不匹配，在汇率波动时面临潜在外汇风险的那部分头寸。

9. 货币错配是指经济主体资产与负债、收入与支出因为使用不同货币计值，出现的货币币种结构上的失衡。

10. 外汇敞口的计算方法主要有三种，即总敞口头寸法、净敞口头寸法和累计短边敞口头寸法，分别对应于全部头寸加总、货币的净头寸加总和货币的最大短边头寸加总。

11. 汇率的敏感性分析表明汇率发生变动时，对其他相关变量（如企业的利润、资产价值等）产生的影响程度。

12. 情景分析法通过构建多种可能的汇率变动情景，包括不同的汇率走势和波动幅度，分析在每种情景下企业的财务状况、经营成果等的变化。

13. 风险价值（VaR）是指在一定置信水平下，某一投资组合或资产在未来特定的一段时期内可能遭受的最大潜在损失，可以根据历史数据或蒙特卡洛模拟等方式计

算 VaR。

14. 汇率风险中性是指企业采取多种策略，将汇率波动对企业经营成果和财务状况的不确定性影响降低到可承受范围内，使企业的经营业绩尽可能不受汇率波动的过度干扰。

15. 风险对冲是企业使用金融或经营手段，降低汇率风险暴露。风险对冲根据方式可分为金融（财务）对冲和经营对冲；根据是否运用外汇衍生品，可分为衍生品对冲和自然对冲。

16. 金融对冲是指企业运用外汇衍生品及外债等工具开展套期保值，降低外汇风险敞口，常见的衍生工具包括外汇远期、外汇期权及其他外汇衍生品。

17. 经营对冲是指企业通过经营活动、匹配自身收支币种和周期对汇率风险进行对冲，代表性的方法包括：将境内母公司与海外生产基地之间的交易敞口轧差；提前或推迟外币支付结算时间；将生产基地转移到海外，消除出口产生的汇率风险等。

18. 自然对冲是指不通过衍生工具，而是通过调整外债或者改变经营策略等方式对冲企业汇率风险。

关键术语

汇率风险	市场风险	外汇头寸	外汇风险敞口	货币错配
交易风险	折算风险	经营风险	净头寸	总头寸
短边头寸	敏感性分析	情景分析	风险价值	汇率风险中性
风险对冲	金融（财务）对冲	经营对冲	自然对冲	衍生工具对冲

练习题

1. 某企业计划借用外债1000万美元并结汇为人民币使用，到期使用人民币购汇还款。该企业在借入外债的同时，与银行签订了1年期货币互换合约，约定期初外债结汇和1年后归还本金购汇的汇率均为6.45，存续期间以美元固定利率0.65%和人民币固定利率3.1%为基准，按季度进行利息交换。请画出该交易涉及的期初、期末和存续期（季度）现金流交换的示意图，并计算其综合融资成本。

2. 某中资跨国公司的外币敞口如表6-9所示，计算每种货币的总敞口、净敞口和短边敞口头寸，并计算三类加总头寸。

表 6-9　　　　　　　　　　　企业的外币敞口　　　　　　　　单位：百万元人民币

币种	多头头寸（1）	空头头寸（2）
美元	55	25
欧元	12	37
日元	188	264
加拿大元	60	70

3. 日本公司向境外银行 A 借入 1.5 亿美元贷款，期限 1 年，年利率 1.2%，到期一次偿还本金和利息。该企业与银行 B 办理了日元美元外汇掉期交易，企业近端卖出美元汇率为 142，远端买入 12 个月远期美元汇率 146，计算该笔掉期交易的成本（用日元衡量），考虑贷款成本后，企业的实际融资成本是多少？

4. 某公司持有 200 万美元头寸，80 万欧元头寸，该公司通过计算，美元汇率历史波动率为 12%（年），欧元历史波动率为 10%（年），假设一年有 252 个交易日，在置信水平 95%（$Z=1.645$）下，求该公司 1 天的美元 VaR 和欧元 VaR。

思考与讨论

1. 结合专栏 6-1，请查阅相关上市公司年报，结合人民币汇率变动情况，深入分析汇率对我国航空企业的财务业绩的影响。

2. 结合专栏 6-2，请查阅相关资料，结合日元汇率变动情况，深入分析最近 30 年日元汇率变动对日本汽车制造业的生产经营、市场份额、财务绩效等的影响。

3. 财经分析师认为，某些行业易于遭受汇率波动影响，比如进出口贸易、能源、造纸、电气设备等，请任选一个行业，查阅行业相关上市公司年报，结合人民币汇率变动情况，深入分析汇率对行业经营和财务业绩的影响，包括影响程度、影响渠道以及该行业典型企业管理汇率风险的具体方法。

4. 假设你是一家大型家电跨国公司的财务主管，总部在中国，在美国、德国、日本和巴西均设有生产基地，且实行本地生产本地销售，以当地货币计价，但原材料、中间零部件等均由国内统一提供，以人民币计价。请分析企业可能面临的外汇风险类型，并根据人民币对美元、对欧元、对日元、对雷亚尔汇率最近一年的变动情况，分析短期汇率变动对企业合并报表（以人民币计价）的影响。

5. 查阅任一国际企业的年度财务报告，查看其汇兑损益和汇率风险管理情况，分析企业汇率波动对企业的财务影响及企业的应对策略。

参考阅读

1. 汪滔，石建华. 企业风险管理：大宗商品价格、汇率、利率风险管理实务［M］. 北京：机械工业出版社，2024.

2. ［美］杰夫·马杜拉. 国际财务管理［M］. 北京：北京大学出版社，2020.

3. ［美］切奥尔·尤恩，布鲁斯·雷斯尼克. 国际财务管理（第8版）［M］. 北京：机械工业出版社，2021.

4. 国家外汇管理局. 企业汇率风险管理指引（2024版），https：//www.safe.gov.cn/safe/2024/0830/24923.html.

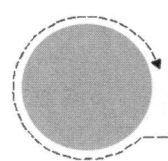

第七章　国际长期融资管理

学完本章后，你将能够：

➤分析跨国公司资本成本构成和影响因素

➤掌握跨国公司资本结构决策选择

➤理解资本成本的国别差异

➤理解跨国公司母公司和海外子公司融资决策的相互影响

本章概览

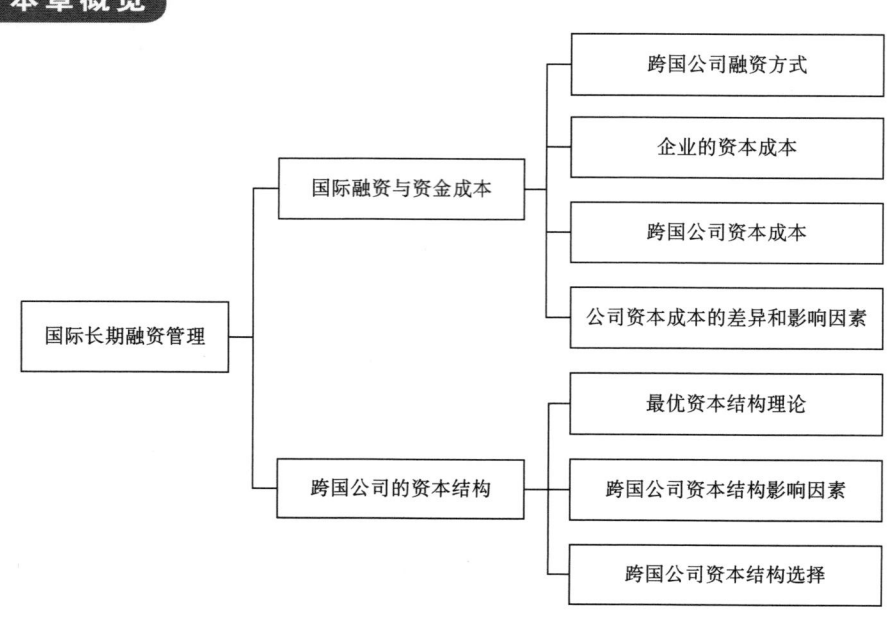

融资活动是企业各项经营活动的基石，企业经营活动的跨国化发展，使其资金筹集范围也趋于国际化。本章将探讨国际企业如何利用国际资本市场进行长期融资以获得广泛的全球资金，并通过资本结构的适当选择实现资本成本最小化，从而在国内外市场竞争中占据优势地位。

第一节　国际融资与资金成本

国际融资是指资金需求者通过一定渠道和方式，从国外的资金供给者那里获得资金，并给予资金供给者适当回报的经济活动。在前面的章节中我们介绍了国际金融市场和资本流动，本章我们聚焦企业的长期融资活动。

一、跨国公司融资方式

一家跨国公司可以从内部和外部两个渠道获取资金，包括多种融资方式。

（一）内部融资

跨国公司内部融资包含公司和系统两个层面的资金来源。

1. 公司内部融资

公司内部融资是指公司将发放股利之后的未分配利润作为经营活动的追加投资。公司经营期间积累的留存收益是公司内部融资的来源。

2. 系统内部融资

系统内部融资是指当跨国公司遇到资金周转困难、需要资金时，通过总部的统一安排，从母公司或各子公司获得短期资金的行为。系统内部融资是跨国公司获得资金的重要手段之一，也是在资金缺乏时首先想到的解决办法。这种在跨国公司内部从资金富余的公司调出部分资金给急需的公司的做法，不仅可以快速解决资金需求，而且在外部市场利率较高时，还可以减少融资成本。

按照资金来源来划分，系统内部融资的具体方式有两种：一是母公司的融资，即母公司以参股投资、现金贷款以及担保贷款等方式提供资金；二是子公司的融资，主要是各子公司以贷款、赊账交易等方式提供资金支持。

(二) 外部融资

外部融资根据资金来源,可以分为从母国融资、东道国融资以及国际金融市场融资三种。

1. 从母国融资

跨国公司熟悉母国的金融市场,并与母国的金融机构有紧密的联系,因而能从母国较为方便地筹措所需资金。这些资金来源通常有:在本国市场上发行股票和债券;从母国的政府机构、商业银行以及其他金融机构获取贷款;利用母国政府鼓励对外投资和商品出口的优惠政策,获得专项资金,等等。

2. 东道国融资

当公司内部资金和母国资金不能满足需要,特别是当东道国资金成本较低时,跨国公司便会转向东道国筹措资金。跨国公司可以利用的东道国资金来源大致包括:发行各种有价证券,从东道国政府机构、商业银行和其他金融机构获取各类贷款,寻找当地居民或组织进行合资经营,以及从母国对东道国的援助项目中取得资金等。

3. 国际金融市场融资

国际金融市场是跨国公司获取外部融资的主要途径,短期资金主要来自国际货币市场,中长期资金来自国际股票市场、国际债券市场和银行信贷。

专栏 7-1　华为公司 2023 年的债务融资情况

华为公司 2023 年的融资活动在多方面有序展开,包括借款规模与结构调整、销售融资业务的拓展及优化,为公司的持续发展提供了有力支持。

截至 2023 年底,华为公司的长短期借款余额较年初增加人民币 1112.70 亿元,达到 3084.14 亿元,其中,长期借款为 2916.88 亿元,短期借款为 167.26 亿元。这一增长主要是为了保障公司面向未来基础研究与开放创新的持续研发投入。公司的借款类型多样,包含集团内担保借款、应收账款融资、信用借款以及公司债券等,信用借款中人民币借款的年利率为 2.80%—3.96%,体现了公司根据自身需求和市场情况合理安排融资结构。

2023 年华为公司通过合理安排债券发行,优化债务结构,为各项业务的开展提供了稳定的资金支持。自 2019 年受到美国制裁后,华为公司的境外融资渠道受限,其在境内债券市场积极融资,境内发债成为重要的资金来源。公司发行了多笔人民币中期票据,如 2023 年 1 月 16 日发行的 30 亿元,年利率 3.45%,期限 5 年;2023 年 2 月 10 日发行 30 亿元,年利率 3.40%,期限 5 年等。

在存续的外债方面，华为公司存续的债券包括 2015 年至 2017 年 5 月 19 日发行的 3 笔合计 35 亿美元债券，年利率为 4% 左右，另外还有作为担保人的 1 笔 50 亿美元的欧洲中期票据。这些债券的发行丰富了公司的融资渠道，满足了不同业务对资金的需求。从结构上看，人民币债券和美元债券相结合，有助于公司在不同货币市场获取资金，优化债务结构，降低融资成本。

资料来源：《华为投资控股有限公司 2023 年年度报告》，华为官网 https://www.huawei.com/cn/annual-report。

二、企业的资本成本

（一）资本成本的含义

企业的资本是指那些需要向资金供给方（即企业的投资者）支付回报的长期资金，大类上包括权益资本和债务资本。权益资本是股东（所有者）投入的资金，包括普通股股本、资本公积、历年留存收益形成的盈余公积，以及优先股股东投入的资金等，是公司的自有资金，无须偿还初始投资本金。债务资本是债权人提供的资金，主要包括债券和各种银行贷款，企业有义务偿还债务本金、支付利息。

企业的资本成本是指企业为了筹集和使用各种资本而要付出的代价，包括付给投资者的必要报酬（如向股东分配的股利、向债权人支付的利息等），以及与筹资活动相关的费用，主要是股票和债券的发行成本。

对于公司投资者而言，投资者对投入公司的每单位资本所要求的收益就是其投资的"必要报酬率"；对于公司而言，资本成本就是经营活动中每单位投入资本必须获得的最低收益率，也就是用来计算项目净现值所使用的贴现率。

（二）资本成本的计算

公司为筹集和使用一种资本而付出的代价，包括资金筹集费和资金占用费（使用费）两部分。

资金筹集费是指在资金筹集过程中支付的各项费用，如发行股票、债券支付的印刷费、发行手续费、律师费、资信评估费、公证费、担保费、广告费等，资本筹集费通常在筹集资本时一次性支付，在资本使用过程中不再发生。

资金使用费则是融资者支付给投资者的费用，如股息、税前利息等。

1. 单笔融资的资本成本

假定公司融入一笔资金,则资本成本的含义是,使企业接受资金来源净额现值(现金流入)与预计未来资金流出现值(现金流出)相等的贴现率,再经过扣税调整后的成本,即为:

$$V(1-f) = \sum_{t=1}^{n} \frac{\widetilde{CF_t}}{(1+r)^t} \tag{7-1}$$

其中,V 为筹资资金总额,$V(1-f)$ 为扣除了融资费用的实际筹资净额,f 为资金筹集费率,f 越大,实际使用的筹资额越少。CF_t 为第 t 期的资金流出,即资金使用费(投资者各期要求的支付金额),r 为投资者报酬现值和实际融资额相等的贴现率。公式(7-1)表明,从筹集资金到返还收益现值相等的角度看,资本成本也是公司筹资活动收支相抵的内部收益率 IRR。

2. 总资本成本

一家公司的总资本成本等于债务资本成本与权益资本成本的加权平均资本成本(通常以 WACC 表示),其中各单一资本成本的权重为每种资本的市值占公司总价值的比重,如公式(7-2)所示:

$$V = \sum_{i=1}^{n} w_i V_i \Rightarrow R_{wacc} = \sum_{i=1}^{n} w_i R_i, \sum_{i=1}^{n} w_i = 1 \tag{7-2}$$

假设公司只有负债和权益两种资本,则加权资本成本可以简化为公式(7-3)。

$$r_{WACC} \equiv \frac{E}{E+D} r_E + \frac{D}{E+D} r_D (1-\tau_C) \tag{7-3}$$

其中,r_{WACC} 为加权平均资本成本,D 为公司负债价值,E 为公司权益价值,r_E 为权益融资成本,r_D 为税前债务成本,τ_C 为公司所得税的税率。债务和权益的权重可以反映公司的资本结构。

三、跨国公司资本成本

跨国公司的融资资本包括债务资本和权益资本,根据前述公式,我们举例说明其资金成本的计算。

(一)债务资本成本

跨国公司主要通过从商业银行借款或者在债券市场上发行债券的方式,获得债务资本。债务资本按照融资市场又可以分为借款成本和债券成本。

如果不考虑外币融资带来的汇率风险,某一币种债务的资本成本 r_d 可以写作:

$$F_d(1-t) = \sum_{t=1}^{n} \frac{I_d(1-t)}{(1+r_d)^t} + \frac{F_d}{(1+r_d)^n} \qquad (7-4)$$

其中，F_d 为债务融资的名义本金（比如贷款金额，或债券出售价格），而 I_d 为期间偿还的利息，t 为公司所得税。

1. 借款成本

公司从银行借款获得的资金扣除手续费用后，即为公司实际融资金额。银行规定的利率 r_d 即税前债务成本，由于利息是在缴纳所得税前支付，利息支出对公司股东而言具有节税作用，因此各期实际支付现金流为名义本金×名义贷款利率 r_d×（1−税率 t）。

【例 7−1】假设 A 公司从银行贷款 1000 万美元，期限为 3 年，年利率 6%（按年支付利息），银行一次性扣除贷款手续费 1‰，企业所得税率为 25%，计算该笔贷款的融资成本。

解：该笔贷款实际可用金额 = 1000 万×（1−0.1%）= 999 万（美元）；

年税后利息支出 = 利息×（1−税率）= 60 万×（1−25%）= 45 万（美元）；

（1）不考虑复利，3 年总融资成本 = 融资手续费 + 利息总支出 = 1 + 45×3 = 136 万（美元）；

年贷款成本 r 可粗略计算为 r =（136/999 万）/3 ≈ 4.54%

（2）考虑复利计算内部报酬率（IRR），即列式为：

$$NPV = -P_0 + \frac{I_t}{(1+IRR)^1} + \frac{I_t}{(1+IRR)^2} + \frac{I_t+P}{(1+IRR)^3} = 0$$

$$-999 + \frac{45}{(1+IRR)^1} + \frac{45}{(1+IRR)^2} + \frac{45+1000}{(1+IRR)^3} = 0$$

求得 $IRR \approx 4.54\%$，该笔借款的美元税后实际借款成本为 4.54%。

如果人民币对美元在期间汇率发生波动，比如期间美元每年升值 1%，则实际偿还的人民币利息成本还需要按年增加 1%，则以人民币计算的融资成本为：

$$-999 + \frac{45 \times (1+1\%)}{(1+IRR_{人民币})^1} + \frac{45 \times (1+1\%)^2}{(1+IRR_{人民币})^2} + \frac{1045 \times (1+1\%)^3}{(1+IRR_{人民币})^3} = 0$$

求解该方程，可得人民币融资成本 $IRR_{人民币} \approx 5.70\%$

可见，汇率波动进一步增加了企业的实际融资成本。

2. 债券成本

当跨国企业在国际债券市场上发行债券融资时，债券投资者要求的回报率反映在债券的到期收益率，债券的税前资本成本近似于债券的到期收益率。

【例 7−2】假设 A 公司以折价方式发行面值 1000 元、票面利息率 5% 的 10 年期债券，发行价格为 985 元，公司面临的所得税率为 30%。如果公司债券的发行费用率为 1%，计算该债券的资本成本。

解：每单位债券发行实际筹资额等于发行价格×(1-费率)=985×99%=975.15，考虑到抵税效应后，各期债券利息支付为1000×5%×(1-30%)=35(元)，到期本金1000元不能免税。根据公式(7-4)：

$$975.15 = \sum_{t=1}^{10} \frac{35}{(1+r_d)^t} + \frac{1000}{(1+r_d)^{10}}$$

求解可得，债券的税后实际成本 $r_d \approx 3.77\%$。

(二) 普通股成本

跨国公司可以通过内部留存收益或者外部发行新股获得权益资本。留存收益的成本本质上是一种机会成本，即如果公司将留存收益以现金红利的方式发放给股东，股东再投资所能赚得的收益。因此，留存收益的资本成本率就是普通股东的必要收益率[①]。对于普通股的权益资本成本，可以采取以下几种方法估计。

1. 未来现金流贴现模型

这种方法是根据未来权益现金流收益及增长趋势，代入股票贴现估值模型，根据已知股票当前价格，反推与之对应的权益所有者必要回报率，即普通股的资本成本。这种方法适用于非上市公司估算股票资本成本。如果是公开发行普通股，还要在上述方法估算出的股东必要回报率基础上调整单位资本的发行费率，其一般公式如公式(7-5)所示：

$$P_e(1-f_e) = \sum_{t=1}^{\infty} \frac{\widetilde{Div_t}}{(1+R_e)^t} \qquad (7-5)$$

其中，P_e 为普通股发行(或市场)价格；f_e 为普通股筹资费用率；$\widetilde{Div_t}$ 为第 t 期可获得的现金流(如现金股利)；R_e 为普通股资本成本(投资者的必要报酬率)。

【例7-3】某公司计划通过发行普通股来筹集资金，股票发行价格为每股20元，发行费用率为1.5%。公司预计第一年每股将发放现金股利0.3元，并且未来股利会按照每年4%的速度持续稳定增长，计算该公司此次发行股票筹集资金的资金成本率。

解：(1) 公司实际筹资金额为 20×(1-1.5%)=19.7(元)。

(2) 已知股利增长率 $g=4\%$，由公式可得：

$$19.7 = \sum_{t=1}^{\infty} \frac{0.3(1+4\%)^{t-1}}{(1+R_e)^t} = \frac{0.3}{R_e - 4\%}$$

解得 $R_e \approx 5.52\%$，即该公司此次发行股票筹集资金的资金成本率约为5.52%。

[①] 由于留存收益成本是一种隐形的机会成本，不包括股票实际发行时产生的发行费用，所以留存收益成本 R_r 要小于发行普通股的权益资本成本 R_E。

2. 资本资产定价模型（CAPM）

根据资本资产定价模型（CAPM），普通股的资本成本就是股东持有股票的期望收益率，如公式（7-6）所示：

$$E(\tilde{R}_i) = r_f + \beta_i(E(R_M) - r_f) \qquad (7-6)$$

式中 $E(\tilde{R}_i)$ 为股票 i 的期望收益率，r_f 为无风险利率；$E(R_M)$ 为市场组合收益率，$[(E(R_M) - r_f)]$ 为市场风险溢价；β_{im} 为资产 i 的系统风险因子。

在实践中，人们通常采用历史数据估算公式中的各项参数。比如国际金融市场上用美国国债收益率或银行短期贷款利率表示无风险利率 r_f，用股票市场指数的历史平均收益率衡量表示 $E(R_M)$。CAPM 模型显示，股票的期望收益等于无风险利率加上多元化投资不可分散化解的系统风险溢价 $\beta_{im}[(E(R_M) - r_f)]$。根据资本成本的定义，股票投资者要求的必要回报率，也是股票发行公司的权益资本成本。

【例 7-4】某年末国际市场无风险利率为 10%，股票市场平均风险溢价为 5%，A 公司普通股的 β 值为 1.2，求 A 公司股东的期望报酬率是多少？

由公式（7-6）可知，股东的期望报酬率 $r = 10\% + 1.2 \times 5\% = 16\%$，即 A 公司的股票资本成本。

我们可以通过对 β 系数的分解来理解该变量测度的是股票投资者所承担的不可化解的系统风险。

β 系数表示权益价值对市场资产组合变化的敏感性，计算公式如公式（7-7）所示：

$$\beta_i = \frac{\rho_{i,m} \sigma_i \sigma_m}{\sigma_m^2} = \rho_{i,m}(\sigma_i / \sigma_m) \qquad (7-7)$$

公式（7-7）表明 β 系数是和一定的市场组合联系在一起的，在全球一体化的金融市场上，决定一只股票风险大小的是该股票收益率与世界市场指数收益率的相关性 $\rho_{i,m}$，只有在完全分割的市场上，决定股票风险和期望报酬率的仅是当地市场的波动性。

在跨国融资中，β 系数难以测度。例如，有些新兴项目刚刚产生，没有历史数据可以参考；或者有些市场信息不流通，数据很难取得。此时，可以采取替代数据估计法，如使用东道国相同项目或行业的数据；当东道国替代数据不能取得时，也可以考虑使用母公司所在国替代项目或行业的数据。采用这种方法时，需要对数据进行一定处理，使估算的 β 系数能够代表项目所在国的市场系统风险。

【例 7-5】某中资企业拟在欧洲市场展开新能源项目投资，并计划在德国通过发行股票融资。国际市场无风险利率为 3%，股票市场平均风险溢价为 5%。在欧洲交易所上市的相关行业的 β 值为 1.3，该公司估计因为新开展业务，还要增加相关风险溢价 2%，则该公司股票融资的期望成本是多少?

解：该公司预计的股权融资成本 $E(\tilde{R}_i) = r_f + \beta_i(E(R_M) - r_f) + \rho$，其中 ρ 为该公司根据国别风险增加的风险溢价。

则公司股票融资的预期成本为：

$E(\tilde{R}_i) = 3\% + (1.3 \times 5\%) + 2\% = 11.5\%$

（三）跨国企业的总资本成本

在分别计算了债务成本和股权融资成本后，根据公司的目标资本结构，即可计算出公司的加权资本成本。

【例 7-6】 DT 公司是一家在美国上市的跨国公司，企业的资本结构和相关信息如表 7-1 所示，计算公司的资本成本。

表 7-1　　　　　　　　DT 公司的财务信息

	内容
1	美国政府的 10 年期国债利率（r_f）为 4%
2	充分多样化投资于美国市场组合的预期收益率（r_m）为 9%
3	公司估计自身的系统性风险因子（β_{im}）系数为 1.2
4	公司估计税前债务成本 r_d 为 8%
5	美国上市公司所得税税率为 35%
6	公司长期资本结构为：由股权资本占比 60%、债务资本占比 40%

由上述信息，利用 CAPM 模型，可得公司的权益资本成本为：

$R_e = r_f + \beta_i(R_m - r_f) = 4\% + 1.2 \times (9\% - 4\%) = 10\%$

公司的税后债务成本为：

$R_d = (1 - 35\%) \times r_d = (1 - 35\%) \times 8\% = 5.2\%$

由公式（7-3），公司股权资本（E/V）= 60%，债务资本（D/V）= 40%，其中 E、D、V 分别表示公司权益资本、长期债权和总资本的市值。公司的加权平均资本成本：

$r_{WACC} = \frac{E}{E+D}r_E + \frac{D}{E+D}r_D(1-\tau_C) = 10\% \times (60\%) + 5.2\% \times (40\%) = 8.08\%$

因此，公司综合资本成本为 8.08%。

四、公司资本成本的差异和影响因素

（一）跨国公司相比国内公司的资本成本差异

跨国公司通过在全球范围融资使资本结构国际化，其资本成本还要受以下几个因素影响。

1. 公司规模

通常，大量借债的公司易于获得债权人的优惠待遇，由此降低债务融资成本，而且企业为保持稳定的资本结构，会同步大幅增加股票和债券融资，相应也降低了两种证券的发行费用。随着跨国公司在全球范围内规模的增长，可以比纯国内公司更容易获得债权融资优惠以及降低证券发行成本，进而降低总资本成本。

2. 国际资本可得性

跨国公司通常能从国际资本市场获得资金。因为不同市场的资金成本不同，所以跨国公司进入国际资本市场可能会以比国内公司更低的成本吸引资金。另外，只要子公司所在国市场利率相对较低，子公司也许能在当地获得比母公司所在国更低成本的资金。相比而言，如果一家公司只在流通性差的国内证券市场上进行权益和长期债务的融资，则其获得的资本不仅规模有限而且成本高昂，这会降低该公司在国内外市场上同外国公司竞争时的融资能力。

3. 国际多元化经营

公司资本成本受其可能破产的概率影响。如果一家公司的现金流收入来自全球各地，世界各地市场之间的经济运作并不同步，那么单一市场的变化就不会对公司总收益产生重大的影响。基于资产组合理论，国际多元化经营会一定程度降低非系统性风险，使公司总经营现金流收入趋于稳定。因此国际多元化可以一定程度减少负债融资产生的破产概率，从而降低公司的单一资本成本和总加权资本成本。

4. 汇率风险

当国外收入从子公司汇回母公司时，如果所在国汇率相对于母国货币大幅贬值，这笔收入以母国货币计价的金额也会缩水。这种情况频繁在跨国公司体系内发生，会导致母公司偿还本币借款利息的能力降低、潜在破产风险就会提高。这会让公司股东和债权人要求更高的收益率，从而增加跨国公司融资的资本成本。

5. 国家风险

拥有国外子公司的跨国公司可能会遇到东道国政府征收其子公司资产的风险。如果子公司资产被征收且无公平补偿，就会增加该跨国公司母公司的经营困境甚至破产危机。在其他因素不变的情况下，一个跨国公司投资于国外的资产份额越高，面临的国家风险也越大，也会导致公司融资资本成本提高。此外，还有一些其他形式的国家风险，如东道国政府修订税法等，也可能会影响跨国公司子公司的现金流量。如果公司外部投资者考虑到这些风险发生的可能性，也会相应调整向该公司融资的必要回报率，进而影响资本成本。

需要注意的是，特定国家政治风险、汇率风险等的可分散性取决于资本市场的分割程度和跨国经营的投资决策。对于只拥有单一或集中地区资产或货币的公司而言，特定汇率或国家风险是不可分散的。而对于在全球范围内投资的跨国公司来说，这些风险则是非系统性可分散的。

图7-1将以上5个因素罗列在一起，将同行业内跨国公司和本土公司资本成本的影响因素进行了比较。总体而言，前3个因素（公司规模、进入国际资本市场和国际多元化）对跨国公司会产生降低资本成本的有利影响，而汇率风险和国家风险则会产生提高资本成本的不利影响。

值得一提的是，我们不能得出跨国公司比国内公司在融资方面更有优势的定论。在实践中，应该对每一家跨国公司进行具体分析，以确定其国际化经营对资本成本影响的净效应。

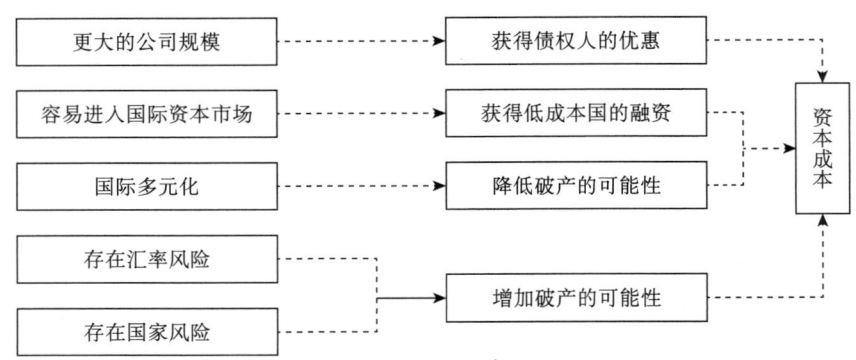

图7-1 跨国公司与国内公司资本成本比较

（二）跨国公司资本成本的国别差异

资本成本水平不仅在跨国公司和纯国内公司之间存在差异，在各个国家或者地区也有显著不同，影响原因包括金融一体化程度、宏观经济环境、公司治理结构等多方面因素。理解资本成本国别差异的现实和成因，一是有助于解释有些国家的跨国公司比其他国家的跨国公司更有竞争优势，二是能帮助跨国公司调整其国际经营业务和资金筹措来源以利用各国间资本成本的差异而获利，三是能解释不同国家的跨国公司会更倾向于采取高负债的资本结构。

1. 债务资本成本的国家差异

公司的债务成本主要由借入货币时的无风险利率和债权人所要求的风险溢价决定。一些国家公司的债务成本高于另一些国家，是由于在一个确定时点相应的无风险利率或者风险溢价更高。

（1）无风险利率的国家差异。无风险利率由资金供求的相互作用来决定。各国影响资金供求的主导因素不同，一般包括人口结构、货币政策、经济发展状况和税收等。

人口状况可以通过影响储蓄的供给及社会需要的可贷资金数量进而影响利率。例如，年老群体倾向于增加储蓄减少借款和消费，因此人口结构老龄化会使全社会可贷资金供给由于储蓄增加而增加、可贷资金需求因消费降低而减少，使该国名义利率更低。

一国中央银行执行的货币政策会影响可贷资金的供给，进而影响利率。各国中央银行货币政策方向的差异就会引起利率在各国有不同的走势。宽松的货币政策往往导致名义利率下降。

经济发展状况不同的国家利率水平也会形成显著差异。例如，一些欠发达国家的债务成本比工业化国家的债务成本高很多，还有一些发展中国家由于国内高通货膨胀率，通常具有较高的名义利率。

在税法方面，如果一国政府更积极地采取鼓励储蓄的税收政策，这会激发储蓄供给，在其他因素既定的前提下可以降低市场利率水平。另外，一个国家的公司所得税法与折旧和固定资产投资的税收抵免相关，降低税收抵免会减少税后经营现金流，间接导致公司资金需求增加，提高市场利率。

表7-2显示了2024年部分国家1年期国债收益率的水平，可以看到主要发达经济体与代表性发展中经济体（巴西、墨西哥）利率水平存在明显差异。

表7-2　　　　　　　　　　2024年部分国家基准利率水平

国家	1年期国债收益率
中国	2.1%—2.3%区间波动
美国	5.4%—5.5%
日本	接近0，部分时段为负利率
巴西	11%—12%
法国	3.4%—3.6%
德国	3.2%—3.4%
加拿大	5.2%—5.3%
墨西哥	11%—12%
俄罗斯	14%—16%
英国	5.1%—5.3%

（2）风险溢价的国别差异。各国经济状况、公司与债权人关系、政府干预及财务杠杆利用程度等因素的差异，导致利率的风险溢价存在国别差异。

一个国家的经济状况越稳定，经济衰退的风险就越低。这样，公司不能偿付债务的概率也就越低，因此债券投资者所要求的风险溢价也会越低。

在一些国家公司与债权方之间存在更密切的关系。债权方通常会向陷入财务困境的公司继续发放贷款，以减少公司的流动性风险。公司的财务问题也可以根据债务契约设计由公司管理层、企业客户及消费者分担，而并非全部由债权方承担。这会进一步降低公司破产的可能性，使公司债务的风险溢价降低。

也有一些国家政府更愿意参与挽救濒于破产的企业。例如，挽救政府参股的公司符合政府的最大利益，因此会给濒于破产的企业直接提供补贴或发放贷款，这会一定程度上降低债券利率的风险溢价。

一些国家的公司有较强的借贷能力，部分原因是该国的公司治理结构使债权人愿意接受更高的财务杠杆。例如，传统上日本和德国公司普遍比英美国家公司的财务杠杆高。这导致这些国家的公司可以使用更高的财务杠杆而不需向债权人支付过高的风险溢价。

2. 权益资本成本的国家差异

如前所述，权益成本代表一种机会成本，即如果权益资金被分配给股东，他们投资于同样风险的标的，所能赚取的收益。与债务资本成本类似，股东投资赚取的权益收益也包含无风险利率和反映公司权益风险的溢价两部分。各个国家经济和社会环境特征不同，导致各国的权益成本存在明显差异。

（1）经济发展趋势。一个经济快速发展、有大量投资机会的国家，公司潜在收益可能会相对较高，使资金的机会成本提高，权益资本成本也相应上升。

（2）社会制度环境。如果一个国家的社会政治环境稳定，不会对跨国企业扩张造成威胁，股票更易于发售和交易，权益融资成本也会相对较低。相反，如果某国的风险和不确定性巨大，股票只能以较低价格出售，以便吸引投资者购买。由于股票价格与其成本呈反比，折价发行就会是权益融资成本上升。

（3）公司法律规范。如果公司信息披露法、股东权益保护法和证券发行法等相关法规的健全程度也会影响权益成本。信息披露法律能保证企业行为的透明性并加强股东对企业的监管。投资者权益保护法规和证券发行法规能保证投资者的权益，吸引更多国际投资者，促使股票可以以相对高的价格发行，从而降低权益融资成本。

第二节　跨国公司的资本结构

一、最优资本结构理论

最优资本结构是权衡负债的优势（利息税蔽效应）和劣势（债务违约风险），使公司加权资本成本最低的负债水平。

债务资本成本相对于权益资本成本而言，一个融资优点是由债务产生的利息费用在缴纳所得税之前支付，因此具有税收抵减作用，即负债的税蔽效应。负债利息支出越多，应纳税所得额越少，公司实际缴纳税赋越少。然而对公司股东而言并非债务融资越多越好。因为负债越多，刚性的利息支出就越多，公司偿债压力就越大，一旦公司经营不善，发生债务违约的风险越高。为此负债在资本结构中占比越大，股东和债权人所要求的收益率也会相应增加，而这又会增加公司的单一资本成本和总加权资本成本，因此从控制公司融资成本的角度而言，过度负债是不可取的。

图7-2展示了对负债的优势（利息税蔽效应）和劣势（债务违约风险）的权衡。

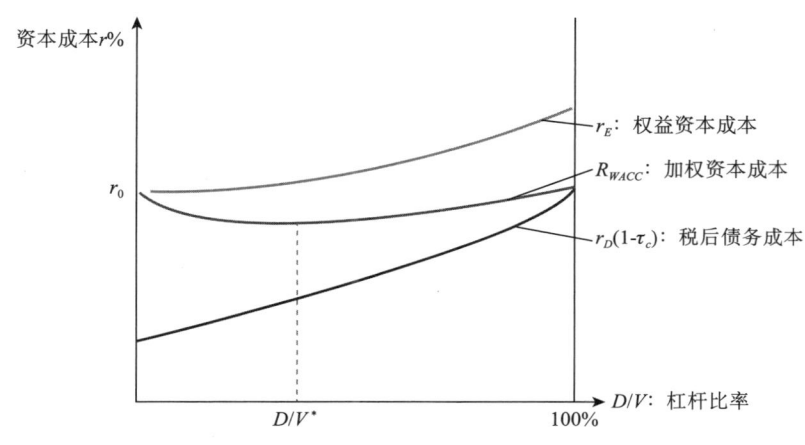

图7-2 公司最优资本结构

当负债对总资本的比率（即杠杆比率）提高时，该公司的资本成本开始时是下降的，然而负债比率越过某个临界点后（图中 D/V^*），随着负债对总资本比率的不断提高，资本成本也反转增加。这就说明公司应该增加债务筹资直到破产风险已大到足以抵消税收优势时为止。D/V^* 即理论上公司的最优资本结构。

二、跨国公司资本结构的影响因素

一家跨国公司的资本结构决策包含对母公司及其所有子公司负债和权益融资的选择。债务融资相对于权益融资的优势因跨国公司自身特点的差异而不同，也会因为跨国公司的子公司所在国的特点而有所不同。

（一）公司层面的影响因素

1. 跨国公司现金流量的稳定性

现金流量稳定的跨国公司可以承受更多的债务责任，因为它们有稳定的现金流入来偿付定期的利息费用。相反，现金流量变化较大的跨国公司不能确保每一期都能支付大量刚性的债务利息费用，只能接受较低的债务水平。进行国际多元经营的跨国公司可能拥有更稳定的现金流量，因为单一国家的收入损失可能被其他地区的盈利弥补，对公司整体现金流量不会产生重大影响。这些跨国公司可以接受债务更多的资本结构。

2. 跨国公司的信用风险

公司信用等级越高越容易获得贷款。同样，拥有作为可担保产品资产的跨国公司更容易获得贷款，也更愿意加强债务融资。相反，拥有流动性较差的资产的跨国公司有较少的可接受担保物，因而可能需要使用更多的权益融资。

3. 跨国公司对留存收益的利用

盈利较大的跨国公司可以用留存收益作为内部融资来源，因此采用的是权益密集的资本结构。相反，留存收益水平较低的跨国公司可能会依靠债务融资。高增长跨国公司不太可能用留存收益来扩张融资，而倾向于依靠债务融资。低增长跨国公司需要较少的新投入资金，可能会依靠留存收益融资而不是依赖债务融资。

4. 跨国公司的代理问题

如果母公司所在国的投资者不能轻易地监督其在国外的子公司，代理成本将会更高。因此母公司会引导子公司更多地采用债务融资方式，这样会使子公司迫于周期性还贷压力而持续努力经营。

（二）国家层面的影响因素

除了跨国公司独有的特点外，各东道国的国别特征也会影响跨国公司母公司及子公司的资本结构选择和调整。

1. 东道国利率

如前所述，各国和地区债务成本存在显著差异。跨国公司可能会在某些利率较低的国家以相对较低的成本获得信贷资金，而在其他国家的债务成本就相对较高。如果全球资本市场在一定程度上是分割的，并且子公司所在国的因利率水平高导致负债融资成本高昂，母公司就可能会使用自己的权益资本来支持子公司实施的项目。

2. 东道国的货币实力

如果跨国公司担心其子公司所在国的货币贬值，则可能希望用这些东道国货币而非母公司所在国货币借款，为国外经营筹集资金。子公司汇回母公司的收益会由于在当地支付债务利息而减少。这种策略可以降低跨国公司的汇率风险。如果母公司认为子公司所在国货币相对于母公司所在国货币将会升值，那么就可能考虑让子公司留存更多收益用于在当地再投资，结果将导致当地子公司降低债务融资的需求，财务杠杆随之降低。

3. 东道国的国家风险

国家风险的一种形式是东道国政府可能临时冻结子公司汇往母公司的资金。暂时被禁止汇回收益或面临这种潜在风险的子公司更倾向于在当地进行债务融资。这种策略使子公司将收益部分用于偿还债务利息,而避免因汇回盈利导致资金冻结。另外,如果该跨国公司在外国的经营被东道国政府终止,若其经营主要依赖当地的债务融资,则当地债权人有助于提高子公司与东道国政府的谈判地位,降低资产被不公平没收的风险。

4. 东道国的税法

跨国公司的国外子公司在汇回收益时,要缴纳预提所得税。由于子公司在当地支付的债务利息减少应纳税所得额(即税蔽效应),国此在当地增加债务融资替代母公司权益融资,利用利息的税蔽效应减少预提所得税。

图 7-3 将以上因素汇总在一起,总结了跨国公司资本结构决策的影响因素体系。

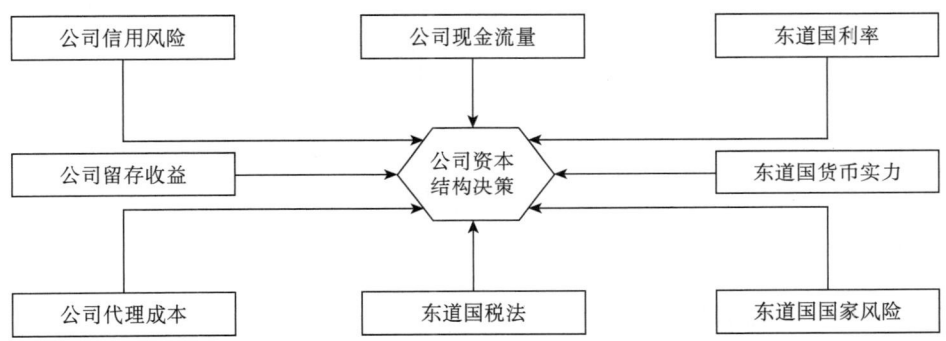

图 7-3 跨国公司资本结构的影响因素

综合公司层面和国家层面的特征变量,不仅可以解释为什么最优的资本结构会存在国别差异,还有助于理解在某一特定国家的公司最优的资本结构如何发生动态变化。每家跨国公司应该全面考虑投资国的环境与政策,再与自身特点相结合,才能适当调整资本结构来取得最大的收益。

三、跨国公司资本结构选择

(一)母公司和子公司融资决策的相互影响

海外子公司使用内部权益融资或是进行债务融资的决策会影响其对母公司的资金依赖程度,以及向母公司汇回的资金量。因此,子公司应该与母公司协商后作出相互协调的融资决策。

1. 子公司增加债务融资的影响效应

当某些全球性因素使子公司的债务融资增加时，子公司需要的内部权益资金减少。这些盈余的内部资金作为留存收益被汇回母公司，使母公司在外部融资之前已经有更多的内部资金可以使用。假设母公司的经营采取"惯序融资"策略，优先选择内部资金、资金缺口再考虑以成本相对低的债务资本，那么子公司和母公司的资本结构就会产生相互抵消的效应，即子公司债务融资的增加联动影响到母公司债务融资的减少。当子公司的财务杠杆大幅高于母公司的期望水平时，为实现整体的资本结构目标，母公司也会在自身经营融资时选择降低财务杠杆的融资策略。

2. 子公司减少债务融资的影响效应

当某些全球性因素使子公司的债务融资减少时，子公司需要的内部融资增加，导致子公司汇回母公司的资金减少，如果这种情况在海外子公司普遍存在，就会显著削减母公司可用的内部资金。如果母公司自身的经营在吸收了全部内部资金后，还有缺口需要债务融资，那么对子公司和母公司的资本结构也会产生相互抵消的效应，即子公司债务融资的减少联动影响到母公司债务融资的增加。如果母公司的经营完全使用内部资金，或者可以通过提高其他子公司的财务杠杆增大收益汇回，母公司就不会大幅增加债务融资。由此，个别子公司债务融资的减少就不会引发母公司财务杠杆的增加，从而使该跨国公司总体资本结构向更加权益密集型转变。

（二）全球和当地目标资本结构

跨国公司在当地融资的每个子公司都可能偏离其目标资本结构，但仍然可能实现其跨国公司在"全球"的目标资本结构，这是母公司在合并其所有子公司资本结构的基础上获得的。以下就举例说明在特定地区子公司偏离目标资本结构，却仍能在全球范围实现目标资本结构的成因。

1. 抵消子公司的高财务杠杆

第一，假定 A 国不允许总部在其他国家的跨国公司股票在本地股票交易所上市。在这种情况下，一家想要扩张其业务的跨国公司子公司只能通过发行债券或向银行借款来进行外部融资。该跨国公司子公司被迫提高杠杆比例，由此可能偏离使其加权资本成本最低的目标资本结构水平。此时，母公司可以通过更多的权益资本为该子公司进行内部融资，从而抵消该子公司的高负债。

第二，假定一个跨国公司希望在 B 国融资，而 B 国正在经历政治动荡。此时，使用当地银行的贷款是合适的选择，因为当地银行可能会尽量避免该跨国公司子公司的经营活动受到该国政治因素的负面影响。如果当地银行是该子公司的债权人，那么确保该子公司有足够的盈利用于偿付其贷款本息是符合当地银行利益的。鉴于该子公司的财务杠杆可能比跨国公司整体所要求的财务杠杆高，母公司可以通过更少进行负债融资以实现跨国公司在"全球"整体的目标资本结构。

2. 抵消子公司的低财务杠杆

假定 C 国允许该跨国公司的子公司在本地发行股票；同时，假定在该国投资的项目预期在若干年内不会产生净现金流量，因而也就不会产生留存收益用于内部融资。此时，子公司进行外部权益融资更为合适。该子公司可以发行股票，支付较低股息甚至零股息，从而避免在今后未来无净现金流入期内因债务兑付出现重大的资金缺口。母公司可以通过使其他子公司在东道国主要采取债务融资的方式来抵消该国子公司的超高权益融资水平。另外，母公司也可以更多采取债务融资以支持自身的经营活动。

3. 抵消子公司财务杠杆的局限性

以上几例表明母公司可以通过调整自身的融资方式来弥补外国子公司资本结构的失衡。然而，对母公司资本结构的调整也可能导致母公司承担较高的资本成本。由于子公司的融资决策可能影响母公司的资本结构，从而影响母公司的资本成本，子公司在当地融资时必须充分考虑对母公司的影响。只有当跨国公司总收益超过总成本时，子公司采用偏离在当地经营的目标资本结构才是可持续的融资决策。

本章小结

1. 国际企业长期融资决策的主要内容，包括以何种方式广泛获得全球资本，以及如何选择不同资本之间的相对比重，实现总体资本成本最小化。

2. 跨国公司融资渠道包含公司内部、系统内部和系统外部三个渠道，系统外部融资主要分为从母国融资、东道国融资以及国际金融市场融资三个方面。

3. 国际金融市场可分为货币市场和资本市场，前者指期限在 1 年以内的短期资金融通场所，后者指期限在 1 年或 1 年以上的长期资金的交易场所。

4. 跨国公司融资资本按照产权性质可以分为债务资本和权益资本。

5. 单一资本成本是指企业作为筹资者为了筹集和使用各种资本而要付出的代价，包括付给投资者的必要报酬（如向股东分配的股利、向债权人支付的利息等），以及与筹资活动相关的费用，主要是股票和债券的发行成本。

6. 对于一笔多期支付的资金，其资本成本是指企业接受资金来源净额现值（现金流入）与预计未来资金流出现值（现金流出）相等的贴现率，如果是债务资本，要计算经过扣税调整后的实际成本。

7. 权益资本成本是一种机会成本，即如果新股东不把这笔钱投资于该公司股票，而是投资于其他资产所能获得的收益。

8. 权益资本成本有两种估算模型，一是现金流贴现模型，即根据未来权益现金流收益及增长趋势，代入股票贴现估值模型，反推与之对应的权益所有者必要回报率；二是历史风险溢价法，即运用资本资产定价模型（CAPM）来估算股票价格的期望收益率。

9. 跨国公司的总资本成本等于债务资本成本与权益资本成本的加权平均资本成本，其中各单一资本成本的权重为每种资本的市值占公司总价值的比重。

10. 跨国公司的最优资本结构就是能使公司加权资本成本最低的负债与权益比重。

11. 跨国公司与行业或经营风险相似的国内公司资本成本有所不同，主要影响因素有：公司规模、国际资本可得性、国际多元化经营、汇率风险、国家风险，前三个因素对跨国公司会产生降低资本成本的有利影响，后两个因素则会产生提高资本成本的不利影响。

12. 资本成本水平不仅在跨国公司和纯国内公司之间存在差异，在各个国家或者地区也有显著不同，影响原因包括金融一体化程度、宏观经济环境、公司治理结构等多方面因素。

13. 一家跨国公司的资本结构决策包含对母公司及其所有子公司负债和权益融资的选择。债务融资相对于权益融资的优势因跨国公司自身特点的差异而不同，也会因为跨国公司的子公司所在国的特点而有所不同。

14. 海外子公司使用内部权益融资或是进行债务融资的决策会影响其对母公司的资金依赖程度，以及向母公司汇回的资金量。因此，子公司应该与母公司协商后作出相互协调的融资决策。

关键术语

债务资本	惯序融资	跨国资本结构	权益资本
利息税蔽效应	跨国公司内部融资	国际资本可得性	跨国公司外部融资
留存收益	资本成本率	国际多元化经营	加权平均资本成本
风险溢价	无风险利率	股票存托凭证	最优资本结构

练习题

1. A 公司总部位于美国，在日本经营进出口业务，所有交易均以美元计价，通过债务和股权为所有业务提供资金。它以每年11%的利率借入美国资金。美国长期无风险利率为7%，美国股市的年回报率预计为15%。该公司的 β 值为1.4。其目标资本结构是20%的债务和80%的股权。该公司需缴纳30%的公司税，试估算其资本成本。

2. 某跨国公司计划筹集资本1000万美元，用于海外子公司的扩张。该公司考虑以下两种筹资方式：（1）向国际银行贷款500万美元，年利率为6%，手续费率为1%；（2）发行海外普通股500万美元，每股发行价10美元，预计第一年每股股利1.5美元，股利增长率为5%，筹资费率为4%。试分别计算银行借款、普通股的单一资本成本，以及该公司的平均资本成本。

3. 某跨国公司计划筹集资本1000万美元，用于全球业务的扩展。具体筹资方式及成本如下：向国际银行贷款300万美元，年利率为6%；发行海外债券400万美元，年利率为8%，发行费用为债券总额的2%；发行普通股300万美元，每股发行价10美元，预计第一年每股股利1.2美元，股利增长率为5%，筹资费率为3%。公司在母国应缴所得税税率为25%。试计算该公司的加权平均资本成本（WACC）。

4. 某跨国公司2025年每股收益为20元，每股资本支出45元，每股折旧与摊销25元，该年比上年每股经营营运资本增加3元。根据预测，全球经济长期增长率为4%，该公司的净投资资本负债率目前为40%，将来也将保持目前的资本结构。该公司的 β 值为1.8，长期国库券利率为3%，股票市场风险收益率为5%。计算该公司2025年末的每股股权价值。

5. M公司是一家在全球多个国家运营的企业，主要从事电子产品制造和销售。该公司计划进行一项大规模投资，以扩大其在亚洲市场的生产能力。为了筹集资金，M公司考虑通过发行债券和股票的方式进行融资。由于公司业务涉及多个国家，汇率变动对其资本成本有显著影响，相关背景资料如下：

XYZ公司当前的资本结构	汇率情况
债务（D）：$500000000	当前汇率：1美元=6.5元人民币
股权（E）：$1500000000	预计未来一年内，人民币对美元将升值5%
债务的税前成本（Kd）：5%	公司投资信息：
股权的成本（Ke）：10%	计划在亚洲市场投资$300000000
公司所得税税率（T）：30%	投资项目的预期收益率为8%（以美元计）

（1）以美元计算M公司当前的加权平均资本成本（WACC）。

（2）考虑汇率变动后，以人民币计算M公司未来一年的加权平均资本成本（WACC）。

（3）假设汇率变动只影响债务部分的成本，分析汇率变动对 M 公司资本成本的影响，并说明公司的应对策略。

思考与讨论

XYZ 是一家总部位于中国的中型出口企业，主要从事电子产品、机械设备和纺织品等产品的出口业务。随着业务的扩展，XYZ 公司决定进军欧美市场，并在美国和德国设立了子公司。公司目前总资产 5 亿元，负债 2 亿元，股东权益 3 亿元，年净利润 0.5 亿元。公司管理层经过讨论分析，认为进行跨国融资将主要面临如下问题和挑战：

一是资本结构优化：XYZ 公司目前主要依赖债务融资，资产负债率为 40%。在跨国经营中，如何优化资本结构以降低融资成本和财务风险是一个关键问题；二是汇率风险管理，由于 XYZ 公司的主要收入来源是出口业务，汇率波动对其盈利能力和现金流有显著影响。如何通过资本结构调整来对冲汇率风险是一个重要考虑因素；三是税收政策差异，如何利用各国的税收优惠政策来优化资本结构是一个需要解决的问题；四是融资成本如何最小化，如何在全球范围内选择最优的融资渠道和工具是一个挑战。

请结合上述背景，讨论：

（1）公司如何通过海外多元化融资渠道，在海外扩张过程中优化资本结构？
（2）公司有哪些方法和技术对冲汇率风险？
（3）应对欧美地区的不同税收政策，公司有哪些融资策略来优化资本结构？
（4）公司融资方面有哪些风险管理对策，以降低跨国经营的不确定性？

参考阅读

1. ［美］杰夫．马杜拉．国际财务管理［M］．北京：北京大学出版社，2020.

2. ［美］切奥尔·尤恩，布鲁斯·雷斯尼克．国际财务管理（第 8 版）［M］．北京：机械工业出版社，2021.

3. 王建英，支晓强，许艳芳，袁淳．国际财务管理学（第五版）［M］．北京：中国人民大学出版社，2019.

4. 哈佛商学院案例库 https：//hbsp.harvard.edu/.

5. 清华大学案例库 http：//www.cases.tsinghua.edu.cn/.

第八章　国际直接投资管理

学习目标

学完本章后，你将能够：

➢熟悉资本预算一般方法

➢掌握跨国公司资本预算过程

➢了解跨国母子公司之间资本预算分析的差别

➢理解跨国资本预算的决定因素

➢了解国际投资风险的管理手段和方法

本章概览

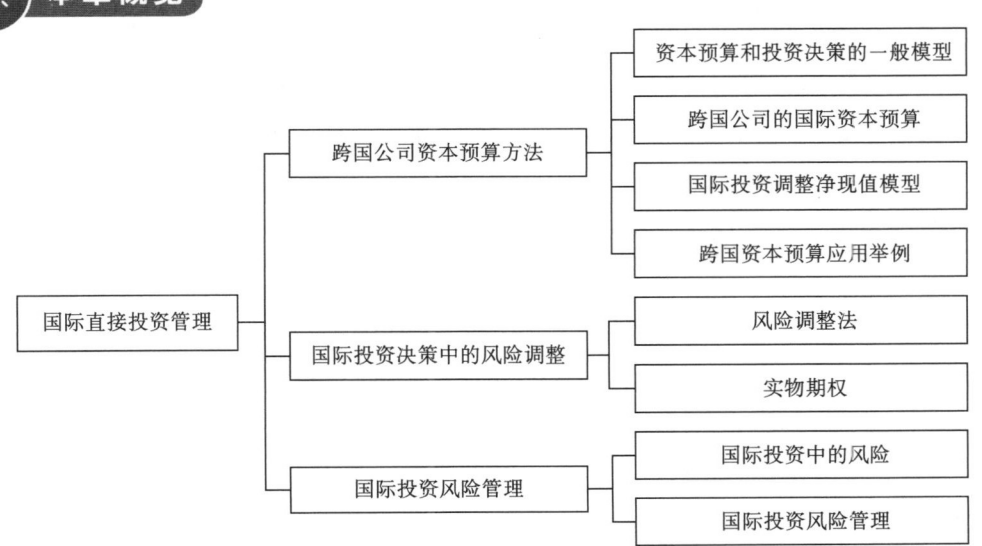

长期实物投资是形成公司生产能力和创造价值的基础,更是公司价值形成的来源。跨国公司的长期资本性投资的主要形式是对外直接投资,包括绿地新建和跨国并购。鉴于直接投资难以逆转性,跨国公司在项目实施前需要对其收益和成本进行严谨的评估,对跨国长期实物资产投资项目的可行性分析即跨国资本预算。

本章将对长期实物投资的一般原理和方法进行介绍,然后结合跨国公司面临的复杂多样的国际化经营环境,分析跨国企业如何运用和修正资本预算一般模型,合理选择值得投资的国际项目,实现资金最优配置,并管理投资中的风险。

第一节 跨国公司资本预算方法

跨国公司在项目实施前需要对其收益和成本进行严谨的评估,对跨国长期实物资产投资项目的可行性分析即跨国资本预算。跨国公司的资本预算与普通公司类似,但更为复杂。我们先从普通公司资本预算入手,随后逐步增加复杂因素,探讨跨国公司的资本预算。

一、资本预算和投资决策的一般模型

(一)净现值模型

净现值是指某个投资项目在寿命期(包括建设期和经营期)内各期发生的净现金流量 NCF_t 按照项目必要回报率 K 贴现后的现值总和与初始投资额 CF_0 之差,如公式(8-1)所示:

$$NPV = CF_0 + \sum_{t=1}^{T} \frac{NCF_t}{(1+K)^t} + \frac{TV_T}{(1+K)^T} \qquad (8-1)$$

根据净现值预算法则,公司仅采纳那些净现值为正的项目,拒绝那些净现值为负的项目。如果有多个互斥的投资项目相互竞争,应选择净现值最大的项目。影响投资决策的因素包括:初始现金流量、营业现金流量、终结现金流量以及贴现率 K。

1. 初始现金流量 CF_0

初始现金流量 CF_0 是指开始投资时发生的现金流量。初始现金流量主要包括固定资产上的投资和垫支的流动资金（即营运资本），这两个部分均为现金流出。财务人员需要详细计算项目启动所需的各项资金投入，包括设备购置、厂房建设、土地购买、人员招聘与培训、前期市场推广等费用。例如，一家新建的汽车零部件制造企业需估算购买生产设备的费用、建设厂房的成本、招聘和培训技术工人的开支，以及前期市场开拓的营销费用等，得出初始投资总额。对于大型项目，要考虑资金的时间价值和阶段性投入。

2. 项目经营期间净现金流量 NCF_t

项目经营期间净现金流量 NCF_t 是指项目投入使用后，由于生产经营所带来的现金流入扣除流出的净额，通常需要从营业收入中扣除营业成本、追加的固定资本和营运资本等。

净现金流量可以分两步进行计算。

第一步是计算经营活动产生的净现金流 OCF_t，有两种计算方法，如公式（8-2a）和公式（8-2b）所示：

$$OCF_t = (R_t - C_t - D_t) \times (1 - \tau_C) + D_t = EBIT_t \times (1 - \tau_C) + D_t \qquad (8-2a)$$

$$OCF_t = (R_t - C_t) \times (1 - \tau_C) + \tau_C D_t \qquad (8-2b)$$

在以上公式中，R_t 为付现营业收入，C_t 为付现营业成本（指不包括折旧等非付现的营业成本），D_t 为非付现的折旧费用，τ_C 为所得税率。

$EBIT_t$ 为息税前收益，$EBIT_t \times (1 - \tau_C)$ 是税后经营利润（Net Operating Profits less Adjusted Taxes，$NOPLAT_t$），两者都不包含利息费用，是由项目自身经营水平决定、不受项目融资结构影响的收益指标。

第二步是考虑到每期投资性现金流支出的净现金流 NCF_t，如公式（8-3）所示：

$$NCF_t = OCF_t - \Delta NI_t - \Delta NWC_t \qquad (8-3)$$

其中，ΔNI_t 为第 t 期追加的固定资产等资本性投资，ΔNWC_t 为营运资本同比增加额，这两项投资性现金流均为支出项。

营运资本是为了持续生产销售而占有的净流动资产，包括存货、应收账款、应付款等短期会计科目。营运资本为正表示有资金占用，由于在项目期内始终存在，具有跨期投资性支出的性质。

净经营现金流量在扣除两项投资性支出之后，得到项目期间的净现金流量 NCF_t。

财务人员需要预测项目在运营期间的净经营现金流量，并确定关键因素对现金流量的影响程度。

3. 终结现金流量 TVT

终结现金流量 TVT 是指投资项目终结时所发生的现金流量。主要包括固定资产残值出售的收入、原有垫支营运资本的收回，这两部分均为现金流入项。例如，一家企业预计10年终止投资项目，其设备残值可变现500万元，同时可收回前期投入的营运资金300万元,则期末终结现金流量总计 800 万元。

4. 贴现率 k

贴现率 k 是该项目的必要报酬率。当项目与公司总体经营风险相符,就可以用公司的资本成本测度,具体计算方法见第七章。在项目预算中,公司管理者通常以公司加权资本成本作为净现值计算的贴现率,通过与项目 IRR 对比来考察项目的可行性。只有当一个项目的内部市盈率 IRR 高于必要回报率时,才能给公司创造超额价值,即 $NPV > 0$。

(二) 杠杆融资项目净现值模型

如果项目的融资有部分来自负债,则需要对净现值模型进行相应的调整,主要有两种方法。

1. 加权平均资本成本模型

如果项目在整个存续期间保持固定的债权与股权比率不变,就可以用项目的加权平均资本成本作为贴现率,计算各期项目净现金流的现值。加权平均资本成本现值模型的结构如公式 (8-4) 所示:

$$NPV_L = CF_0 + \sum_{t=1}^{T} \frac{NCF_t}{(1+r_{wacc})^t} + \frac{TV_T}{(1+r_{wacc})^T} \qquad (8-4)$$

加权平均资本成本模型的分析思路是,现值模型分子分母都将项目作为一个整体进行分析。被贴现的对象 NCF_t 是忽略利息等融资相关现金流量、扣除新增投资支出后的项目经营净现金流量,与之对应的分母中的贴现率是为这笔项目进行融资的加权资本成本 r_{wacc}。由此得到的现值是该项目贡献给公司所有投资者(包括债权人和股东)的价值总和。当扣除由债权人和股东共同出资的初始投资后,其净现值 NPV_L 大于零时,说明该项目给公司投资者(主要是股东)创造了超额收益,这个项目就是可行的。资本成本的计算方法在第七章中已做介绍。

2. 调整净现值模型

如果项目同时采用负债和权益资本进行筹资,且在期内不能保持固定比例,那么每期用于折现的加权平均资本就需要不断地根据债务股权比率的变化进行调整。在这种情况下,采取调整净现值法(Adjusted-Present-Value,简称 APV)更为简便适用。

调整净现值模型采取分而治之的思路,认为一个杠杆融资项目的净现值 NPV_L 等于在全权益融资情况下项目创造的原始净现值 NPV_U,再加上筹资方式带来的附带价值 $NPVF$。调整净现值模型的结构如公式 (8-5) 所示:

$$NPV_L = NPV_U + NPVF = -CF_0 + \sum_{t=1}^{\infty} \frac{NCF_t}{(1+r_0)^t} + NPVF \qquad (8-5)$$

公式（8-5）中，NCF_t 表示各期项目经营净现金流，r_0 表示项目承担风险的必要回报率，也是项目全权益融资时的权益资本成本。

我们假定：（1）永续经营现金流（无增长）；（2）公司规模恒定，即每年折旧节约现金流完全用于补充新投资；（3）债务规模和利率恒定；（4）忽略资本市场融资成本。那么，公司价值可用简化的 APV 模型来计算，如公式（8-6）所示：

$$V_L = \frac{NCF}{r_0} + \frac{\tau_C r_D D}{r_D} = V_U + \tau_C D \qquad (8-6)$$

其中，V_U 和 V_L 分别为全权益融资和杠杆融资公司的价值，r_0 为与公司经营风险相匹配的投资必要回报率；r_D 为债务利率，即债务融资税前成本，D 为债务本金，τ_C 是所得税率。根据公式（8-6），负债融资使公司股东获得额外的税蔽价值 $\tau_C D$。

二、跨国公司的国际资本预算

（一）国际资本预算的复杂性

跨国公司的资本预算与普通公司类似，但涉及更复杂的问题。前述资本预算一般方法比较适用于对项目自身或从跨国公司海外子公司角度进行分析。而从母公司的角度来看，评价的结果就可能有很大区别，子公司视为可行的项目对母公司而言就未必可行。

1. 评价视角的差别

国际投资项目应该由谁来评价？我们应该站在投资项目本身来看待，还是在海外进行具体投资和运营的子公式视角，或者为投资进行融资的母公司视角来评价？不同视角可能产生不同结论。因为母公司和子公司之间产生的现金流、贴现率等决策的关键因素可能会存在较大差异。

2. 现金流的差异性

当跨国公司子公司进行投资时，从子公司赚取的收益汇回母公司到母公司收到汇回收益的流程，如图 8-1 所示。

首先，子公司要将一部分收益以公司所得税的形式支付给所在国政府；其次，子公司会留存一部分收益，再将剩余部分汇回母公司；再次，被汇回母公司的资金还可能要向东道国政府缴纳预提税；最后，税后收益兑换成母公司所在国货币并汇回母公司账户。从子公司向母公司汇入收益的过程看，海外投资项目实际汇回母公司的现金流可能只是其总收益的一部分甚至是占比较小的一部分。

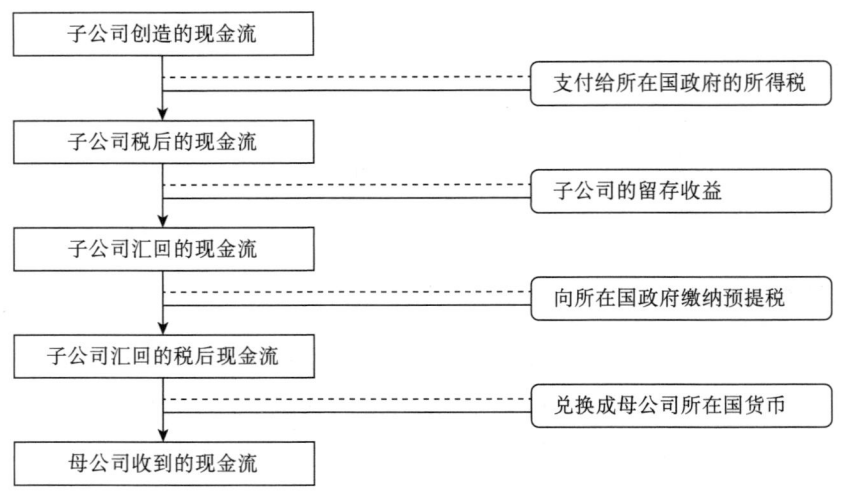

图 8-1 子公司向母公司汇入利润的过程

3. 不同视角下项目现金流差异的因素

在海外投资时,下列因素显著影响现金流测算,不同视角现金流由此产生差异。

(1) 优惠贷款。为吸引外国直接投资,东道国通常会向跨国公司的投资项目提供利率较低的优惠贷款。跨国公司获得的净收益是,优惠贷款兑换为本国货币后的面值与优惠贷款每年的本息归还额兑换为本国货币后,再按照本国正常借款利率进行贴现的现值之间的差额。这部分收益增加了这笔国际投资项目为母公司创造的价值增量,应计入调整后净现值中。

(2) 汇兑限制。一方面,东道国可能采取外汇管制措施限制项目的收益汇回母公司。例如,规定子公司必须将一定比例的收益留在东道国,禁止把折旧金汇回母公司,或者对汇回母公司的资金征收预提税等。在母公司视角下计算净现值时,相关的 NCF 就要调整为可以合法汇回母公司的那部分经营现金流量。另一方面,东道国对子公司收益的汇兑限制导致跨国公司在海外运营的项目通常会累积形成一定规模的限制性资金。对此,跨国公司可能采取的解决方法是让子公司将这些资金在当地进行再投资,变相使资金获得了解冻机会。那么,只要限制性资金用来抵消了一部分项目的投资支出,其现值也应该计入项目的净现值。

(3) 税收差异。国外投资项目向母公司汇回的是税后利润,为了避免出现双重纳税的情况,一般汇回母公司后可以享受一定的纳税减免。但如果跨国公司选择在税率相对于母国要低很多的东道国进行投资,本国政府会要求母公司补缴这部分税差。在此情况下,即使子公司认为该项目是可行的,但从母公司视角分析仍然可能是不可行的。

(4) 内部交易。母公司可能向投资项目的子公司转让专利权、商标权并收取特许权使用费，或出售专用原材料零部件等，这些对项目而言是营业成本，但对母公司来说则是收益。不同视角会产生差异。

（5）关联效应。如果母公司在某国进行投资之前，对该国有一定的出口，则在该国设立新的工厂生产同类产品，会替代原来的出口。在这种情况下，从母公司角度考察项目能带来的新增净现值，就要扣除因出口减少的销售收入。

（6）汇率风险。母公司需要考虑融资和所在国投资及利润汇回时候的汇率风险，相关涉及问题更加复杂。

综上，母公司和子公司的现金流估算存在较大差异。因此，在进行国际投资决策时，评价主体的选择非常关键。如果母公司全资拥有子公司，那么从母公司的角度来考虑是否决定开展海外投资项目是合适的，因为这样决策符使跨国公司所有者（即股东）财富最大化的传统财务目标。现实中跨国公司的大多数国外子公司是被母公司全资拥有，与母公司经营战略相符。因此，后文主要从母公司的角度进行资本预算分析。值得指出的是，对于合资企业而言，投资决策必然需要兼顾子公司海外股东的利益，建立在能够增加母子公司双方价值的基础上。

（二）国际资本预算需要考虑的因素

跨国公司国际投资的项目预算模型与国内相似，输入变量有共性也有一些特殊因素。

1. 初始投资

初始投资是母公司对外投资的主要资金来源，包括启动项目的资金和营运成本等。在项目产生利润之前，这些资金用于购买原料、支付工资和其他费用的支出。在整个项目期限内为了维持正常运转，还需要垫付一定的营运资本，用于满足与营业收入相关的存货、应收账款等流动资产的投资需求，在项目结束时才能收回。

2. 价格和消费者需求

价格和消费者需求是影响公司利润的直接因素，只有制定合理的价格并准确估计消费者需求才能使公司利益最大化。在预计产品的可能销售价格时，公司要将自己的产品与东道国市场上竞争性产品的价格进行比较，而未来东道国竞争性产品的价格还受该国通货膨胀率的影响。要确定自身产品的价格，必须先要对东道国未来通货膨胀率进行合理预测。

3. 成本

成本可以分为可变成本和固定成本。可变成本会随项目产量和所在国通货膨胀率的变化而变动，而固定成本在项目期内不受产量和市场需求的影响，比可变成本易于预测。但从资本预算开始到真正发生固定成本支出的这段时间里，固定成本对投资东道国的通货膨胀率变化是很敏感的，依然存在不确定性。

4. 税收

国外子公司将收益汇回母公司时如何向所在国支付税款。由于各国税法不同，课税的标准也有差异。如果所在国政府对汇回国内的资金强制征税，跨国公司可能会获得相应的税收抵减。在进行国际项目资本预算时要完整而准确的分析母子公司税收的综合效应。

5. 资金转移

当子公司计划向母公司汇出收益时，子公司所在国政府可能会对汇出金额作出限制，甚至阻止其汇出。母公司在预测海外投资项目净现金流时也要考虑资金转移限制的影响。

6. 汇率

任何国际项目在存续期间都会受到汇率波动的影响，而且这种影响不确定性高，母公司在进行项目预算时须考虑汇率因素对本币计价的项目价值的影响。

7. 残值

残值一般受两个因素的影响，包括项目的完成度和所在国投资环境的稳定性。有些项目的存续期不确定，使得该项目的残值难以精确预估。有些情况下，东道国一些突发事件可能迫使公司将资产提前进行清算，造成同类型投资项目在不同国家的残值有别。

8. 必要报酬率

与国内净现值法相同，只要预测出国际项目的相关现金流量和波动程度，就应以该项目风险对应的必要报酬率作为贴现率进行现值计算。如果项目的风险高于跨国公司的其他业务，则该项目的必要报酬率也要高于跨国公司自身的资本成本。

三、国际投资调整净现值模型

跨国公司考虑汇率变化，采用国际投资调整净现值模型进行投资决策。

（一）基本公式

以跨国公司母公司本国货币计量的国际投资项目调整后净现值 APV 可以由公式（8-7）表示：

$$APV_F = -S_0 CF_0 + \sum_{t=1}^{n} \frac{\tilde{S}_t NCF_t (1-\tau_f)}{1+r_u} + \frac{\tilde{S}_t TV_t}{(1+r_u)^n} + \sum_{t=1}^{n} \frac{\tilde{S}_t I_t \tau_f}{1+i_d}$$

$$+ S_0 CL_0 - \sum_{t=1}^{n} \frac{\tilde{S}_t LP_t}{(1+i_d)^n} + S_0 RF_0 \qquad (8-7)$$

其中，S_t 是第 t 年外币兑换母国本币的汇率预期值；NCF_t 是第 t 年以东道国货币计量的不考虑利息费用的经营净现金流量；r_u 是与项目经营风险相匹配的项目必要回报率（也是母公司完全权益筹资下的权益资本成本）；τ_f 是东道国的公司所得税税率；TV_t 是以东道国货币计价的项目终结现金流量；I_t 是第 t 年以东道国货币计量的利息费用；i_d 是母公司的正常贷款利率；S_0 是项目期初的汇率值；CF_0 是以东道国货币计价的项目初始投资额；CL_0 是以东道国货币计量的优惠贷款的数额；LP_t 是以东道国货币计量的优惠贷款支付额（包括本金和利息）；RF_0 是以东道国货币计量的用于抵销项目投资支出的限制性资金现值。

公式（8-7）右边的前三项对应一般项目净现值模型（8-1）的三项，差别是将东道国产生的现金流折算成母国本币；第四项 $\sum_{t=1}^{n} \dfrac{\tilde{S}_t I_t \tau_f}{(1+i_d)^n}$ 表示按母国货币计价负债利息抵税收益的现值；第五项 $S_0 CL_0$ 表示优惠贷款兑换为本国货币后的面值 $S_0 CL_0$；第六项 $\sum_{t=1}^{n} \dfrac{\tilde{S}_t LP_t}{(1+i_d)^n}$ 是优惠贷款每年的本息归还额兑换为本国货币后，按照本国正常借款利率 i_d 进行贴现的现值，就等同于在同等债务偿还计划下、以正常借款利率在当前可以获得的贷款数额。

当贷款偿还支付额 LP_t 以较高的普通利率 i_d 贴现时，与之等价的现值就会小于其面值 $S_0 CL_0$（即实际获得的贷款额度），第五项和第六项之间的差额为正，实际上是项目所在国给予跨国公司的一种补助。

（二）TV_t 现金流估算

对于项目终结现金流量估算，主要有两种方法。

（1）清算价值法。如果投资项目到期后不再继续营业，剩余资产的清算出售的税后收益就可视为项目的终结现金流量。

（2）收益现值法。对于期满后还能继续使用的投资项目，应根据尚可使用的年限，把投资项目继续运营的预期收益贴现到项目期满时的现值，以此现值作为终结现金流量。在国际投资中，有些国家的政策可能规定投资项目经过一定年限后收归东道国所有，这种情况下，项目的终结现金流量为零。

四、跨国资本预算应用举例

（一）案例背景

假设一家总部设在某发达经济体 X 国的跨国公司 A 计划在某新兴市场国家 Y 建立一

家全资子公司 B，以便生产和销售 Y 国急需的通信设备。Y 国货币单位为 Y 元，X 国货币单位为 X 元。

项目预算相关资料如下：

1. 该项目初始需投资 11000 万 Y 元用于采购固定资产，另需在期初垫支营运资金 2000 万 Y 元。项目准备采用直线折旧法对固定资产计提折旧，项目运营时间为 5 年，5 年后固定资产残值预计为 1000 万 Y 元。

2. X 国母公司在 Y 国原有 800 万 Y 元资金，是母公司以前对 Y 国出口所获得的尚未汇回的税后利润，Y 国已按 20% 的优惠税率收取了所得税。这笔税后利润如果汇回 X 国，需要在 Y 国按照正常税率补缴税款。现在，母公司决定将这部分资金用于项目子公司的初始投资。

3. 该项目在母国可获得 6.5 万 X 元的贷款融资，母公司的正常贷款利率为 8%。

4. Y 国政府为鼓励这项外商投资，可以为该项目提供一笔 4000 万 Y 元的优惠贷款，贷款的利率为 5%。贷款计划要求分 5 次等额本金偿还。

5. 项目每年的销售收入为 7500 万 Y 元，第 1 年付现成本为 2500 万 Y 元，以后随着设备老化，将逐年增加修理费 300 万 Y 元。

6. X 国企业的所得税税率为 50%，Y 国企业所得税税率为 30%。如果 Y 国子公司把税后利润汇回 X 国，则在 Y 国缴纳的所得税可以用于抵减在 X 国的所得税。

7. Y 国投资项目产生的税后净利可以全部汇回 X 国，但是折旧金不能汇回，只能留在 Y 国补充固定资本投资需求。由于 Y 国子公司保持资产规模不变的简单再生产形式，项目期内不需要额外的投资资金，并且预计子公司没有其他对外投资机会。因此期间累积的折旧金成为闲置资金，子公司将以无息支票存款的形式存在 Y 国银行，在项目终结时可汇回 X 国。

8. X 国母公司每年可从 Y 国子公司获得 1500 万 Y 元的特许权使用费及原材料销售的现金流收入。然而，因为设立该项目，使得母公司原来的出口受到侵蚀，每年减少 1200 万 Y 元的出口销售收入。

9. X 国母公司在全权益筹资下的权益资本成本 r_0 为 10%。

10. 投资项目在第 5 年年底时的终结现金流量为 13000 万 Y 元（包括 1000 万 Y 元的固定资产残值出售收入，10000 万 Y 元的折旧资金和 2000 万 Y 元的营运资金回收额）。

11. 在投资项目开始时，汇率为 1X 元兑 8Y 元。由于 Y 国的通货膨胀率高于 X 国的通货膨胀率，预计 Y 元相对 X 元将以每年 3% 的速度贬值。因此，各年末的汇率预计如表 8-1 所示。

12. 忽略东道国征收预提税、关税等额外税款。

根据上述案例资料，我们接下来分别以 Y 国子公司和 X 国母公司为主体，评价投资方案是否可行。

表 8-1　　　　　　　　　　　　预测的各年末汇率值

年	0	第1年	第2年	第3年	第4年	第5年
汇率（1 X 元兑换 Y 元）	8	8.24	8.4872	8.7418	9.0041	9.2742

（二）从子公司角度评价

1. 项目经营净现金流量

根据经营净现金流的计算公式（8-2a），该项目投产后每期形成的经营净现金流量 OCF 等于经营利润（NOPLAT）加折旧额 D。

由于在项目终结前折旧资金只能无息地存在银行，在项目存续期间不能产生任何现金流增值，因此计算项目每年的经营净现金流时不能计入折旧额。这些闲置的资金只能在项目到期时作为终结现金流收回。因此，期间经营净现金流就等于经营利润 $OCF_t = NOPLAT_t = EBIT_t(1-\tau)$。

2. 项目全部现金流量

从期初到终结发生的所有投资性现金流量，再与经营现金流汇总在一起，就得到项目各期总现金流量。

具体计算步骤如表 8-2 所示，净现金流是（1）至（4）项加总后，再折算为本币的值。

表 8-2　　　　　　　　　　项目各期净现金流量　　　　　　　　　　单位：X 万元

项目	0	第1年	第2年	第3年	第4年	第5年
固定资产投资（1）	-11000					
营运资金垫支（2）	-2000					
经营现金流量（OCF）（3）		2100	1890	1680	1470	1260
终结现金流量（4）						13000
固定资产残值						1000
累积折旧资金						10000
营运资金回收						2000
现金流量合计 NCF：(5) = (1) + (2) + (3) + (4)	-13000	2100	1890	1680	1470	14260
汇率(6)：$8\%(1+3\%)^t$	8	8.24	8.4872	8.7418	9.0041	9.2742
母国货币计价现金流(7) = (5)/(6)	-1625	254.85	222.69	197.95	163.26	1537.60

3. 项目净现值

在得到各期现金流量合计后（见表 8-2 最后一行），就可以代入净现值的计算公式中。由于本例已知有固定的信贷融资，采取调整净现值模型更为简便。运用公式（8-5），先计算项目在全权益融资条件下自身产生的经营净现值。换言之，将项目各期经营净现金流 NCF 以全权益融资每单位的权益资本成本 r_0 贴现，在本案例中为 10%。代入公式 (8-1) $NPV = CF_0 + \sum_{t=1}^{T} \frac{NCF_t}{(1+r_0)^t} + \frac{TV_T}{(1+r_0)^T}$，得到以本国货币计价项目的经营净现值：

$NPV = -1625 + 1626.35 \approx 1.35$（万 X 元）。

4. 负债税蔽价值

项目的贷款融资总额为 6.5 万 X 元，按照 1∶8 的汇率折算，相当于 5200 万 Y 元。其中包含 Y 国政府为该项目提供的 4000 万 Y 元优惠贷款，贷款的优惠利率为 5%。由于贷款计划要求本金分 5 次等额偿还，利息支付额为上年末剩余本金×5%，随贷款余额的减少而逐年递减，由第 1 年的 200Y 万元到第 5 年的 40 万 Y 元。5200 万 Y 元贷款总额扣除 4000Y 万元优惠贷款后，剩余的 1200 万 Y 元（即 1.5 万 X 元）是正常贷款，产生的利息费用按照母国的正常贷款利率 8% 计算，每年需支付 1200 万 Y 元×8% = 96（万 Y 元）。各期利息总额以及税蔽现金流收益如表 8-3 所示。两种贷款利息折算为母国本币后乘以 Y 国所得税税率 30%，以 8% 的正常贷款利率为贴现率计算各年税蔽的现值①，如表 8-3 最后一行所示，合计为 30.925 万 X 元。

表 8-3　　　　　　　　　优惠贷款和正常贷款利息的税蔽现值

年	汇率 （Y元/X元） (1)	优惠贷款 本金支付 （万Y元）	优惠贷款 剩余本金 （万Y元）	优惠贷款 利息支付 （万Y元） (2)	正常贷款 利息支付 （万Y元） (3)	贴现系数 $\frac{1}{(1+8\%)^t}$ (4)	税蔽现值（万X元）： [(2)+(3)]÷(1)× 30%×(4)
0	8.000		4000				
第 1 年	8.240	800	3200	200	96	0.926	9.978
第 2 年	8.487	800	2400	160	96	0.857	7.758
第 3 年	8.742	800	1600	120	96	0.794	5.884
第 4 年	9.004	800	800	80	96	0.735	4.310
第 5 年	9.274	800	0	40	96	0.681	2.994
合计							30.925

---

① 因为负债是固定的，因此以正常贷款利率为机会成本，作为税蔽贴现率。

5. 优惠贷款收益

优惠贷款收益即 APV 公式中第五项和第六项的差额。本例中，第五项是优惠贷款兑换为本国货币后的面值 = 4000/8 = 500（万 X 元），第六项是优惠贷款每年本息支付额兑换为本国货币后，按照正常借款利率8%进行贴现的现值，合计为426.369（万 X 元），计算步骤详见表8-4。

表8-4　　　　　　　　优惠贷款每年本息支付额及现值　　　　　　　　单位：万 X 元

年	汇率 （Y 元/X 元） （1）	优惠贷款 本金支付 （2）	优惠贷款 利息支付 （3）	贴现系数 （4）	现值（万 X 元）： [（2）+（3）]÷（1）× 30%×（4）
1	8.240	800	200	0.926	112.370
2	8.487	800	160	0.857	96.975
3	8.742	800	120	0.794	83.544
4	9.004	800	80	0.735	71.837
5	9.274	800	40	0.681	61.643
合计					426.369

由此可得，优惠贷款收益是两者之间的差额 = 500 - 426.369 = 73.631（万 X 元）。

差额为正，表明母公司由于在东道国获得优惠贷款，在同等债务偿还计划下，比在国内按正常利率借款获得更多的信贷资助。

6. 限制性资金解冻收益

计算由于项目启动使母公司在东道国限制性资金解冻而获得的收益。母公司原保留在 Y 国的 800 万 Y 元出口收益，这部分资金已按 20% 的优惠税率收取所得税。由此推算，税前利润为 800/(1 - 20%) = 1000（万 Y 元）。如果汇回 X 国，需要在 Y 国按照 30% 的正常税率补缴税款，折算为本币的金额为：

1000 × (30% - 20%)/8 = 12.5（万 X 元）

由于 800 万 Y 元的出口收益留在了当地用于初始投资，避免汇回 X 国要补缴的 12.5 万 X 元，这笔金额相当于给项目增加的节税价值。

7. 项目的调整后现值

综上，本例的国际投资项目从子公司视角的调整后按母国货币计价的净现值 APV_F = 净经营现值 1.35 + 利息税蔽现值 30.925 + 优惠贷款收益 73.631 + 限制性资金解冻收益 12.5 ≈ 118.4（万 X 元）。

从项目自身或子公司为主体来评估，项目能创造以母国货币计价的 118.4 万 X 元净现值,是一个可行的投资项目。

(三) 从 X 国母公司角度评价

1. 子公司汇回股利的现金流量

如果项目不再追加投资扩大规模,每期经营净现金流可以由子公司以股利方式汇回母公司。股利作为母公司的投资收益,应按 X 国税法纳税。但因为已在 Y 国纳税的部分可以部分抵减 X 国所得税,因此就要综合考虑两国所得税率差,对母公司实际收到汇回股利进行调整,计算母公司在本国补缴所得税后的股利收益。根据案例资料,已知 Y 国企业所得税税率为 30%,X 国企业所得税税率为 50%,母公司收到的税后股利计算步骤如表 8-5 所示。

表 8-5　　　　　　　　　子公司汇回股利的现金流量

	项目	第 1 年	第 2 年	第 3 年	第 4 年	第 5 年
万 Y 元	汇回股利折算成税前利润 EBIT (2)	3000	2700	2400	2100	1800
	Y 国所得税 (3)	900	810	720	630	540
	汇率 (4)	8.240	8.487	8.742	9.004	9.274
万 X 元	汇回股利(5) = (1) ÷ (4)	254.854	222.688	192.180	163.259	135.861
	X 国所得税(7) = (6) × 50%	182.039	159.063	137.272	116.614	97.043
	本币计价 Y 国所得税 (8) = (3) ÷ (4)	109.223	95.438	82.363	69.968	58.226
	向 X 国实际补缴所得税额 (9) = (7) - (8)	72.816	63.625	54.909	46.645	38.817
	税后股利 (10) = (5) - (9)	182.039	159.063	137.272	116.614	97.043

2. 关联效应现金流量

这部分主要包括因母公司对子公司收取特许费及销售原材料产生的现金流量,以及由于该项目而在东道国减少的出口收入,如表 8-6 所示。

表 8-6　　　　　　　　　关联效应现金流量

项目	第 1 年	第 2 年	第 3 年	第 4 年	第 5 年
特许费收入、原材料销售利润 (万 Y 元)(1)	1500	1500	1500	1500	1500
出口损失销售收入 (万 Y 元)(2)	1200	1200	1200	1200	1200
净现金流 (万 Y 元)(3) = (1) - (2)	300	300	300	300	300
汇率 (4)	8.24	8.4872	8.7418	9.0041	9.2742
净现金流 (万 X 元)(5) = (3) ÷ (4)	36.4078	35.3473	34.3179	33.3182	32.3478

续表

项目	第1年	第2年	第3年	第4年	第5年
所得税（税率为50%）（万X元）（6）=（5）×50%	18.204	17.674	17.159	16.659	16.174
税后现金流（万Y元）（7）=（5）-（6）	18.204	17.674	17.159	16.659	16.174

3. 母公司现金流

从母公司视角梳理从项目初始、期间到终结各个阶段，母公司支出和获得的现金流量，并折算为本币计价。结合案例材料，母公司初始有13000万Y元投资性支出，折合本币为1625万X元。终结有现金收入13000万Y元，折合本币为1401.76万X元（13000/9.274）。再结合前面两项母公司相关现金流，一起汇总在表8-7中。

表8-7　　　　　　　　　　　　母公司现金流量　　　　　　　　　　　单位：万X元

项目	0	第1年	第2年	第3年	第4年	第5年
初始现金流	-1625					
营业现金流量						
税后汇回股利		182.04	159.06	137.27	116.61	97.04
税后关联效应现金流		18.20	17.67	17.16	16.66	16.17
终结现金流量						1401.76
现金流合计	-1625	200.24	176.74	154.43	133.27	1514.98
未来现金流总现值	1476					
母公司净现值	-149					

4. 基于母公司的项目净现值

我们将表8-7中各期现金流合计代入净现值公式中，用母公司权益资本成本10%作为贴现率进行计算，结果如表8-7最后一行所示，即考虑经营过程中与母公司相关的现金流后，该项目给母公司创造的本币价值为-149万X元。

5. 母公司调整后现值

根据调整净现值模型，再把项目融资相关的三项现值，即利息税蔽价值、优惠贷款收益净值、限制性资金解冻价值与母公司视角的项目净现值加总在一起，以 APV_p 表示母公司视角的调整后现值。

APV_p = 基于母公司的项目净现值 -149.2 + 利息税蔽价值 30.925 + 优惠贷款收益净值 73.631 + 限制性资金解冻价值 12.5 = -32.144（万X元）

因此，从母公司的角度来看，该投资方案实际是一个净现值为负的项目，说明投资效益并不理想，不具有投资可行性。

本例表明，评价主体不同，视角不同，得出的资本预算结论可能不同。

第二节　国际投资决策中的风险调整

国际投资决策中，如果跨国公司对于拟建项目的预计现金流量不确定，就需要考虑对风险进行调整和评估，再决定项目的可行性，常用方法包括风险调整法和实物期权法。

一、风险调整法

风险调整法分析的出发点是，公司投资者是风险厌恶型投资者，即对于同样规模的现金流现值，存在不确定风险的现金流所带来的效用要比确定性无风险的现金流效用低，因此要适当降低风险项目的收益现值，直到其与无风险项目的效用相等。

项目风险的调整有两种思路：一是从 NPV 公式的分母入手，根据项目风险调整贴现率；二是从 NPV 公式的分子入手，从项目现金流中剔除风险。两种方法的目的都是确定与风险项目等价效用的无风险项目 NPV。

两种项目风险调整的路径如图 8–2 所示。

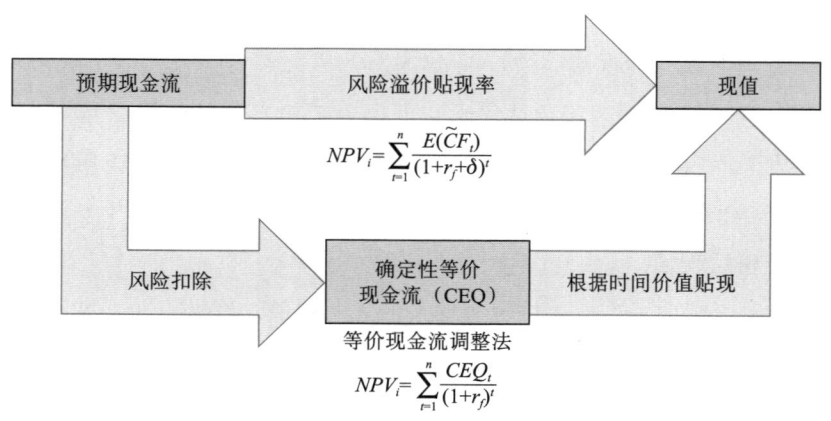

图 8–2　项目风险的两种调整路径

（一）调整项目贴现率

该方法根据项目投资的风险水平，适当调整净现值模型中的贴现率（即项目的必要回报率)。在其他因素相同的情况下,预期现金流的不确定性越大,投资者要求的必要回报率中包含的风险补偿 δ 也越多,适用于不确定性现金流的贴现率也越高。

对项目贴现率的风险调整,可以从公司资本成本出发,将其视作新投资的贴现率基准。公司资本成本是公司全部投资作为一个整体的资本机会成本,是与公司平均风险水平对应的必要回报率。如果某项目处于公司当前业务的平均风险水平,就可以用公司资本成本作为估算 NPV 的合理贴现率;如果项目风险高于公司当前的风险,其贴现率就应该适当调高,反之,对于风险较低的项目则应该采用较低的贴现率。

1. 系统风险与项目贴现率

第七章中已介绍,根据资本资产定价模型(CAPM),必要回报率中超出无风险利率的风险溢价,是与投资的系统风险相关的。因此,公司的整体资本成本和单个项目的必要回报率都可以运用公式(7-6)计算。

如图 8-3 所示,每个项目的必要回报率应该都位于联系其期望收益和系统风险因子贝塔系数的证券市场线 SML 上。例如,高的系统风险系数 β_H 对应高贴现率 r_H,低的系统风险系数 β_L 对应低贴现率 r_L,公司平均系统风险 β_C 对应公司总资本成本 r_C。

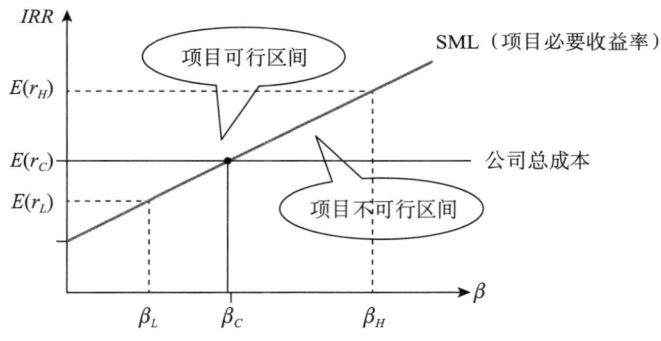

图 8-3 项目必要收益率与系统风险

如果项目的内部收益率 IRR 位于 SML 上方,则项目是可行的,这意味着项目 IRR > 必要回报率,按照由系统风险确定的必要回报率对风险现金流贴现的 NPV > 0;反之,项目的内部收益率 IRR 位于 SML 下方,则项目是不可行的,这意味着 IRR < 必要回报率,按照由系统风险确定的必要回报率对风险现金流贴现的 NPV < 0。

2. 系统风险与多元化投资

根据第七章公式(7-7),某项目 i 的贝塔系数可以分解为项目收益率与市场组合收益率协方差与市场组合收益率方差之比。

$$\beta_i = \frac{\rho_{i,m} \sigma_i \sigma_m}{\sigma_m^2} = \rho_{i,m} (\sigma_i / \sigma_m)$$

以 β 系数衡量项目必要收益率中的风险溢价，对跨国公司的启示是，海外投资项目的风险不仅取决于其收益的绝对波动程度，还与收益波动与本国市场的联动性有关。在衡量一个国际投资项目的风险时，要从跨国公司整体视角出发，分析其对全球多元化投资组合额外增加的风险。我们举例予以说明。

【例 8-1】假设一家美国上市公司计划向不同的新兴市场拓展进行区域多元化投资，美国公司的投资者以美国股票市场收益率的标准差 σ_{US} 衡量母公司的总体风险，以海外各国股票市场收益率的标准差 σ_i 衡量各个项目的单一风险，计算得出各地区与美国市场收益率标准差的比值 σ_i/σ_m 和相关系数 $\rho_{i,m}$，如表 8-8 所示。

表 8-8　　　　　　　　　　　海外市场风险对比

国家	收益率标准差比	相关系数	贝塔
巴西	6.29	0.134	0.84
埃及	5.67	0.104	0.59
印度	6.10	0.173	1.05
印度尼西亚	7.29	0.176	1.28
墨西哥	3.92	0.131	0.51
波兰	3.21	0.264	0.85
泰国	6.32	0.276	1.74

这些市场上的收益率标准差是美国市场的两三倍；但是只有印度、印度尼西亚和泰国的贝塔大于 1，原因就在于这些海外市场与美国市场的弱相关性。由贝塔的计算公式可知，对于美国投资者而言，i 市场的 β_{iUS} 等于两国市场收益率的相关系数乘以两国市场收益率标准差之比，$\beta_{iUS} = \rho_{iUS} \times \sigma_i/\sigma_{US}$。

例如，巴西市场的标准差是标准普尔指数的 6.29 倍，但是相关系数仅为 0.134，贝塔则为 $6.29 \times 0.134 = 0.59$；波兰市场波动性只有 3.21，接近巴西的 1/2，但由于该市场与美国市场的相关性较高，其贝塔系数与巴西几乎相同。因此，海外投资项目尽管个体风险可能较高，但只要与母公司收益波动性相关性低，依然可以对应较低的系统风险因子和与之相应的风险调整贴现率。

（二）调整项目现金流

调整风险的第二种方法是"确定等值现金流法"。该方法从预期不确定现金流量的期望值中提取一定的风险溢价，将其转换为数额较低的无风险现金流，然后以无风险利率贴现，所得到的净现值与不确定现金流量的期望值按照风险调整贴现率计算出的净现值正好相等。这种调整后的现金流也称为风险现金流的"确定等价现金流"。

第八章　国际直接投资管理

根据此方法，在未来第 t 期产生的一笔风险现金流 CF_t，有两个相同的现值表达式，如公式（8-8）所示：

$$PV = \frac{\widetilde{CF_t}}{(1+\tilde{r})^t} = \frac{CEQ_t}{(1+r_f)^t} \qquad (8-8)$$

其中，贴现率 $\tilde{r}$ 为与风险现金流匹配的风险调整收益率，CEQ_t 就是与风险现金流 CF_t 现值相等、可以用无风险利率 r_f 贴现的安全现金流，也可称为风险现金流的确定性等价现金流（Certainty Equivalent Cash Flow）。

【例 8-2】 假设公司计划投资项目 A，其预期未来 3 年每年有 100 万元净现金流。市场无风险利率为 6%，风险溢价为 8%，公司资产的平均 β 系数为 0.75，新项目与公司现有业务的风险相同，该项目是否可行？如果存在另一个无风险项目 B，其 3 年内现金流总收益的现值与 A 相同，则 B 项目各期的现金流水平应该是多少？

解：（1）由 CAPM 模型可以计算公司的期望收益率 r = 6% + 0.75 × 8% = 12%

（2）以 12% 为贴现率，计算 A 项目未来各年现金流的等价现值，见表 8-9 列 3。

表 8-9　　　　　　　　　　　　　风险现金流与确定性等价现金流

年	项目 A		项目 B	风险调整差额
	当期现金流 (1)	现值（$\tilde{r}$ = 12%） (2)	CEQ_t（r_f = 6%） (3) = (2) × (1 + 6%)^t	(4) = (1) - (3)
1	100	89.3	94.6	5.4
2	100	79.7	89.6	10.4
3	100	71.2	84.8	15.2
合计总现值		240.2		

（3）由于项目 B 无风险，每期现金流可以按无风险利率 6% 贴现，因此可以用同样的各期现值按照无风险利率 6%，反推计算各期现金流的复利终值。

例如，第一年 100 元当期现金流按 12% 贴现率计算其现值为 89.3 元，则如果按 6% 的贴现率，即等价于第一年 89.3 × (1 + 6%) = 94.6（元）终值。

将 A 与 B 项目的现金流进行对比，项目 B 各期的现金流少于项目 A，即为了去除不确定性，投资者愿意放弃一定的现金流以获得相等的现值，其差额可以视为投资者愿意接受的避险成本。项目 B 各期的现金流就是项目 A 的确定性等价现金流。

实践中，调整项目现金流往往通过将风险现金流乘以一个小于 1 的确定性等值系数来估算，现金流量的风险越大，确定性等值系数就越小。

二、实物期权

采取风险调整后现值模型来评估投资项目的可行性,有一个前提假设是未来所有的经营决策都是最优的。然而,公司管理层难以在项目启动前获得所有与项目相关的信息,因此就无法预料到未来将要进行决策时的具体情景。更重要的是,传统的净现值法忽略了跨国公司管理者在项目实施期间,采取趋利避害的策略选择可能产生的额外价值。实物期权分析就是运用金融学期权定价理论,估算投资风险项目过程中决策灵活选择权的或有价值。

根据实物期权的特点以及对应的期权定价模型,可以大致划分为扩张期权、放弃期权和延期期权。

(一)扩张期权

扩张期权是项目进行过程中扩张投资的选择权。拓展投资的选择实质是认购期权,是在经济发展势头强劲时会执行的持续经营权力。企业执行扩张期权的原因是预期经济前景好,追加投资可能获得比预期更高的收益。扩张期权的价值可以用认购期权模型进行估值。

例如,某跨国公司S计划在印度尼西亚建立子公司生产新能源汽车。该国政府承诺,如果S公司子公司经营成功,显著带动当地就业和出口,将在未来某个时点以折价出售政府拥有的土地及地方附着的建筑物,供其扩产厂房。该承诺并不直接影响现在评估该投资项目的现金流量,但是它隐含了S公司在未来可能执行的类似于认购期权的扩张权利。扩张期权受两个主要因素影响:一是S公司利用该机会从政府折价购买建筑物的可能性;二是该机会产生的净现值。

(二)放弃期权

放弃期权是项目未到期前终止投资的选择权。放弃投资的选择实质是认沽期权。一旦项目不再盈利,公司为减少损失就应采取放弃决策。放弃期权的价值可以用认沽期权模型进行估值。通常有形资产比无形资产易于出售,非专利项目比专利项目易于终止,因而这类项目中止时损失的成本更低,因此具有更大的潜在放弃期权价值。

(三)择机期权

择机期权也称延期期权或时间期权,即公司拥有延迟投资时间点的选择权。对于某些不确定性高的投资项目，如跨国公司开发海外新的市场，不必立即实行，而是可以通过等待，使公司充分获得关于市场需求、价格、成本等相关信息，以及经济周期的动态变化，选择最佳的启动时机。尽管等待意味着公司要放弃早期的现金流量，但公司可能会以更有利的方式实施项目。未来的结果不确定性越大，择机期权的价值也越大。择机期权的决策特征类似于美式期权。

实物期权方法意味着，考虑到风险项目在进行过程中投资决策灵活性能带来的潜在价值，跨国公司可以接受一个如果不含该实物期权就会被拒绝的项目。

【例8-3】实物期权与投资决策

假设某公司在一年前投资了一个环保科技项目，初始投资为80万元，目前该项目的市场价值为100万元，但未来市场存在不确定性。公司预计，如果市场情况良好，项目价值将在未来一年内增长30%；如果市场情况不佳，项目价值将下降20%，但公司可以在一年后以90万元的价格将该项目卖给合作方。公司估计无风险利率为4%，项目价值的波动率按照25%计算，计算该公司该笔实物期权的价值。

解：本例中，公司拥有一份认沽（PUT）期权，可以选择执行或者不执行。当前项目的价值（S）为100万元；项目的执行价格（K）为90万元，无风险利率为4%，项目价值的波动率σ为25%，期权到期时期为1年。

实物期权可以使用二叉树模型或布莱克斯科尔斯期权定价模型进行计算。本例中使用布莱克—斯科尔斯期权定价模型计算，一个认沽（Put）期权的价值等于：

$$P = Ke^{-rT}N(-d_2) - SN(-d_1)$$

其中，

$$d_1 = \frac{\ln\left(\frac{S}{K}\right) + \left(r + \frac{\sigma^2}{2}\right)T}{\sigma\sqrt{T}} = \frac{\ln\left(\frac{100}{90}\right) + \left(0.04 + \frac{0.25^2}{2}\right)1}{0.25\sqrt{1}} = 0.7066$$

$$d_2 = d_1 - \sigma\sqrt{T} = 0.7066 - 0.25\sqrt{1} = 0.4566$$

N（代表正态分布），查找正态分布值后，可得该笔认沽期权的价值为：

$$P = Ke^{-rT}N(-0.4566) - SN(0.7066)$$
$$= 90 \times e^{-0.04 \times 1} \times 0.3238 - 100 \times 0.2397 = 3.9948（万元）$$

这意味着在当前的市场条件和项目预期下，拥有退出的期权为企业项目投资增加了约4万元的价值，可以减少企业的相应损失。

需要注意的是，实际应用中波动率的准确估算较为复杂，数据需要根据详细的市场调研、财务预测和风险评估等来确定，计算过程也可能会因采用不同的期权定价模型和假设条件而有所不同。

第三节　国际投资风险管理

在国际投资时，跨国公司面临多方位的风险冲击来源，从宏观和微观角度对企业的投资决策产生关键影响。在进行投资决策时，需要充分考虑相关风险，并进行有效管理。

一、国际投资中的风险

国际投资涉及不同国家，面临诸多风险，比较重要的风险有政治风险、经济风险、市场（运营）风险等。

（一）政治风险

东道国或母国的政治风险对跨国公司而言均存在重要影响，此外，国际政治环境变动也极大影响投资者的预期。

1. 政权更迭

政权频繁更迭或政治局势动荡会给国际投资带来极大不确定性。例如，某跨国企业在中东某国投资建设基础设施项目，该国突发政权更迭，新政府对外国投资政策进行大幅调整，原本已获批的项目许可面临重新审查，项目进度被迫中断，企业前期投入的大量资金面临无法收回的风险。

2. 政策法规变动

目标国税收政策、环保政策、外资准入政策等的改变，可能直接影响投资项目的成本与收益。如某国为应对财政赤字，提高企业所得税税率，在该国投资设厂的跨国制造企业利润大幅减少。再如，一些国家加强环保监管，大幅提高工业企业的污染物排放标准，企业需投入大量资金升级环保设备，增加运营成本；国家间的贸易摩擦及相应的反倾销反补贴等政策力度加大，可能阻碍跨国投资。

3. 政治冲突与战争

地区冲突、内战或国际战争会破坏投资环境，威胁企业资产安全与人员生命安全。以伊拉克战争为例，战争期间，许多在伊拉克投资的外国石油企业，其油田设施遭受严重破坏，生产活动完全停滞，企业不仅无法获得收益，还需承担设施修复和重建成本。

(二) 宏观经济风险

1. 经济衰退与通货膨胀

全球或目标国经济衰退，市场需求萎缩，企业产品或服务销量下滑，营收减少。在 2008 年全球金融危机期间，美国经济陷入衰退，众多跨国企业在美国市场的销售额大幅下降。例如，某日本汽车企业在美国的销量锐减，不得不削减生产规模，关闭部分工厂，以降低运营成本。

全球或投资所在国家和地区的通货膨胀率上升，会导致投资者实际收益下降、资产价值缩水以及投资决策难度加大等一系列不利影响。

2. 利率波动

利率变动影响企业融资成本与投资收益。若市场利率上升，企业贷款利息支出增加，融资难度加大。例如，跨国企业在新兴市场国家投资建设大型项目，通过当地银行贷款融资。当该国央行提高利率以抑制通货膨胀时，企业的贷款利息支出大幅上升，项目财务成本增加，利润空间被压缩。

(三) 微观经营风险

1. 行业竞争

目标国市场同行竞争激烈，企业可能面临市场份额被挤压、价格战等问题。例如，在智能手机市场，中国某手机品牌进入印度市场后，面临当地众多本土品牌以及其他国际品牌的激烈竞争。竞争对手通过低价策略抢占市场份额，该中国品牌不得不降低产品价格、加大营销投入，导致利润下滑。

2. 产业链和供应链风险

原材料供应不稳定也是导致投资风险加大的因素。目标国原材料供应商出现问题，如供应中断、质量下降或价格大幅波动，影响企业生产经营。例如，某跨国食品企业在东南亚投资设厂，主要原材料依赖当地供应商，当地遭遇自然灾害，当地农作物减产，原材料供应短缺，价格飙升，企业生产面临原材料不足风险，且生产成本大幅增加。

3. 劳动力管理难题

不同国家劳动力素质、劳动法规、工作文化差异大，可能带来管理挑战。例如，在一些欧洲国家，劳动力成本高且劳动法规严格，对员工工作时间、福利待遇等有明确规定；而在某些国家，员工生产纪律欠缺，导致经营生产进度无法按期完成等。

4. 技术创新风险

行业技术更新换代快，企业投资项目采用的技术可能迅速过时。例如，某电子产品制

造企业在新兴市场国家投资建设生产线生产传统液晶电视，但随着 OLED 等新型显示技术的快速发展，传统液晶电视市场需求迅速下降，企业投资的生产线面临技术落后风险，产品滞销，投资难以收回。

5. 文化差异及风险

不同国家消费者文化观念、消费习惯不同，影响产品市场接受度。例如，印度文化中对牛肉消费存在禁忌，国际快餐连锁企业若不根据当地文化调整菜单，将难以获得当地消费者认可。

跨国企业在海外投资设立子公司，还需要处理内部文化冲突。母国与东道国员工文化背景不同，可能引发沟通不畅、管理冲突等问题。例如，某中国企业收购一家欧洲企业后，中国管理者注重集体决策和等级制度，而欧洲员工更倾向于个人决策和扁平化管理模式，双方在工作方式和决策流程上存在冲突，影响企业运营效率。

（四）汇率风险

汇率波动不仅带来交易风险、折算风险，还会对企业的产品定价、利润和需求等产生影响，从而影响公司的财务状况。

二、国际投资风险管理

国际投资风险管理涉及风险识别、风险评估、风险应对和风险监控与预警等方面。

（一）风险识别和风险评估

在风险识别环节，公司需要全面识别国际投资中可能面临的各种风险。例如，政治风险（如政策法规变化、政权更迭）、经济风险（如汇率波动、通货膨胀）、市场风险（如市场需求变化、竞争加剧）等。

公司应对识别出的风险进行评估，确定其发生的可能性和影响程度，可以采用定性与定量相结合的方法，如通过专家判断、历史数据统计等方式为风险赋值。例如，根据该国过去的政治局势稳定性以及近期的政策调整趋势，评估政治风险发生的可能性为中等，一旦发生可能对投资造成重大影响。

以宏观国别风险评估为例，跨国公司可以通过内部专家进行国别风险分析，国际上也有一些权威机构发布独立的国别风险评估报告，如《欧洲货币》每年都会根据政治风险、信用等级等因素评估国家等级；经济学家杂志提供 EIU 国家风险服务；穆迪国家风险评级等。在我国，中国出口信用保险公司每年发布《国家风险分析报告》，选取与我国政治经济关系密切,具有较强地区代表性的热点和重点国别,基于政治风险、经济风险、商业环境风险和法律风险四大维度,通过17个一级指标和52个二级指标的指标体系,对各国风险进行全方位、多视角的深入分析。

> **专栏 8-1　ICRG 国家风险指数**
>
> 国际国家风险指南(International Country Risk Guide,简称ICRG)指数,是国际上普遍采用的国家风险评估指数,覆盖全球146个经济体,自1986年以来持续更新,满足客户对国际商业运营潜在风险进行深入、详尽分析的需求。
>
> ICRG指标包括政治、经济、金融3个子类别风险,共22个变量。政治风险指数基数为100分,包含12个加权变量,涵盖政府稳定性、社会经济条件、投资环境、内部冲突、外部冲突、腐败、军事干预政治等方面;经济风险指数和金融风险指数基数均为50分,包含外债占GDP的比例、汇率稳定性、偿债占出口的比例、经常项目占出口的比例、国际流动性等变量;在分别计算政治、经济、金融风险指数基础上,将3个指数的总分除以2,得出综合国家风险评分。
>
> 综合评分范围从0到100,分数越高,风险越低。其中,80—100分为极低风险;70—79.9分为低风险;60—69.9分为中等风险;50—59.9分为高风险;0—49.9分为极高风险。
>
> ICRG每月会对141个发达、新兴、前沿国家和离岸金融中心进行政治、经济、金融和综合风险评级和预测,被全球机构投资者、多边组织、跨国公司、中央银行和主权财富基金等广泛使用,为投资者、企业和政策制定者提供了有关国家风险的量化评估。

(二) 风险应对

公司根据风险评估结果制定相应的应对策略,主要有风险规避、风险降低、风险转移和风险接受四种策略。

1. 风险规避

规避风险意味着不在当地进行投资。例如,如果评估发现某国的政策法规不确定性过高,投资风险过大,企业可选择风险规避策略,放弃在该国的投资计划。然而,国家风险总是存在,企业如果能够识别、控制或就国别风险获得相应补偿,采取主动态度应对意味着更多的机会。

2. 风险降低

一旦决定要进行长期投资,企业还可以选择通过调整市场策略和经营策略等方式降低投资风险。

企业可以采用市场多元化方式,将业务分散到多个不同国家和地区的市场。例如,某跨国电子产品企业原本主要依赖欧美市场,后来逐渐开拓了亚洲、南美洲等新兴市场,当欧美市场因经济危机或贸易摩擦出现需求下降或政策限制时,其他市场的业务可以弥补部分损失,降低企业整体风险。

企业也可通过与当地企业或其他跨国企业建立战略联盟或合作关系降低风险。例如,日本汽车制造商与印度企业合作,利用印度企业在当地的资源和市场渠道优势,以及自身的技术和管理经验,共同开展生产和销售业务,降低独自进入印度市场面临的政策、市场等风险。

此外,企业通常会采用本地化经营方式,即在投资所在国进行本地化生产、采购和销售,雇佣当地员工,融入当地文化。如肯德基进入中国后,根据中国消费者的口味推出了老北京鸡肉卷、豆浆油条等具有中国特色的产品,还大量招聘当地员工,不仅提高了消费者的接受度,而且减少了因文化差异、贸易壁垒等带来的风险。

3. 风险转移

企业可以采用分散投资方式,将资金投向不同国家、不同行业、不同资产类别,降低单一投资的风险。例如,某投资机构不仅投资于欧美发达国家的住房建筑,还涉足新兴市场的债券以及亚洲国家的房地产市场,通过资产的多元化配置来分散风险。

购买保险也是转移风险的一种手段。公司通过购买政治风险保险、财产保险等,可以付出一定代价,将部分风险转移给保险公司。如中国企业在海外投资基础设施项目时,可购买海外投资保险,当遇到战争、征收等政治风险导致损失时,可获得相应赔偿。

运用金融衍生品也能够适当转移风险。比如利用远期外汇合约、外汇期货、期权等金融衍生品可以对冲汇率风险,购买信用违约互换产品可以规避来自对手方的信用违约风险等。

4. 风险接受

由于跨国经营本质上就是高风险的活动,在减少风险和转移风险的基础上,跨国公司自身承担部分风险,并在项目存续期间持续监控风险。

(三) 风险监控与预警

公司在投资过程中持续监控风险的变化情况,及时调整应对策略。例如,密切关注投资所在国的政治经济形势、政策法规变化,以及市场动态等,以便及时发现新的风险因素或原有风险程度的变化,并采取相应措施。

在进行风险监控基础上,建立风险预警机制。公司可以及时收集和分析与投资相关的信息，以便在风险发生之前发出预警信号，为企业采取应对措施争取时间。例如，通过关注国际经济形势、行业动态以及投资所在国的政策变化等，提前预判可能出现的风险。

国际投资风险管理是一个复杂的过程，需要投资者综合考虑各种因素，运用多种方法和手段，对投资过程中的风险进行有效的识别、评估、应对和监控，以降低投资损失，实现投资目标。

本章小结

1. 资本预算技术应该能够识别出为公司创造最大价值的项目。在实践中，最符合这一基准的资本预算方法是项目净现值法。典型的跨国资本预算与普通的资本预算具有类似的净现值分析模型。

2. 如果项目在整个存续期间保持固定的债权与股权比率不变，就可以用项目的加权平均资本成本作为贴现率，计算各期项目净现金流的现值。

3. 如果项目同时采用负债和权益资本进行筹资，且在期内不能保持固定比例，那么每期用于折现的加权平均资本就需要不断地根据债务股权比率的变化进行调整。

4. 资本预算一般方法比较适用于对项目自身或从跨国公司海外子公司角度进行分析。从母公司的角度来看，评价的结果可能具有很大区别。

5. 跨国公司国际投资的项目预算模型与国内相似，输入变量有共性也有一些特殊因素，也有特定变量。

6. 如果跨国公司对于拟建项目的预计现金流量不确定，就需要考虑对风险进行调整和评估，再决定项目的可行性。

7. 风险调整法分析的出发点是公司投资者是风险厌恶型的，即对于同样规模的现金流现值，存在不确定风险的现金流所带来的效用要比确定性无风险的现金流少。因此要适当降低风险项目的收益现值，直到与无风险项目的效用相等。

8. 实物期权分析就是运用期权定价理论，估算投资风险项目过程中决策灵活选择权的或有价值。根据实物期权的特点以及对应的期权定价模型，可以大致划分为扩张期权、放弃期权和延期期权。

9. 国际投资涉及不同国家，面临诸多风险，比较重要的风险有政治风险、经济风险、市场（运营）风险等。

10. 国际投资风险管理涉及风险识别、风险评估、风险应对和风险监控与预警等方面。

11. 公司根据风险评估结果制定相应的应对策略，主要有风险规避、风险降低、风险转移和风险接受四种策略。

关键术语

净现值模型　　加权资本成本　　风险调整贴现率　　税蔽价值

优惠贷款收益　　调整净现值模型　　确定等值现金流　　税收抵减

经营净现金流量　　必要报酬率　　实物期权　　政治风险

经济风险　　风险识别　　风险评估　　风险应对

练习题

1. 假设某企业计划投资一个新项目，预计该项目的初始投资额为 100 万元，未来 5 年内的现金净流量分别为 20 万元、30 万元、40 万元、50 万元和 60 万元，贴现率为 10%。请问该企业是否应该投资？

2. 某公司计划通过杠杆融资投资一个新项目，预计项目初始投资额为 500 万元，其中 300 万元为自有资金，200 万元为银行贷款，年利率为 5%，贷款期限为 5 年。项目预计在未来 5 年内每年的现金流入分别为 120 万元、150 万元、180 万元、210 万元和 240 万元。请使用净现值法评估该项目的财务可行性，并讨论杠杆融资对净现值的影响。

3. 考虑某个企业从现在起 3 年内可以按合同以 115000 美元出售某项资产。今天该资产的价值是 72000 美元。如果该资产相应的折现率为 13%，该企业是否从这项资产中获利？在什么利率下，该企业刚好损益平衡？

4. 某跨国公司 A 计划在新兴市场国家 B 投资一个大型制造项目。该项目预计需要初始投资，并将在未来 5 年内产生稳定的现金流。由于涉及跨国投资，项目需要考虑汇率、税收、资本成本以及通货膨胀等因素的影响。请根据以下信息计算该跨国投资项目每年的预期现金流（以美元计价），计算净现值（NPV），并判断该项目是否值得投资。

(1) 初始投资：项目初期需要投资 1.5 亿美元，其中包括建设工厂、购买设备以及初期运营资金。

(2) 项目生命周期：项目预计运营 5 年，之后将进行清算。

(3) 预计现金流（以当地货币 LC 计价）：第 1 年至第 5 年分别为：5000 万 LC、6000 万 LC、7000 万 LC、8000 万 LC 和 9000 万 LC。

(4) 汇率（LC 对美元）：当前汇率为 1 LC = 0.5 美元，预计每年贬值 2%（即每年 LC 对美元贬值 2%）。

(5) 项目资本成本（以美元计价）：跨国公司 A 的加权平均资本成本（WACC）

为10%。

（6）税收因素：公司税率为25%，项目前两年享受50%的税收减免。

（7）通货膨胀率：当地通货膨胀率为3%，美国通货膨胀率为2%。

（8）清算价值：项目结束后，预计资产清算价值为2000万LC。

5. 跨国投资风险项目资本预算。某公司计划在海外投资一个项目，预计投资额为1000万美元，项目期限为5年。预计第1年至第5年每年的净现金流量分别为：200万美元、300万美元、400万美元、500万美元和600万美元。已知无风险利率为3%，市场风险溢价为5%，项目的贝塔系数为1.2。此外，公司认为存在东道国国别风险中等，需要额外的2%的国家风险溢价。请计算该项目的风险调整贴现率，并计算项目的净现值（NPV）。

思考与讨论

1. 你是一家中资大型跨国企业的财务部门人员，目前公司准备进军"一带一路"沿线国家地区，初步打算在西亚地区投资及。请查找国别风险评估的相关报告和信息，对相关国别风险进行排序，指出公司投资的潜在风险。

2. 小型公司的跨国资本投资决策。Tina公司是一家中国的电子产品出口制造商，主要生产电子手表和耳机，并出口到泰国等东南亚地区。Tina公司正在考虑在越南等地投资建厂，扩大经营。

（1）描述与文中所给条件相关的、在决定该项目是否可行时必要的资本预算分析步骤。

（2）解释有哪些与该项目现金流相关的不确定性。

参考阅读

1. [美] 切奥尔·尤恩，布鲁斯·雷斯尼克. 国际财务管理（第8版）[M]. 北京：机械工业出版社，2021.

2. [美] 查尔斯·希尔. 国际商务（英文版·第13版）[M]. 北京：中国人民大学出版社，2024.

3. [美] 兹维·博迪. 投资学（第10版）[M]. 北京：机械工业出版社，2017.

4. [美] 斯蒂芬·罗斯，等. 公司理财（第13版）[M]. 北京：机械工业出版社，2024.

5. ［加］约翰·赫尔. 期货期权及其衍生品（原书第 10 版）［M］. 北京：机械工业出版社，2018.

6. D'Orazio, A, F Fabrizio and A Gazzani. Geoeconomic fragmentation and firms' financial performance［N］. SSRN Working Paper，2024.

7. 中国社会科学研究院世界经济与政治研究所. 中国海外投资国家风险评级报告［M］. 北京：中国社会科学出版社，2024.

第九章　跨国公司的短期资产与负债管理

学习目标

学完本章后，你将能够：
- 了解国际贸易中的支付方式和融资方法
- 理解跨国短期融资的目的和决策
- 掌握跨国短期资金管理主要内容
- 了解跨国公司资金集中管理内涵和方式
- 掌握跨国公司优化现金流的主要方法

本章概览

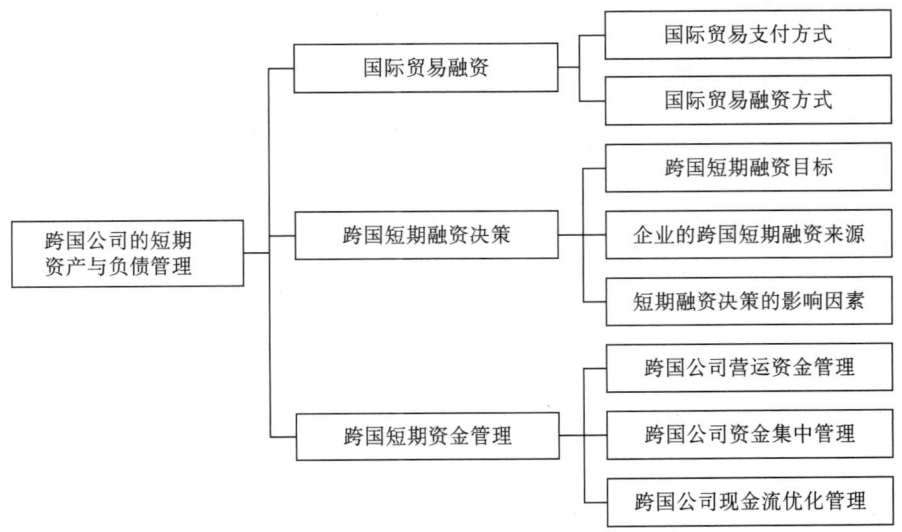

随着经济全球化的快速发展，跨国公司的国际贸易以及与之紧密联系的贸易融资重要性随之提高；跨国公司相比国内公司，可以获取的短期资金渠道更为多层次和多元化，其短期融资决策也相对更为复杂。跨国公司的财务管理人员不仅需要熟悉国际贸易支付方式，还要熟悉利用本外币进行短期融资的各类方式，并作出使跨国公司整体价值最大化的财务决策。本章分别从国际贸易融资、跨国短期融资决策、跨国短期资金管理三个方面，对跨国公司的短期资产和负债管理进行全面介绍。

第一节　国际贸易融资

由于经济全球化的快速发展以及国际银团贸易融资规模的持续扩大，跨国公司通过国际贸易活动的融资也日趋重要。与贸易有关的融资需要依托大量的金融票据服务，如信用证及承兑汇票。本节将说明和分析国际贸易中所涉及的各种支付条款，以及在执行过程中必需的单证。在此基础上，考察利用出口融资以及信贷保险的主要方式和来源，并介绍通过开展出口保险和/或贷款项目以促进国际贸易的主要机构。

一、国际贸易支付方式

（一）预付

预付（Prepayment）是指进口方在收到货物之前，先将货款支付给卖方的一种支付方式。通常以国际电汇方式将货款汇到出口方账户或采用国外银行汇票方式来支付。采取这种方式，进口方预先支付后，若出口方不履约或货物有问题，进口方难以追回货款，给出口方提供了最大限度的保护，风险几乎完全由进口方承担。它通常适用于进口方对出口方高度信任，或者出口方主导市场、进口方需求强烈的情景。

（二）寄售

寄售（Consignment）是指出口商将货物发给进口商，同时保留商品的所有权。进口商将货物寄给买方或第三方指定的仓库，只有在货物销售后，才支付货款给出口方。采取寄售支付方式，风险主要由出口方承担，买方无须预付资金。出口方需要对进口方或市场销售能力有信心，或者意图开拓新市场以及与买方建立长期合作关系。除了母子公司或每公司与联营公司之间，寄售的方式在实务中很少运用。

（三）信用证

信用证（Letter of Credit，简称 L/C）是进口商开户银行根据进口商（买方）的要求和指示，向出口商（受益人）开立的一种保证书，是银行有条件的付款保证。信用证本质上是以银行的信用取代买方的信用。信用证支付的一个重要特征是，无论买方有无能力或是否愿意支付货款，签发行都有义务允许卖方提款。另外，只有在出口商将货物发运并将单据提供齐全后，进口商才需要支付货款。

例如，中国的 A 公司从美国的 B 公司进口一批价值 100 万美元的电子产品。A 公司向其开户银行 C 申请开立信用证，银行 C 经过审核 A 公司的信用和财务状况后，为其开立了以 B 公司为受益人的信用证。B 公司收到信用证后，按照要求发货，并提交相关单据给银行，银行审核无误后向 B 公司付款，A 公司则在规定时间内偿还银行的垫款。

（四）汇票（即期/远期）

汇票是对一方（通常是出口商）签发的无条件书面支付承诺，表示要求进口商或其代理人应在指定日期或见票时，按票面金额向出口商支付款项。大多数以汇票形式办理的贸易支付业务都是通过银行系统处理的，银行术语称之为跟单托收。银行在跟单托收业务中承担货运单据处理和货款收回的中介职能。如果在即期汇票条件下发货，出口商将货物发出后向买方提示付款，买方见票后立即付款；银行只有确认出口方收到货款后才会交出货运单据，即付款交单，买方需凭借货运单据才能提货。

如果货物是在远期汇票的条件下发运，出口商就会指示银行直到买方承兑汇票后才把货运单据向其交付，这种支付方式也称为承兑交单。通过承兑汇票，进口方承诺在未来某个特定日期向出口商付款，这种承兑汇票也称为商业承兑汇票。在这种情况下，进口方可以在付款之前收到货物。

（五）记账

记账（Open Account）是国际贸易中一种信用交易方式。出口商将货物交付给进口商后，不立即要求支付货款，而是将款项记入进口商的账户，双方约定由进口方在未来某一日期付款。进口商无须提供担保或即期付款，完全基于商业信用后付货款。这种方式主要用于交易双方相互信任并有大量商业往来的情况。

以上 5 种支付方式对比如表 9-1 所示。

表 9-1　　　　　　　　　　　　国际贸易支付方式对比

支付方式	买方风险	卖方风险	交易成本	适用场景
预付款	高	低	低	卖方强势或初次交易
寄售	低	高	低	小型交易、熟悉关系
信用证	中	中	高	大额或陌生交易
汇票	中	中	中	信任度较高交易
记账	低	高	低	长期合作伙伴

二、国际贸易融资方式

按照资金使用期限，国际贸易融资可以划分为短期贸易融资和中长期贸易融资。短期贸易融资是指融资期限在 1 年以内的进出口贸易融资，包括出口打包贷款、进出口押汇、开证授信额度、信用贷款、抵押贷款、票据贴现等方式。中长期贸易融资是指融资期限在 1 年以上的进出口贸易融资，包括福费廷、出口信贷、应收账款代理等方式。

（一）短期贸易融资

1. 出口打包贷款

出口打包贷款是指银行以出口商提供的、由进口商开具的信用证作为还款凭证和抵押品，向出口商提供的一种出货前资金融通方式。银行根据出口商打包申请上规定的用途，给出口商开立户头，由出口商陆续支用，帮助其完成出口商品的生产或采购。

2. 信用证押汇

信用证押汇是依托信用证项下的单据进行的资金融通，是国际贸易中一种常见的短期贸易融资方式。按照获取方的不同，信用证押汇又可分为出口信用证押汇和进口信用证押汇。

出口信用证押汇是指出口商发运货物后，将运输单据（如提单）交给出口商银行（议付银行），银行根据进口商寄来的信用证进行审核，在符合要求的情况下，以出口商提交的单据作为抵押品，向出口商提前付款（押汇）。出口商议付后，银行再将单据寄给信用证开证行，索回垫付的资金。出口信用证押汇的融资方式可以使出口商提前获得货款，缓解资金压力，特别适用于信用证项下付款周期较长的情况。

进口信用证押汇是信用证的开证行对进口商提供的一种资金融通。当开证行收到出口商银行寄来的单据，经审核符合信用证要求后，即先行付款并把单据转交给进口商，进口商凭单据提货并销售以后，再偿还银行垫付资金的本息。此项业务的风险较大，开证行不仅需要考虑进口商的信用，还要承担货物滞销的风险，因此在实践中要慎重采用。

例如，日本的 D 公司从韩国的 E 公司进口一批汽车零部件，价值 50 万美元。D 公司与银行 F 签订进口押汇协议，以进口货物的提单等单据作为质押，银行 F 为 D 公司垫付 50 万美元给 E 公司。D 公司在货物到港后，凭借银行的提货担保提取货物进行销售，然后在押汇期限届满时，将销售货款偿还给银行 F，并支付相应的利息和手续费。

3. 托收押汇

托收押汇是国际贸易中另一种常见的短期贸易融资方式。类似于信用证押汇，也可分为出口托收押汇和进口托收押汇。

出口托收押汇是指银行收到出口商交来的出口单据后，以代其托收为条件，向出口商提前支付货款。与信用证方式下的出口押汇不同，这种方式没有开证行的保证，如果进口商不付款，押汇的银行有权向出口商追索垫付资金的本息。如果出口商不能支付垫付的资金本息，银行有权处分代收银行退回的单证。但是，这种处分只有在出口单证有物权凭证或债权凭证时才对银行有意义。因此，出口托收押汇的风险高于出口信用证押汇。

进口托收押汇是指进口商银行向进口商提供的短期资金融通。出口商银行将出口单据寄给进口商银行，委托进口商银行在进口商付款或承兑的情况下交单。进口商银行接受委托后，通知进口商付款赎单或承兑。如果进口商需要短期融资，进口商银行先行垫付资金赎单。

4. 开证授信额度

开证授信额度是指信用证的开证行为进口商在开立信用证方面提供的一种资金支持。通常进口商向银行申请开立信用证需要缴纳一定比例的保证金或抵押品，为了便于进口商开立信用证，银行可以预先承诺一定的授信额度，提供短期资金融通。

5. 应收账款融资

应收账款融资，是指出口商以应收账款作为担保获得银行贷款。银行贷款意愿主要依托于出口商的信用水平，本质上是信用贷款。无论买方出于何种原因未付款给出口商，出口商都要按期偿还银行贷款。应收账款融资除了买方的偿付风险外，如果进口国政府限制或外汇管制，也会妨碍买方向出口商付款。因此，国际贸易中应收账款融资方式采用的贷款利率通常比国内应收账款融资的利率高。

6. 应收账款售让

出口商在收到货款之前发运货物，应收账款余额也会随之增加。如果出口商没有从银行获得贷款，就要为该业务融资并监督应收账款的收回。由于存在买方可能不付款的潜在风险，出口方会考虑将应收账款提前出售给第三方，即应收账款代理商，也称保理（Factor）。在这种情形下，出口商出售了对应收账款的追索权，代理商要承担向买方收款的责任及相关信用风险。在国际贸易中，应收账款收购商在购买应收账款债权之前，要对国外买方实施授信审批程序。代理商通常以一定的折扣购买应收账款债权，并收取固定的处理费。

跨国应收账款售让在国际贸易中经常采用。出口商的代理商与买方国家的同类机构联系，以评估买方的信用状况及收取账款。应收账款的回收通常由商业银行的应收账款收购分支机构、财务公司和其他的专业金融机构来实施。应收账款收购商经常运用出口信贷保险来降低国外应收账款的额外风险。

7. 票据贴现

进出口贸易中大多使用远期汇票的付款方式。如果远期汇票得到银行的承兑，出口商可以通过出售银行承兑汇票进行融资。如果远期汇票没有得到银行承兑，出口商可以进行汇票贴现。汇票贴现是指出出口商将未到期汇票转让给银行或其他金融机构，得到汇票面额与利息和其他成本之间的差额。汇票贴现分为追索性贴现和非追索性贴现。追索性贴现是指贴现汇票后，如果汇票到期不能兑现，贴现银行有权向出口商索赔。非追索性贴现是指贴现汇票后，如果汇票到期不能兑现，贴现银行无权向出口商索赔，相当于出口商将汇票卖断给贴现银行。

【例 9 – 1】出口贸易中的票据贴现

国内的 X 公司向国外 Y 公司出口一批价值 80 万欧元的机械设备，Y 公司开来一张远期信用证，X 公司发货后，按照信用证要求制作单据，并开具了 90 天远期汇票，连同单据一起交给银行 B。

贴现过程：银行审核单据无误后，将汇票和单据发给 Y 公司的境外开证行进行承兑。境外开证行承兑汇票后，X 公司为了尽快回笼资金，向银行 B 申请贴现。假设贴现率为 3.5%（年率），则银行扣除贴现利息后向 X 公司支付款项。假设汇票剩余到期期限为 90 天，银行扣除贴现利息 7000 欧元（$800000 \times 3.5\% \times 90/360$），X 公司得到贴现金额 793000 欧元。90 天后，银行 B 向 Y 公司的开证行收款，开证行支付 80 万欧元给银行 B。

（二）中长期贸易融资

1. 福费廷

福费廷（Forfaiting），又称为票据包买，是一种典型的中期贸易融资手段，可用来为延期付款的巨额技术贸易和大型机械设备等资本货物的出口进行融资。在福费廷交易中，进口商签发以出口商为收益人、期限为 3—7 年的本票，以支付进口资本性商品的款项。出口商再按面值的某个折扣价格，无追索权地贴现给出口商所在地的银行或金融公司（即包买商）。通过福费廷方式，出口商提前获得出口货款，不必再进行融资。即使进口商违约，福费廷也不会产生对出口商的追索。

福费廷业务的金额较大，一般可以从 10 万美元到上亿美元，属于批发性的融资业务，适合大型国际贸易合同。福费廷业务的收费包括贴现利息、承诺费和宽限期贴息 3 个部分。贴现利息由票面金额按一定贴现率计算而成。从票据到期日到实际收款日的期限称为"付款宽限期"，包买商通常将宽限期计算在贴现期中，收取贴息。从出口商和包买商达成福费廷协议到票据实际买入日的间隔为承诺期。在此期间，包买商要筹集资金，因此出口商也需要支付一定的费用。与一般的票据贴现相比较，福费廷业务的贴现率较高，并且需要银行担保。

2. 出口信贷

出口信贷是指出口国的官方信贷机构或商业银行向本国出口商提供的中长期贸易融资，旨在支持和扩大本国大型机电产品、成套设备、高新技术产品出口。按照融资对象的不同，可分为出口卖方信贷和出口买方信贷。出口卖方信贷，是指向本国出口商提供的贷款；出口买方信贷，是指向外国进口商提供的贷款。出口信贷与一般商业贷款的区别在于：贷款金额大，没有最高限额；贷款期限长，通常为 5—10 年；贷款利率低；贷款必须专款专用。

3. 对等贸易

对等贸易指销售货物到一个国家并且从这个国家购买或交换商品的国际贸易形式。对等贸易的常见形式有易货贸易、补偿贸易和反购贸易。

易货贸易是双方进行商品的交换而不需要使用任何货币交易。大多数易货贸易都是基于一个合同的一次性交易。例如，中国某服装公司与非洲某国家的农产品公司达成协议，中国服装公司向非洲农产品公司提供价值 100 万美元的服装，非洲农产品公司则向中国服装公司提供价值 100 万美元的咖啡豆。双方直接以货物交换货物，不涉及货币的支付，以此满足各自的需求。

补偿贸易或记账贸易，是指卖方在商品售出后，货款以从买方购回一定数量的商品来偿付。这种交易的商品价值用货币形式来表示。例如，非洲某国钢铁企业从我国一家设备制造商进口了一套先进的炼钢设备，价值 4000 万元人民币。由于该企业资金紧张，双方商定采用补偿贸易方式，即该钢铁企业在设备投产后，按照一定的价格和数量，在未来 5 年内向中国设备制造商提供总计 5000 万元人民币的钢材，以补偿设备的价款。这样，中国设备制造商不仅卖出了设备，还获得了在当地稳定的钢材供应；非洲的钢铁企业引进了先进设备提升了生产能力，同时也解决了资金紧缺问题。

反购（互购）贸易，是买卖双方以货币形式在两个不同的合同下进行商品交换的贸易形式。例如，美国一家汽车制造商与日本一家电子公司签订互购协议：美国汽车制造商向日本电子公司出售一批汽车，价值 500 万美元；同时日本电子公司承诺在一定期限内从美国汽车制造商购买价值 500 万美元的汽车零部件。双方通过互购，既实现了产品的销售，又满足了自身对对方产品的需求。

第二节　跨国短期融资决策

跨国短期融资（通常在 1 年以内）需要兼顾资金使用效率和财务安全性。跨国公司需要结合自身目标，综合考虑多种渠道，进行决策。

一、跨国短期融资目标

通过跨国短期融资，企业可以更有效地管理现金流配置、降低融资成本，进而增强在国际市场中的竞争力。短期融资的目标主要体现在以下几个方面。

（一）满足流动性需求

跨国企业可能需要弥补日常运营或短期支出的资金缺口，如支付供应商账款、员工薪酬等。在某些行业，季节性需求波动导致短期资金需求激增，可以通过短期融资灵活应对。在出现不可预见的事件（如自然灾害、经济波动）造成短期资金短缺时，可以通过短期融资缓解紧急流动性需求。

（二）优化融资成本

跨国短期融资中借入外币的价值会受其本国货币汇率变化的影响。通过跨国融资，企业可以选择利率较低的国家或地区借款，从而降低融资成本，然而考虑到汇率变动因素，财务经理需要综合研判汇率变动和利率变动，利用不同国家之间的利率或汇率差异，进而获取融资成本优势。

（三）汇率风险管理

在需要外币支付的情况下，企业通过融资直接获取所需货币，减少外汇市场波动对企业跨国经营的影响。另外，利用短期融资工具对冲未来的外汇收支，可以对冲外汇敞口的外汇风险。

(四) 支持企业经营

企业可以通过信用证和贸易融资等工具进行跨国短期融资,加速国际交易结算,缓解应收账款的回款压力,还可以为海外供应商或客户提供短期资金支持,增强供应链韧性。

短期融资还可以支持企业投资或项目开发。企业可能需要短期资金用于启动海外项目,待长期资金到位后再归还。在长期融资安排完成前,可以通过短期过渡性融资满足临时资金需求。

二、企业的跨国短期融资来源

跨国公司母公司及其子公司可以通过多个渠道进行短期融资,其中外部渠道主要包括票据融资和信贷融资;内部融资渠道主要是公司间贷款。

(一) 外部融资

1. 短期票据

短期票据是跨国短期融资活动中常用的一种工具。短期票据的期限一般为 1 个月、3 个月、6 个月。有些跨国公司将其连续滚动从而成为一种中期融资。商业银行为跨国公司包销票据,有些商业银行则作为它们的投资组合之一购买这些票据。

跨国公司往往发行商业票据来筹集短期资金。商业票据是无担保短期本票,通常折价出售给机构投资者和其他公司(即代销商)。由于商业票据无担保,而且只载有发行者的名称,发行者主要是信誉卓著的大型公司。商业票据的期限由公司实际使用资金时间而定,从 20—25 天到 3 个月不等。

2. 银行借款

通过银行借款获得资金,是跨国公司普遍采用的另一短期附息融资方式。银行贷款通常用于为应收账款和存货进行暂时性融资,这些营运资本项目能够很快地转化为现金并用于偿还贷款,因此银行贷款具有一定的自动清偿性。

短期银行信贷通常无须担保。借款人签发一张票据,来证明其到期还款和付息的义务。多数票据的期限为 90 天,因此贷款必须每 90 天进行偿还或重新展期。这种对银行贷款定期展期的需要使银行对资金的使用有很大的控制权。为了进一步确保短期贷款不被用于长期融资,银行通常会附加一项清算条款,要求公司在一年中至少有 30 天无任何银行债务。

(二) 内部融资

内部融资主要是跨国公司母公司或关联公司之间的资金调拨和贷款。具有跨国公司性质的母公司或子公司在寻求外部方式融资前，通常会先核查其他子公司的现金流是否有可利用的冗余资金。例如，一家美国的跨国公司在中国和日本都设有子公司。中国子公司由于近期产品销售回款良好，有大量闲置资金；而日本子公司因为要进行季节性的原材料采购，资金短缺。此时，跨国公司总部可以协调，将中国子公司的部分资金调配给日本子公司，用于采购原材料，待日本子公司销售产品回笼资金后再归还。

当然，对于实行独立成本核算的子公司而言，更常见的方式是内部存贷款。子公司可以将闲置资金存入跨国公司内部的财务公司或资金中心，获取一定的利息收益；而资金短缺的子公司可以从财务公司或资金中心获得贷款，支付相应的利息。例如，德国一家跨国公司设立了内部资金中心，其在英国的子公司将闲置资金 500 万欧元存入资金中心，意大利子公司因业务拓展需要从资金中心获得短期短款 300 万欧元。资金中心会根据一定的利率标准，向英国子公司支付存款利息，同时向意大利子公司收取贷款利息，衡量该类贷款成本的相关指标包括出借入的资金机会成本、设定的利率水平、税率和税收法规、贷款的计价货币以及贷款期间的预期汇率波动等多种因素。在某些国家，这类贷款可能由于官方外汇管制而受到金额、期限限制。

在内部贸易中，通过灵活调整定价或账期等方式，也可以实现资金调剂。例如，母公司可以允许子公司延迟支付货款，或者子公司提前向母公司支付货款，从而为资金需求方提供短期资金支持；或者通过提高售价的方式，变相为销售方融资，等等。

三、短期融资决策的影响因素

(一) 短期融资成本的计算

当涉及选择不同货币进行融资时，我们可以将企业采用某种外币的短期融资成本 r_f 写作利率和汇率的函数：

$$r_f = (1 + i_f)\left(\frac{S_{t+1} - S_t}{S_t}\right) - 1 \qquad (9-1)$$

其中，i_f 表示外币的融资利率，S_{t+1} 和 S_t 分别表示融资期初和期末的外币即期汇率。

【例 9-2】D 公司本部在新西兰，子公司在美国经营。为扩张公司在美国的业务，计划进行为期 1 年的短期融资，金额为 100 万美元。其中，银行贷款 200 万新西兰元，报价利率为4%，新西兰元对美元即期汇率为1∶0.5，一年期远期外汇市场上新西兰元远期升水，对美元汇率为1∶0.52。该公司也可以直接进行美元贷款，利率为8.5%，该公司应该如何选择？

使用新西兰元进行融资时，该公司需要在即期兑换成美元并卖出远期美元偿还贷款，考虑汇率和利率成本，该笔贷款（用美元计算）的实际利率为（108.16－100）万/100万＝8.16%，低于美元贷款利率。实际利率计算如下：

$$r_f = (1+4\%)\left(\frac{0.52}{0.5}\right) - 1 = (1+4\%)(1+4\%) - 1 = 8.16\%$$

（二）影响短期融资决策的因素

预期成本与风险是任何融资策略的基本决定因素，短期跨国融资中需要考虑以下几种关键因素的影响。

1. 公司的风险厌恶程度及非财务风险

公司（或其管理层）厌恶风险的程度越高，为了减少货币风险愿意付出的代价也就越大。许多公司在当地借款可以使该项债务与以当地货币表示的资产汇率风险相互抵消。换言之，借入某一特定货币的风险和该公司在该货币上的净头寸以及与之对应的汇率风险暴露程度有关。

一些地区的财务主管更加担忧潜在的政治风险或政策风险，往往会采用谨慎的原则，可能宁愿付出稍高一些的财务代价。例9－2中，通过计算远期抵补后的融资成本，公司将选择使用新西兰元进行融资。然而，如果没有合适的外汇远期合约抵补风险，或者公司管理层预期未来美元贬值幅度更高，或者公司担忧美国政府实施对跨国公司不利的税收或其他约束时，公司管理层仍可能选择使用美元融资，以匹配当地的生产经营现金流。

2. 预期利率、预期汇率和远期利率

短期融资成本的关键影响因素，是各种货币名义利率之差能否与预期汇率的变化相匹配。根据国际费雪效应，跨国资本的自由流动将使两种货币的利率之差等于这两种货币的即期汇率与预期汇率之间的差额，用公式表示为：

$$\frac{E(S_{t+1})}{S_t} - 1 = \frac{i_d - i_f}{1 + i_f} \approx i_d - i_f \qquad (9-2)$$

其中，$E(S_{t+1})$ 为预期汇率值，S_t 为即期汇率，i_d 为国内名义利率，i_f 为国外名义利率，满足该等式也即利率平价。如果各种货币名义利率之差与预期汇率的变化不相匹配，即两国名义利率存在对国际费雪效应的偏离，那么预期借款成本将会根据币种的不同而有所不同，这时必须就每一融资方式的预期借款成本与外汇风险进行权衡。

如果可以利用远期合约，借入哪种货币的决定因素就在于名义利率之差是否与远期汇率之差相等，即利率平价定理是否成立，如公式表示：

$$\frac{F}{S} = \frac{1+i_d}{1+i_f} \qquad (9-3)$$

其中，F 为远期汇率，S 为即期汇率，i_d 为国内名义利率，i_f 为国外名义利率。

归根结底，人们将根据利率差和汇率差的关系选择融资币种。若利差项 $(i_d - i_f)$ 大于汇差项 $\left(\frac{F_{t+1}}{S_t} - 1\right)$，则使用外币融资成本低，相反则本币融资成本低。由于各国政府的资本管制或此类管制威胁的存在，外汇远期升水或贴水不能抵消当地货币贷款与外币贷款的利差，由此使得公司需要进行融资币种选择和权衡。

3. 税收因素

在税收不对称的情况下，公司在融资借款时需要综合考虑税后的融资成本。通常情况下，债务融资的利息支出可以在税前扣除，能起到抵税的作用，因而跨国公司可以选择从高税率地区融资，部分降低综合成本，或利用地区间税收差异实现财务目标。

【例 9-3】短期融资决策

某企业母公司 A 位于高税率国家甲，所得税税率为 30%，而子公司 B 在低税率国家乙（税率为 20%），该公司可以作如下的税务规划：由 A 公司从国际金融市场以 5% 的年利率借入 1000 万美元的短期贷款，然后以内部贷款的形式将这笔资金提供给子公司 B，贷款年利率也设定为 5%。

从母公司 A 角度来看，从 B 处获得利息收入 50 万美元，支付融资利息 50 万美元，无抵税效应；B 公司融资支出 50 万美元利息，可抵税 10 万美元。从集团层面而言，该笔融资共抵税 10 万美元。在这个过程中，跨国企业 A 利用了不同国家之间的税收差异，通过内部融资安排优化了集团的税务状况，在一定程度上增加了企业的资金使用效率和经济效益。不过，这种操作可能会受到各国反避税规则的限制和监管审查。例如，如果甲国或乙国认为这种内部贷款的利率不符合市场公平原则，或者存在滥用税收差异进行避税的情况，可能会对企业进行纳税调整，要求企业补缴税款或面临其他处罚。

考虑到抵税效应后，企业融资成本可以写作：

$$r_{tax} = r_f(1-t_i) = \left[(1+i_f)\left(\frac{S_{t+1}}{S_t}\right) - 1\right](1-t_i)$$

在前述例 9-2 中，假定新西兰的企业所得税税率为 28%，美国的所得税税率为 21%，则考虑到抵税效应后，使用新西兰元借款但用美元偿还本利，以及使用美元借款的综合税后融资成本分别为：

新西兰元：$r_{tax}^{nz} = r_{nz}(1-t_{nz}) = 8.16\% \times (1-28\%) = 5.8752\%$

美元：$r_{tax}^{us} = r_{us}(1-t_{us}) = 8.5\% \times (1-21\%) = 6.75\%$

由于在新西兰有更高的抵扣税收的潜在好处，使用新西兰元借款的成本优势更明显了。

第三节 跨国短期资金管理

营运资金管理作为跨国公司财务管理的关键环节，对于维持公司日常运营、提升资金使用效率以及实现公司价值最大化具有重要意义。合理的营运资金管理能够确保跨国公司在复杂多变的国际市场环境中保持良好的财务状况和持续的竞争力。

一、跨国公司营运资金管理

（一）营运资金管理

营运资金分广义和狭义两个层面的含义。广义的营运资金指的是企业的流动资产总额，包括现金、有价证券、应收账款、存货等所有流动资产；狭义的营运资金指的是企业的流动资产和流动负债的差额，也称净营运资金，它是分析判断企业流动资金运营情况和财务风险的重要依据。

普通企业的营运资金管理通常涉及现金、有价证券、应收账款、存货等流动资产管理，以及短期融资（负债）管理等。

（二）营运资金的跨国管理

跨国公司营运资金管理是指跨国公司对其在全球范围内运营过程中所涉及的流动资产和流动负债进行计划、组织、协调和控制，以实现资金的高效运作，保障公司日常经营活动顺利开展，并达成利润最大化或风险最小化的财务管理活动。其管理的难度在于应对跨国经营中复杂的环境因素，如不同国家的货币制度、汇率波动、制度与政策环境差异等，合理配置和调度资金，减少资金成本，实现企业利润的最大化。

对于存在多个子公司的跨国公司而言，营运资金管理涉及从总部层面调度资金，满足

母公司和子公司收入支出、成本费用以及股利支付和流动性管理等要求,并且实现资金的跨时间和空间的调度,见专栏9-1。

专栏9-1　三星集团的营运资金管理

　　三星集团在全球拥有广泛的业务布局,涉及电子、金融、机械等多个领域。营运资金管理发挥了重要作用。

　　第一,维持日常运营。三星集团在全球各地设有众多生产基地和销售网点,日常运营需要大量资金用于原材料采购、员工薪酬支付、场地租赁等。通过有效的营运资金管理,能够合理安排资金,确保各环节的顺畅运转。例如,通过与供应商建立良好的合作关系,优化应付账款管理,在不影响原材料供应的前提下,适当延长付款期限,为企业节省了资金成本,保障了生产活动的持续进行。

　　第二,提升资金使用效率。三星运用现金集中管理模式,将分布在全球子公司的现金余额集中起来统一调配。例如,三星在东南亚的子公司在销售旺季结束后有大量闲置资金,而在欧洲的子公司正筹备新产品推广急需资金,通过现金集中管理,资金可以快速从东南亚子公司调配到欧洲子公司,助力新产品推广活动的顺利开展。这样可以在集团层面,避免资金的浪费,提高资金的整体使用效率。

　　第三,应对汇率风险。由于三星集团在国际市场上使用多种货币进行交易,汇率波动会对其财务状况产生重大影响。公司通过外汇套期保值等手段,对营运资金中的外汇部分进行有效管理,降低汇率波动带来的风险。例如,预测到韩元对美元可能升值时,三星会提前采取措施,签订远期外汇合约锁定汇率,避免因汇率变动导致出口产品价格竞争力下降,以及应收账款折算成韩元后的汇兑损失。

　　总体而言,高效的营运资金管理使三星具有较强的竞争力,能够快速响应市场变化,及时调整生产和销售策略。比如在市场需求突然增加时,三星凭借良好的营运资金管理,迅速筹集资金增加原材料采购,扩大生产规模,满足市场需求,从而在竞争中占据优势,提升市场份额。

　　读者可进一步参见三星电子年度报告 https://www.samsung.com/global/ir/。

---

1. 子公司的库存与采购

子公司发生的费用主要是购买货物或原材料引起资金流出,特别是采用国外采购时,汇率的波动使子公司很难预测将要对外支付的金额;或者发票币种的升值,使子公司面临更高的成本。因此,子公司可能希望持有大量库存,以降低采购成本波动。此外,从另一国家进口的商品可能会受到原产国政府的限制(通过配额等)。此时,子公司倾向于增加库存持有以应对采购环节的不确定性,留出充分时间寻找可替代货物或原材料。采购支付资金同时受其未来销售额的影响,如果销售额受汇率波动影响较大,那么公司实际获得的收入更加不确定,将迫使子公司持有大量现金,以便应付意外增加的采购需要。

就存货管理而言,跨国公司可以采用以下几种方法。

(1) 经济订货量模型(EOQ),用于确定企业每次订货的最佳数量,以使得存货的总成本最低。存货总成本包括采购成本、订货成本和储存成本。跨国公司在运用 EOQ 模型时,需要考虑到不同国家的采购成本差异、运输时间和成本、关税等因素。例如,在不同国家采购原材料时,由于汇率波动、关税政策不同,采购成本会有所不同,这就需要对 EOQ 模型进行适当调整。

(2) 适时制(JIT)存货管理,强调只在需要的时候生产和采购存货,以达到零库存或尽可能低的库存水平。这种方法可以减少存货的储存成本和资金占用,但对供应链的协同性和可靠性要求较高。跨国公司在全球范围内实施 JIT 存货管理时,需要确保供应商能够按时、按质、按量地供应原材料,同时要保证生产和销售环节的紧密衔接。

2. 子公司收入与应收账款

在管理收入方面,应收账款管理是重中之重。具体内容包括面向客户的信用政策制定、应收账款转让以及证券化等方式。

(1) 信用政策制定。跨国公司需要根据不同国家客户的信用状况、市场环境等因素制定合理的信用政策,包括信用标准、信用期限和现金折扣等内容。例如,对于信用状况良好的客户,可以给予较长的信用期限和一定的现金折扣,以吸引客户购买产品;而对于信用状况较差的客户,则应严格控制信用额度和信用期限。

(2) 应收账款保理。跨国公司将其应收账款转让给保理商,由保理商为其提供融资、应收账款管理、坏账担保等服务。通过应收账款保理,跨国公司可以提前收回资金,加速资金周转,降低应收账款的管理成本和坏账风险。在国际市场上,有许多专业的保理商为跨国公司提供应收账款保理服务。

(3) 应收账款证券化。信誉良好的大型公司还可将应收账款证券化汇集起来,通过结构性重组,将其转变为可以在金融市场上出售和流通的证券,提升资产流动性。

3. 子公司向母公司进行的支付

子公司会向母公司定期支付股利和其他费用,这些费用可能是特许权使用费或母公司发生的应由子公司分摊的固定费用,如母公司支付的可以提高子公司产品质量的研发费用。如果子公司支付的股利和费用可以提前确定,且以子公司的货币进行计量,子公司预测现金流就比较容易。子公司向母公司支付的股利取决于其流动性需求、不同地方子公司对资金的使用情况、子公司所在国币种的预计变动以及其所在国政府的相关规定。

4. 子公司流动性管理

子公司流动性管理是企业集团整体财务管理的重要组成部分，旨在确保子公司具备充足的现金流以支持日常运营，同时优化资金使用效率，降低财务成本。流动性管理主要包括对超额现金进行投资，或借款以弥补现金短缺。

二、跨国公司资金集中管理

跨国公司在生产经营过程中，每天都会产生大量的资金流入和流出，易于发生资金盈余和短缺的情况。如何降低跨国公司的资金成本，提高资金使用效率，已成为关系集团公司存续经营的关键。为了提高资金使用效率，监控国外子公司的财务状况和现金流动，保护投资者的利益，许多国际著名跨国公司相继实行了资金的集中管理。

（一）跨国公司资金集中管理的内涵和作用

1. 资金集中管理内涵

资金集中管理，又称为司库制度，是公司总部将各子公司除维持日常交易持有的最低限度之外的现金集中起来，由公司专门机构负责筹融资和内部自由资金的分配，由总公司的决策层根据需要统一调度、统一结算、统一融资。资金集中管理的内容包括四个方面：资金管理权限的集中、资金信息的集中、资金资源的集中、财务人员的集中。

跨国公司对其全球范围内的资金进行统一管理和调配，旨在提高资金使用效率、降低融资成本、规避财务风险并实现资源的最佳配置。

在集中统一管理中，子公司将现金管理权限集中到总公司，以方便跨国公司总体的资金统筹管理和使用；子公司定期上报资金存量和过去、未来资金流量等信息，实现信息的集中，以强化总公司对子公司的资金决策和控制能力；资金资源的集中是指分散在各子公司账户中的闲散资金集中到公司总部指定的银行账户中，资金不足的子公司可以从该账户拆借资金；总公司对子公司的财务人员进行统一集中的管理。尽管各跨国公司资金管理的主要内容可能有所不同，但都是以资金集中为基础，其他各方面诸如投融资管理、外汇管理、国际支付管理都是建立在这一基础之上。

2. 资金集中管理的作用

跨国公司资金的集中管理可以为跨国集团公司带来许多实际利益。

第一，优化资金配置，提高资金使用效率。跨国公司对资金进行集中管理，能够将分散在各地的资金集中起来，进行统一调配。例如苹果公司，将分布在全球不同地区子公司的现金余额汇集到总部资金池，当某个子公司在销售淡季出现资金闲置，而另一个子公司在新产品研发或市场推广阶段急需资金时，苹果公司可以迅速从资金池中调配资金，避免资金的浪费，实现资金的最优配置。资金能够流向最需要的业务环节，提高了资金的使用效率，促进了公司整体业务的发展。

从集团层面，集中管理能够发现许多独自经营的子公司无法设想的机遇和挑战，进而在公司整体层面开展财务决策，并在子公司间进行合理的资源调配。资金的集中管理能够实现对跨国公司资金整体的全程管理，跨国公司总部就能够对全公司资金实行有效的计划，使公司的资金使用计划与公司战略规划、预算等进行有效协调，从而有效减少公司的资金浪费，降低公司整体的资金成本，同时也有效规避资金流失的风险。

第二，降低资金成本，提高融资能力。资金集中管理可以帮助跨国公司实现规模经济效应，降低资金成本。一方面，集中管理后的资金规模较大，在与金融机构进行融资谈判时，跨国公司能够获得更优惠的利率和贷款条件。另一方面，通过资金集中管理，跨国公司可以减少内部资金的无效流动，如净额内部结算可以避免资金的重复流动，降低资金的交易成本和管理成本；跨国公司可用充分利用内部资金，以较少的资金进行运营，同时调剂一部分资金作为内部信贷资金，以减少银行贷款，降低利息支出。此外，良好的资金集中管理模式也有助于提升跨国公司的信用评级，进一步增强其融资能力，为公司的持续发展提供充足的资金支持。

第三，加强风险管控，提升财务稳健性。集团公司资金集中，信息集中，有利于集团公司制定和实施资金预算，严格控制事前、事中资金支出，保证资金的有序流动；通过成立结算中心，加速资金周转，减少了资金占用，以预防紧急情况的出现；集团层面可以更全面地了解各子公司的资金状况和信用风险，及时发现潜在的风险隐患，并采取相应的措施进行防范和化解，保证集团的支付能力和偿债能力，降低资产的流动性风险。

第四，便于战略决策。通过集中管理资金，公司管理层能够实时、准确地掌握公司整体的资金状况和财务信息，为制定科学合理的战略决策提供依据。例如，苹果公司在决定是否进行重大的海外投资项目时，可以快速评估公司的资金实力、资金流动性以及项目的资金回报率等关键因素，从而作出更明智的决策。

（二）跨国公司资金集中管理方式

1. 统收统支模式

在这种模式下，跨国公司的一切资金收付活动都集中在总部的财务部门，各子公司不单独设立账号，所有收入直接进入总部账户，所有支出也由总部统一拨付，资金的使用权、决策权和融资权（"三权"）高度集中于总公司。这种模式有助于总部对资金进行全面控制，但可能会影响子公司的积极性和灵活性，子公司也无法对外保持财务独立的形象。统收统支模式只适合于地域集中且高度紧密型的公司，一些规模较小、业务相对单一的跨国公司子公司，在初创阶段可能采用统收统支模式，由总部统一调配资金，保障基本运营和业务拓展。

2. 拨付备用金模式

总部按照一定的期限给各子公司拨付一定数额的备用金，子公司在规定的额度内使用资金，超出部分需经总部审批。子公司定期将备用金的使用情况向总部报账，总部再根据实际情况进行补充。这种模式给予子公司一定的资金自主使用权，适用于子公司日常运营资金需求相对稳定的情况。例如，跨国连锁零售企业的部分门店，总部会根据其过往销售数据和运营成本，拨付一定金额的备用金用于日常采购、员工薪酬等支出。

3. 结算中心模式

结算中心是总公司根据财务管理和控制的需要，建立的不具有独立法人资格的不以盈利为目的的独立资金运营机构，由公司某个职能部门直接管理，为公司统一筹集、使用、管理、监督资金活动，统一办理各项资金结算和资金融通业务，以降低资金成本，提高资金使用效率。结算中心可以监控子公司的资金流向，提高资金的使用效率，降低资金成本。例如，华为公司设立了结算中心，对全球范围内的子公司资金进行集中管理，通过内部结算机制，实现了资金的高效流转，减少了资金在途时间和资金闲置。

结算中心主要职责有以下几个：

（1）结算职能。结算中心集中管理各子公司的现金收入，统一拨付其因业务所需的现金，监控货币资金的使用方向。此外，结算中心制定统一的结算方式和时间，对资金流向的合理性和合法性进行监督，及时发现并纠正资金使用中的问题，缩短子公司间相互经济往来所需的结算时间，加快资金周转，减少在途资金占用。

（2）信贷职能。结算中心实行银行化管理，建立贷款责任制，实行相对独立的核算。同时它根据总公司为各子公司核定的资金和费用定额，结合子公司的实际需要，对其发放贷款。放贷有两种方式：一种是差额信贷方式，即对定额以外的部分贷款计息或多收利息；另一种是金额信贷方式，即定额内与定额外的贷款都视同有偿占用，按贷款总额计算利息。

（3）监管职能。结算中心在结算职能和信贷职能的基础上实施监管职能，具体包括结算制度、内部结算价格体系、经济责任分解指标、内部合同和经济纠纷制裁制度。通过执行监管职能，结算中心通过事前预测、事中监督、事后核算进行全方位管理，弥补财务会计事后计账的不足，有效遏制不合理开支、资金外流等问题。

（4）信息反馈职能。结算中心每天都将各子公司资金的收、支、存情况统计上报，使总公司可以及时掌握各子公司的经营状况、资金动态以及销售情况。此外，结算中心以报表的形式将资金运营状况反馈给总公司和各个子公司,使双方的领导层能够及时、全面、准确地掌握资金使用状况。

(5) 资金融通管理。各子公司在结算中心的授权范围内统一对外筹资,筹集到的资金存入结算中心,确保整个公司的资金需要。子公司借款在结算中心的借款审批程序控制、借款总量控制和负债比率控制之下进行。结算中心根据总公司的发展战略,对投资方向、投资风险、投资项目审批程序和投资总量等进行控制。

4. 财务公司模式

跨国公司为了加强资金集中管理和提高资金使用效率,以总公司为主,出资构建专门从事跨国公司内部资金融通业务的非银行金融机构,即财务公司。财务公司具有独立法人资格,除了具备结算中心的基本职能外,还可以开展多种金融业务,如融资、投资、票据贴现等。在该模式下,跨国公司的总公司通过财务公司控制各子公司的资金融通,由财务公司对各子公司进行财务约束,子公司具有完全独立的财权,它们可以自行经营自己的现金,并对现金的使用行使决策权,总公司不直接干预子公司现金的使用和获得。

大型跨国公司通常采用财务公司模式进行资金的集中管理,财务公司往往成为跨国公司的金融、信息和投资中心。财务公司的具体职能主要体现在以下几个方面。

(1) 融资职能。通过吸收各子公司的存款、发行债券及新股、从事外汇及同业拆借、有价证券买卖等活动,为整个公司开辟广泛的融资渠道,并使筹集的资金成本最小化。通过多种金融服务,及时弥补资金缺口,解决各子公司对资金不同的需求,有效地发挥金融调节作用。

(2) 投资职能。财务公司可根据成本—效益原则,将跨国公司运营中会产生的闲置资金用于公司自身发展的项目,或是投放在产出高效的行业,以增加剩余资金的投资收益,提高整个公司的资金运用效率。

(3) 结算信贷职能。财务公司通过买方信贷融资租赁等方式,注入少量资金,以解决公司内部产品购销两方面的问题。为了减少在途资金,子公司在财务公司开立结算账户,便于公司内部的结算处理业务。通过在公司内部进行转账加速资金周转。此外,财务公司还可以委托商业银行为子公司办理同城和异地结算。

(4) 中介服务职能。财务公司提供全方位金融服务,例如,投资咨询、资信调查、信息服务、担保等全方位的服务,使其成为公司的金融中介服务中心。通过财务公司收集和掌握国内外的经济信息、政策方针、法律法规、利率汇率及经济运行等情况,子公司可以便捷地进行融投资活动。

当然,不是所有的跨国公司都适合成立财务公司,财务公司也可能存在不利影响。例如,财务公司在资金集约化管理、法人治理、业务操作、内部控制等多方面会受到公司所在国的严格监管；财务公司对其员工的专业素质和管理的要求很高，管理不当会加大财务风险等。因此，跨国公司即使符合所在同相关法律条文的规定，也要对内身金融专业化的管理水平、资金管理的运作效果等进行可行性分析，在是否组建财务公司的问题上作出慎重决策。

三、跨国公司现金流优化管理

当跨国公司采用现金集权管理时，母公司能够更容易地监督子公司的现金状况。这种方式能够发现资金的短缺，也可以防止国外子公司的管理层为了自己受益而浪费超额现金。有时，短期资金发生短缺可能是由一些管理层无法控制的原因导致的，如当地经济衰退导致销售下滑。当子公司的现金余额低于特定水平时，通过现金集权管理，母公司可以及时监测和调查成因，通过优化公司内部现金流收支，调节各子公司短期资金盈亏。

（一）内部净额结算

净额结算是跨国公司内部进行结算的方式，由总公司现金集权管理机构实施，或子公司共同合作完成，可以降低由货币兑换导致的管理与交易成本来优化现金流。内部净额结算可以分为双边净额结算和多边净额结算。

【例 9-4】某公司的内部结算

一家中资企业业务遍布全球，该集团在欧洲（德国）、亚洲（日本）、北美洲（加拿大）均设有子公司。在某一结算周期内，该公司内部资金交易涉及原材料采购、服务和商品采购等。该公司财务部门先将所有交易金额按照一定的汇率换算成统一货币（假设为美元），并记录为现金收支矩阵，如表 9-2 所示。第一列为资金收入方，横向则表示资金的支出方，例如，中国母公司从加拿大、日本和德国三家子公司分别获得 3 万美元、3.5 万美元和 6 万美元，共计 12.5 万美元的收入。第二列沿纵向意味着母公司向加拿大、日本和德国的三家子公司分别支付 2 万美元、1 万美元和 4 万美元，合计 7 万美元，最后一列净额项第三行显示母公司总收入减去总支出的值，本例中是 12.5-7=5.5（万美元）。加拿大子公司共收入 7 万美元，但总支出 8.5 万美元，因此净额为 -1.5 万美元。

表 9-2　　　　　　　　关联公司之间的现金收支矩阵　　　　　　　　单位：万美元

收入方	支出				总收入	净额
	中国母公司	加拿大子公司	日本子公司	德国子公司		
中国母公司	—	3	3.5	6	12.5	5.5

续表

收入方	支出				总收入	净额
	中国母公司	加拿大子公司	日本子公司	德国子公司		
加拿大子公司	2	—	1	4	7	-1.5
日本子公司	1	2.5	—	3	6.5	0
德国子公司	4	3	2	—	9	-4
总支出	7	8.5	6.5	13	35	0

一般而言，若有 N 家关联子公司，如果不采取净额结算方式，则最多将有 N(N-1) 笔外汇交易，在本例中为 4×(4-1)=12（见图 9-1）。四家关联公司之间的 12 笔外汇交易共产生 35 万美元的资金流。假设资金的交易成本为 0.5%，则 35 万美元的转移成本达 1750 美元。

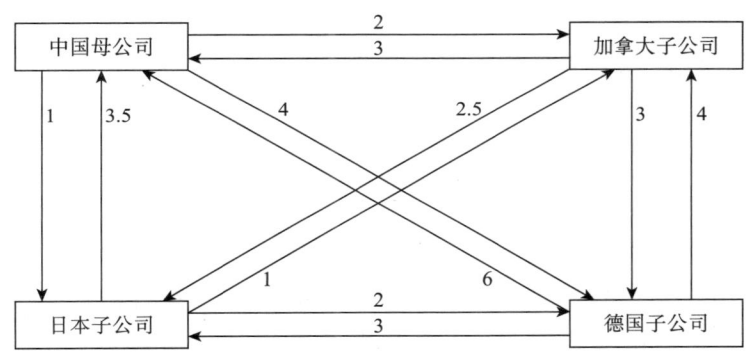

图 9-1 关联公司之间未经冲销的外汇交易（单位：万美元）

1. 双边净额结算

双边净额结算是指跨国公司内部子公司之间，在进行交易往来时，先对相互之间的债权债务进行抵消，仅就抵消后的净额进行资金支付。例如，中国母公司应收加拿大子公司 3 万美元，加拿大子公司应收中国母公司 2 万美元，则加拿大子公司只需一次性支付给中国母公司 1 万美元的资金。图 9-2 描述了四家关联公司采用双边净额结算制后的结果，仅需 8 万美元的支付流动。

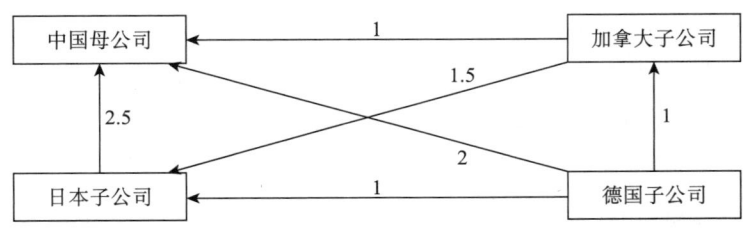

图 9-2 关联公司之间外汇交易的双边净额结算（单位：万美元）

由此可见，采取双边净额结算制可以显著减少资金的流动量，降低了因资金跨国转移产生的手续费、汇兑损失等成本，同时也简化了结算流程，提高了结算效率，降低了外汇风险。

2. 多边净额结算

多边净额结算，是指在跨国公司内部，涉及母公司、多个子公司之间的交易往来时，对所有公司之间的债权债务进行综合抵消，仅对最终的净额进行收支。

多边净额结算制度下，每家关联公司都计算出与其他关联公司间的收入雪支出之差，然后只获取收入或付出差额，见表9-2的净额部分。由于内部收入总是等于内部支出之和，因此，多边净额结算制度下，关联公司的净收入等于关联公司的净支出。

前例中，多边净额结算下，中国母公司净应收5.5万美元，分别来自加拿大子公司（1.5万美元）和德国子公司（4万美元），而日本子公司无须进行支付，如图9-3所示。

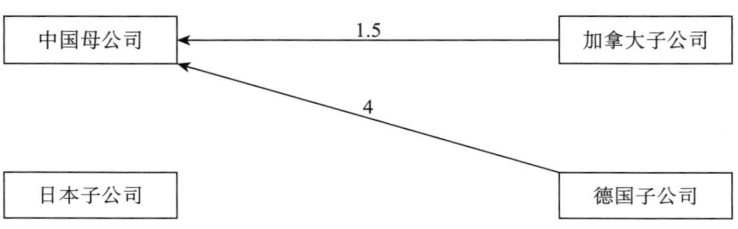

图9-3 关联公司之间外汇交易的多边净额结算（单位：万美元）

净额结算具有显著优点：第一，减少子公司之间跨国商务的数量，而降低这种现金转移的综合管理成本；第二，由于交易不经常发生，降低了外币兑换的需求，从而降低外币兑换的交易成本；第三，净额结算对子公司之间的交易信息实施更严密的控制，因此各子公司会更主动地准确报告和处理各种账目；第四，由于只在期末支付结算净额，而不是在期间支付每笔现金，现金流的预测更为容易。现金流量预测准确性的提高有助于融资和投资决策。

（二）管理被冻结的资金

子公司的现金流会受到其所在国对资金限制的影响。例如，政府要求把全部资金保留在国内，以便创造工作岗位、减少失业。为应付这种情况，跨国公司可以实施其在高税负的东道国同样的战略，有效地使用资金。跨国公司可能要求子公司设立研发机构，该机构发生成本，但是可能为其他子公司创造收入。

另一个策略就是使用转移价格，增加子公司的费用。相比汇往母公司的资金，东道国政府可能对支付的费用更为宽松。当子公司被限制转移现金给每公司时，母公司可以要求子公司从当地银行融资，而不是向母公司借款。从当地中介机构借入资金，然后子公司可以用其利润偿还之前的借款。总之，大多数管理冻结资金的方法都是通过支付归属于子公司的费用，使资金得到有效的利用。

（三）管理子公司间的现金转移

对现金流量的恰当管理，还可以使需要资金的子公司受益。假设有两家在外国的子公司，分别为资金短缺子公司 A 和资金盈余子公司 B。短缺子公司 A 需要资金，如采购子公司从短缺子公司购货，则可以通过提前支付货款向短缺子公司提供融资；与之相对应，如果盈余子公司向短缺子公司出售货物，可以通过允许短缺子公司延迟付款为其提供融资。通过提前或延后支付方式，均可以提高资金使用效率。

本章小结

1. 国际贸易结算过程采取的支付方式主要包括预付、寄售、信用证、汇票（即期/远期），以及记账等类型。

2. 国际贸易融资，是指国际企业在开展对外贸易时向金融机构或其他经济组织借款的一种融资活动。国际贸易融资可以划分为短期贸易融资和中长期贸易融资。

3. 短期贸易融资是指融资期限在 1 年以内的进出口贸易融资，包括出口打包贷款、进出口押汇、开证授信额度、信用贷款、抵押贷款、票据贴现等方式。

4. 中长期贸易融资是指融资期限在 1 年以上的进出口贸易融资，包括福费廷、出口信贷、应收账款代理（保理）等方式。

5. 预期成本与风险是跨国短期融资决策的基本决定因素，在国际上预期成本与风险要受到 6 种关键因素的影响，包括：（1）预期利率水平；（2）汇率风险；（3）公司对风险厌恶程度；（4）远期利率；（5）税收因素；（6）政治风险。

6. 跨国公司母公司及其子公司可以通过多个渠道进行短期融资，主要包括：（1）票据融资；（2）信贷融资；（3）公司间贷款。其中前两者可以视为跨国公司外部融资，第三个属于跨国公司组织内部融资。

7. 跨国短期融资中借入外币的价值会受其本国货币汇率变化的影响。以银行贷款为例，债务人的实际融资成本取决于：（1）贷款银行收取的利率；（2）借入资金的币值在借款期间的波动。

8. 营运资金分广义和狭义两个层面的含义。广义的营运资金是指企业的流动资产总额，包括企业一定时期的所有流动资产；狭义的营运资金是指企业的流动资产和流动负债的差额，也称净营运资金，是分析判断企业流动资金运营情况和财务风险的重要依据。国际营运资金的管理是跨国公司财务管理中的一个重要方面。

9. 跨国公司在对其营运资金如存货、应收账款及现金进行投资时，会占用它的资金。跨国公司试图保持充足的现金支持其生产经营。跨国营运资金管理的目的主要是合理和有效地在国际经营过程中利用短期资产。

10. 跨国资金集中管理通常以财务公司或结算中心模式进行，一方面可以作为资金的提供者，调剂资金的盈余和短缺；另一方面可以通过利率弹性、信用额度等手段，监控和促进各个业务单元的经营。

11. 跨国公司采用现金集权管理时，母公司能够更容易地监督子公司的现金状况。

12. 跨国公司通常净额结算方式管理内部资金，包括双边净额结算和多边净额结算。

13. 当子公司的现金余额低于特定水平时，通过现金集权管理，母公司可以及时监测和调查成因，优化公司内部现金流收支。

关键术语

国际贸易融资	出口打包贷款	跨国短期融资	跨国短期资金管理
预付	托收押汇	短期票据	跨国营运资金管理
寄售	信用证押汇	商业票据	跨国资金集中管理
信用证	应收账款融资	银团贷款	跨国财务公司
汇票	应收账款售让	关联公司贷款	跨国结算中心
福费廷	授信额度	出口信贷	多边净额结算
票据贴现	对等贸易	应收账款融资	双边净额结算

练习题

1. 假设 A 国和 B 国的名义利率分别为 10% 和 8%，且两国实际利率相同。根据国际费雪效应，计算两国货币汇率的预期变化率。

2. 假设美国的无风险利率为 3%，通货膨胀率为 2%。某国的无风险利率为 8%，通货膨胀率为 6%。计算两国货币汇率的预期变化率。

3. 假设某跨国公司计划从国外银行借入一笔短期外币借款，金额为 100 万美元，年利率为 5%，借款期限为 6 个月。同时，该公司预测在借款到期时，美元对人民币的汇率将从当前的 6.5 上升至 6.8。请计算该公司这笔短期外币借款的实际融资成本（假设所得税税率为 20%，且不考虑其他费用）。

4. Global Tech 是一家总部位于美国的跨国公司，主要从事电子产品的研发和生产。为满足短期营运资金需求，公司决定从欧洲的一家银行借入一笔为期 6 个月的外币借款，借款金额为 1000 万欧元。欧元借款年化利率为 3%，当前汇率为 1 欧元 = 1.1 美元，6 个月后汇率按中性预期将维持不变。公司在本国应缴所得税税率为 25%，借款手续费为借款金额的 0.5%。（1）计算该笔外币借款的名义融资成本（不考虑汇率波动）。（2）分析汇率波动对实际融资成本的影响。

5. 假设企业持有一张电子商业汇票，票面金额为 10 万元，当前距离汇票到期日还有 120 天，年贴现利率为 4%。请计算企业需要支付的贴现利息以及实际得到的贴现金额。

6. 日资企业 XM 公司，在美国、日本、德国等地有多个子公司。为扩张在欧元区的销售业务，想要进行为期 1 年，金额为 1 亿欧元的短期融资。主要的利率、即期汇率和所得税情况如表 9-3 所示，计算用不同货币融资的税收实际融资成本（用日元计算）及最终决策。

表 9-3　　　　　　　　　　　利率、汇率、税率情况

	贷款利率	即期汇率	1 年期远期汇率	企业税率
日元	2%			32%
美元	7%	1 美元 = 129 日元	1 美元 = 123 美元	25%
欧元	5%	1 欧元 = 118 日元	1 欧元 = 115 日元	28%

7. 一家美资企业在墨西哥、德国、中国等地有多个子公司，其内部关联公司的现金收支矩阵如表 9-4 所示，请补充空白栏的数字，并画图说明如何进行双边净额结算和多边净额结算。

表 9-4　　　　　　　　　　　内部关联公司的现金收支情况

| 收入方 | 支出方 | | | | 总收入 | 净额 |
	美国母公司	墨西哥子公司	德国子公司	中国子公司		
美国母公司	—	6	3	8		
墨西哥子公司	4	—	1	4		
德国子公司	3	2.5	—	3		
中国子公司	4	3	2	—		
总支出						

思考与讨论

1. 跨国短期融资与长期融资的决策差异是什么？选择一家跨国公司，根据其跨国经营情况，推荐最适合的融资渠道，并说明理由。

2. 选择一家大型跨国公司，查看其发行的商业票据的基本情况和价格走势，哪些因素会影响其商业票据的价格，为什么？

3. 选择一家大型跨国公司，查看其跨国短期资金管理的主要内容和策略，该公司采用了哪种资金集中管理模式？主要手段是什么？该公司进行跨国短期资金管理面临哪些主要挑战，公司是如何应对的？

4. 出口公司的短期现金管理案例分析。

吉姆是总部设在美国的体育用品出口公司，主要生产足球并出口给英国的经销商。出口商品以英镑标价。公司一直关注潜在的汇率风险，不想让这种风险阻碍在英国市场的扩展计划。吉姆公司已与一家英国公司协商设立合资公司，该公司将生产在美国更流行的其他体育用品（如篮球）在英国销售。吉姆公司用英镑向英国制造商支付款项。产品直接发给英国的经销商，经销商用英镑向吉姆公司支付货款。目前，吉姆公司的业务扩展需要额外的资金。公司管理层想利用短期借款的形式筹集资金。由于公司拥有很高的信用等级及担保物，能够获得短期融资。英镑短期利率比美元利率高 0.25 个百分点。

（1）吉姆应该为他的合资公司借入美元还是英镑？为什么？

（2）吉姆能以低于美元或英镑的利率借入欧元。欧元和英镑对美元的汇率呈同方向变动，但波动幅度不总是相同。为英国的合资企业借入欧元比借入英镑带来更多的汇率风险吗？与借入美元相比呢？

参考阅读和网络资源

1. ［美］杰夫.马杜拉.国际财务管理［M］.北京：北京大学出版社，2020.

2. ［美］切奥尔·尤恩，布鲁斯·雷斯尼克.国际财务管理（第8版）［M］.北京：机械工业出版社，2021.

3. 哈佛商学院案例库 https：//hbsp. harvard. edu/.

4. 清华大学案例库 http：//www. cases. tsinghua. edu. cn/.